本书系国家社会科学基金重大项目"中国特色社会主义'人民至上'价值及其实践研究"（编号：20ZDA004）、中央高校基本科研业务费专项资金资助"人类文明新形态与 21 世纪马克思主义新发展研究"（编号：2022CXTD09）的阶段性成果

协商民主发展的
中国智慧

■ 董树彬 著

人民出版社

目　录

第一章　中国协商民主的内涵与优势

协商民主是中国献给世界的一份厚礼，承载着中华民族五千多年的文化精髓，蕴含着中国共产党近百年的革命、建设、改革成功经验，凝聚着中国特色社会主义进入新时代以来以习近平同志为核心的党中央的治国理政智慧，为新时代发展全过程人民民主注入了鲜明的话语、理论与实践资源。作为中国社会主义民主政治中独特、独有、独到的协商民主，为人类民主文明发展进步提供了新思路。中国社会主义协商民主是对西方民主理论的全面超越，成为镶嵌于中国社会主义民主政治全过程的民主形式，让民主无时不有、无处不在，从而进一步丰富世界民主形式，为发展中国家走向现代民主文明开创了新路径，也为化解世界矛盾与争端贡献了中国智慧。

一、中国协商民主的科学内涵

中国社会主义协商民主植根于中华民族优秀政治文化、源自中国在民主制度上创新、镶嵌于中国民主政治生活，是"中国社会主义民主政治中独特的、独有的、独到的民主形式"①。中国社会主义协商民主同西方协商民主存在本质不同，是中国长期而丰富的协商民主实践的产物。在中国特色社会主义进入新时代后，基于社会主义协商民主理论和实践的大繁荣与大发展，

---

① 习近平：《在庆祝中国人民政治协商会议成立 65 周年大会上的讲话》，人民出版社 2014 年版，第 15 页。

产生了新时代社会主义协商民主理论。新时代社会主义协商民主理论是以习近平同志为核心的党中央不断推进理论创新的产物，成为指导社会主义协商民主建设发展的行动指南。

（一）中国协商民主的理论界定

协商民主在中国自古有之。协商智慧是中国最古老的一种政治传统，也是中华民族一以贯之的文明基因。中国协商民主植根于中国五千多年文明之中，是对中国传统文化中源远流长的协商智慧的传承。早在《左传·襄公三十一年》中就有子产不毁乡校的记载：郑人游于乡校，以论执政，然明谓子产曰："毁乡校，何如？"子产曰："何为？夫人朝夕退而游焉，以议执政之善否。其所善者，吾则行之。其所恶者，吾则改之。是吾师也，若之何毁之？"可见，子产把乡校作为群众议论政事的专门固定场所，通过乡校可以行之有效地听取群众对政事的态度和评论，为统治者与普通群众之间架起沟通的渠道，从而通过以民为师来提高执政水平。抚今追昔，今天在以人民政协为专门协商机构的社会主义协商民主中也能找到中国几千年前的春秋时期郑国乡校的影子。正是充分吸收和汲取了中国传统文化中博大精深的协商理念，才形成了世界上独具中国特色、中国风格、中国气派的社会主义协商民主。

早在春秋时期，中国古代社会就存在"乡校"这样的基层协商组织。到了战国时期，齐国出现了"稷下学宫"这样的资政议政机构。"稷下学宫"是各方学者议论国事的场所，也是齐国君主咨询问政的平台。齐国执政者创办稷下学宫，吸引了众多的天下贤士汇集于稷下，利用天下贤士的谋略智慧，实现富国强兵的目的。据《史记·田敬仲完世家》记载："宣王喜文学游说之士，自如邹衍、淳于髡、田骈、接子、慎到、环渊之徒七十六人，皆次列第为上大夫，不治而议论，是以稷下学士复盛，且数百千人。"这说明了，稷下学宫把各个地方有识之士集中到稷下，借助于学宫各方学者们广议天下事，实现"不治而议论"，有时齐王向稷下学者咨询国事，充分发挥稷下学宫政治咨询中心的作用。可见，"稷下学宫"尽管已是几千年的咨政舞台，却能够看到今天人民政协的某些影子。可以说，人民政协有着深厚而长远的中国传统文化基因。此后，中国古代官僚机构中出现的"谏议制度"、"廷议制度"都蕴含着丰富的协商智慧，都为中国协商民主发展提供了重要的丰富理论和历史实践涵养。

在中国长期的协商实践中包含着丰富的协商智慧。主要包括：一是和而不同的共识智慧，这就为社会主义协商民主做到真正体现全社会意愿和要求的最大公约数提供了重要的历史涵养；二是天下为公的民本智慧，这就为社会主义协商民主是党的群众路线在政治领域的体现提供了重要的历史涵养；三是兼听则明的明辨智慧，这就为社会主义协商民主成为党和国家科学民主决策的重要方式和手段提供了重要的历史涵养；四是集思广益的审议智慧，这就为社会主义协商民主既能代表广大人民群众的根本利益又能体现部分群体和群众的特殊利益提供了重要的历史启示。

社会主义协商民主是中国共产党接力探索的结果，同西方协商民主有着本质不同。西方协商民主理论是为了弥补选举民主的不足，在20世纪80年代提出来的，被视作对选举民主的有益补充。到了20世纪90年代后期，协商民主理论引起了更多学者的关注。西方协商民主只是在新世纪之初才传入中国，仅在政治哲学领域引起了一定范围的关注。中共十八大后，中国学术界掀起了社会主义协商民主研究热潮的同时，才普遍关注西方协商民主理论。显然，社会主义协商民主是中国特色社会主义进入新时代以来，对社会主义协商民主大繁荣大发展的理论反映。可以说，没有新时代社会主义协商民主建设的伟大成就，就没有社会主义协商民主理论的伟大繁荣。中国社会主义协商民主进入新时代以来所取得的伟大实践造就了新时代社会主义协商民主理论。

中共十八大提出了"社会主义协商民主"后，开启了中国社会主义协商民主研究的新时代，学术界逐步掀起了社会主义协商民主研究热潮。中共十八大标志着社会主义协商民主研究迈进了新时代。这一阶段，新时代社会主义协商民主理论还处于探索阶段，关于新时代社会主义协商民主理论世界贡献问题，还处于萌芽时期。

习近平总书记在庆祝中国人民政治协商会议成立 65 周年大会上的讲话中系统阐释了社会主义协商民主理论，标志着新时代社会主义协商民主理论初步形成。此后，学术界开始掀起了新时代社会主义协商民主理论研究的热潮。相关研究主要集中在习近平总书记关于社会主义协商民主的"重大判断"、"基本定性"、"战略任务"这三大论断上面。这就意味着，这一讲话成为新时代社会主义协商民主理论形成发展中的重要里程碑。

正是得益于新时代社会主义协商民主理论的正确指导，社会主义协商民主理论和实践进入了新时代，实现了大繁荣大发展。2015 年，中共中央颁布《关于加强社会主义协商民主建设的意见》，随后，中共中央办公厅相继颁布了《关于加强人民政协协商民主建设的实施意见》、《关于加强城乡社区协商的意见》、《关于加强政党协商的实施意见》。相关研究认为，中共中央所颁布的这四个意见，都是新时代社会主义协商民主理论的具体体现和实践运用。

伴随着中国走向世界舞台的中央，逐步从旁观者成为规则的制定者，世界的发展需要中国贡献更多的智慧和方案。中国要担当起为全人类的进步事业作出更大贡献的使命，让世界搭乘中国发展的"快车"、"便车"、"顺风车"。新时代社会主义协商民主理论是中国为世界贡献的化解世界矛盾与争端的重要方法和手段。习近平总书记指出："协商是民主的重要形式，也应该成为现代国际治理的重要方法，要倡导以对话解争端、以协商化分歧。"①此后，学术界开始关注新时代社会主义协商民主理论的世界意义和国际影响问题。

习近平总书记强调："中国特色社会主义政治制度……为人类政治文明进步作出充满中国智慧的贡献！"②这就使得新时代社会主义协商民主理论不仅成为全国上上下下、方方面面的最大共识，而且肩负起为人类民主发展贡

---

① 《习近平谈治国理政》第 2 卷，外文出版社 2017 年版，第 523 页。

② 习近平：《决胜全面建成小康社会　夺取新时代中国特色社会主义伟大胜利——在中国共产党第十九次全国代表大会上的报告》，人民出版社 2017 年版，第 40 页。

献中国智慧的使命。新时代社会主义协商民主理论的世界贡献问题成为学术界关注的理论热点问题。建立在世界独特、独有、独到的社会主义协商民主之上的新时代社会主义协商民主理论，为人类民主文明发展进步提供了中国方案。这就充分说明了，新时代社会主义协商民主理论作为社会主义协商民主丰富实践的理论升华，不仅引领着社会主义协商民主建设的前进方向，而且还为人类民主发展贡献了中国智慧。

党的十九届四中全会在坚持和完善中国特色社会主义制度，推进国家治理体系和治理能力现代化的高度上提出，坚持社会主义协商民主的独特优势，统筹推进政党协商、人大协商、政府协商、政协协商、人民团体协商、基层协商以及社会组织协商，构建程序合理、环节完整的协商民主体系，完善协商于决策之前和决策实施之中的落实机制，丰富有事好商量、众人的事情由众人商量的制度化实践。党的十九届五中全会站位 2035 年远景目标，提出坚持和完善中国共产党领导的多党合作和政治协商制度，加强人民政协专门协商机构建设，发挥社会主义协商民主独特优势，提高建言资政和凝聚共识水平。

党的十九届六中全会通过的《中共中央关于党的百年奋斗重大成就和历史经验的决议》，总结了协商民主的百年发展成就，即加强人民政协专门协商机构制度建设，推进社会主义协商民主广泛多层制度化发展，形成中国特色协商民主体系。《中国的民主》白皮书多次强调选举民主和协商民主的协同发展，并指出协商民主是中国民主独特的、独有的、独到的民主形式，有着深厚的文化土壤和实践依据。

新时代社会主义协商民主理论形成和发展于中国特色社会主义进入新时代的社会主义协商民主大繁荣大发展过程中，是中国共产党接力探索的结果，是社会主义协商民主理论发展的重要里程碑。新时代社会主义协商民主理论成为了镶嵌于中国社会主义民主政治全过程的独特独有独到的民主形式，为人类民主文明发展进步提供了新思路。厘清中西协商民主的异同，突出社会主义协商民主的特色，是社会主义协商民主进入新时代的迫切需要。新时代社会主义协商民主理论在历史逻辑、理论逻辑、实践逻辑方面都为发展中国家走向民主化提供了有益示范作用。新时代社会主义协商民主理论实现了从理论原创，到理论推进，再到理论转化的跨越式发展，在发展过程中既抓住了重点，又突出了特色，并建立了体系。新时代社会主义协商民主理论是对西方民主理论的全面超越，进一步丰富了世界民主形式和内容，尤其是为西方民主发展与完善提供新方向。作为发展起来的勇于担当国际责任的大国，要为构建人类命运共同体贡献更多的中国方案，这也需要不断提高中国社会主义协商民主国际对话能力，从而为丰富世界民主文明贡献中国智慧。

（二）新时代协商民主思想的历史地位

中国特色社会主义进入新时代，新时代需要新气象新作为，更需要新思想。作为习近平新时代中国特色社会主义思想重要构成的新时代社会主义协商民主理论，是以习近平同志为核心的党中央不断推进社会主义协商民主理论创新的产物，也是新时代社会主义协商民主建设事业取得了大繁荣大发展的结晶，成为指导新时代社会主义协商民主建设发展的行动指南。

第一，新时代社会主义协商民主理论是以习近平同志为核心的党中央不断推进理论创新的产物。

中国特色社会主义进入新时代，中国经济建设、政治建设、文化建设、社会建设、生态建设出现了许多新情况，也遇到一些前所未有的新问题，社会主义现代化建设事业要想取得新作为，迫切需要新思想的引领和指导。正是在这一时代背景下，习近平新时代中国特色社会主义思想孕育而生。就此，中共十九大所通过的《中国共产党章程》这样阐释了这一中国共产党的最新行动指南，即："党的十八大以来，以习近平同志为主要代表的中国共产党人，顺应时代发展，从理论和实践结合上系统回答了新时代坚持和发展什么样的中国特色社会主义、怎样坚持和发展中国特色社会主义这个重大时代课题，创立了习近平新时代中国特色社会主义思想。"[1] 这就充分说明，

---

[1] 《中国共产党章程》，人民出版社 2017 年版，第 3 页。

习近平新时代中国特色社会主义思想是中国共产党顺应时代发展而进行的又一次重要的理论创新,是马克思主义中国化的最新理论成果,更是实现中华民族伟大复兴的行动指南。中国共产党始终重视自身的理论创新,不断推进马克思主义同中国国情相结合,实现理论的与时俱进。

党的十九届六中全会指出,习近平新时代中国特色社会主义思想是马克思主义中国化过程中又一次重要的理论飞跃。新时代需要新思想,作为指导新时代中国社会主义现代化事业的行动指南,习近平新时代中国特色社会主义思想博大精深、内容丰富。正如一座宏伟的思想殿堂一样,习近平新时代中国特色社会主义思想有着厚实的地基,也有作为殿堂筋骨的四梁八柱,还有构成殿堂的砖瓦。其中,新时代社会主义协商民主理论就是支撑这座思想殿堂的重要支柱。我们要把新时代社会主义协商民主理论放在整个习近平新时代中国特色社会主义思想之中来理解、来把握、来贯彻、来落实。新时代社会主义协商民主理论既是新时代社会主义协商民主建设事业取得了大繁荣大发展的产物,也是以习近平同志为核心的党中央不断推进社会主义协商民主理论创新的成果。在《中共中央关于党的百年奋斗重大成就和历史经验的决议》中,协商民主理论经过"广泛多层制度化发展,形成中国特色协商民主体系"[1],高度肯定了新时代社会主义协商民主在理论方面的创新。

第二,新时代社会主义协商民主理论是中国社会主义协商民主长期而丰富实践经验的结晶。

新时代社会主义协商民主理论是建立在中国社会主义协商民主长期而丰富的实践基础之上,是顺应中国特色社会主义进入新时代所需,中国社会主义协商民主理论的集大成之作。自从1949年中国人民政治协商会议召开,就标志着中国协商民主在国家层面上的实践。鉴于全国解放形势所需,中国人民政治协商会议全体会议代行全国人大职权,通过各个层面广泛政治协商的形式决定宣告新中国的成立。一直到1954年全国人大召开,全国政协全

---

[1] 《中共中央关于党的百年奋斗重大成就和历史经验的决议》,人民出版社2021年版,第40页。

体会议始终代行全国人大职权。这一时期，不仅协商民主在人民政协这一专门舞台扮演重要角色，中国共产党同各民主党派广泛政治协商也是效果显著。在政协协商和政党协商经验的基础上，中国共产党把协商民主行之有效地运用到党内决策过程中，提高了中国共产党决策的科学性与民主性。等到全国人大召开之后，政协协商民主与人大选举民主共同存在、相得益彰、协同发展，共同构成独具中国特色的民主形式。

改革开放以来，社会主义协商民主顺应时代所需，在中国共产党积极推动下，通过人民政协协商民主示范作用，社会主义协商民主逐步超越政协协商和政党协商的范围，向外拓展、向下沉淀。就党政机关而言，社会主义协商民主从政协协商和政党协商拓展到了政府协商和人大协商，上至国家层面、下至基层层面，协商民主已经广泛地运用到党政机关。社会主义协商民主成为了从国家到省、市、县"四套班子"科学民主决策的重要方法。得益于各级党政机关成功运用协商民主的率先垂范，社会主义协商民主向基层组织和公民社会层面不断拓展和延伸。在广大的基层，社会主义协商民主有了更大的施展拳脚的空间和舞台，通过协商民主为各级党政机关同广大人民群众之间建立起了有效的上情下达、下情上达的联通渠道。凡是涉及群众根本利益的重大决策都要同群众进行广泛而充分的协商，凡是关系到群众生活的民生问题都要群众积极参与决策。近年来，网络协商日益成为社会主义协商民主发展的新领域。

正是得益于中国社会主义协商民主长期、广泛、丰富的实践，新时代社会主义协商民主理论有了坚实的实践支撑。中国特色社会主义进入新时代，新时代迫切需要新思想指引社会主义协商民主建设。"时代是思想之母，实践是理论之源。"① 为了顺应时代所需、实践所要，在充分汲取中国社会主义协商民主长期而丰富实践经验基础上，新时代社会主义协商民主理论被提出来了。新时代社会主义协商民主理论成为中国社会主义协商民主发展进程中

---

① 习近平：《决胜全面建成小康社会 夺取新时代中国特色社会主义伟大胜利——在中国共产党第十九次全国代表大会上的报告》，人民出版社 2017 年版，第 26 页。

的一个重要里程碑。

第三，新时代社会主义协商民主理论是指导新时代社会主义协商民主发展的行动指南。

随着中共十八大以来，中国特色社会主义进入新时代，产生了习近平新时代中国特色社会主义思想。习近平新时代中国特色社会主义思想是对马克思列宁主义、毛泽东思想、邓小平理论、"三个代表"重要思想、科学发展观的继承和发展，成为了中国共产党的行动指南。作为习近平新时代中国特色社会主义思想重要组成部分的新时代社会主义协商民主理论，理所当然成为了指导新时代社会主义协商民主发展的行动指南。在推进社会主义协商民主广泛多层制度化发展过程中，我们要把社会主义协商民主建设同新时代社会主义协商民主理论对对标，向新时代社会主义协商民主理论看齐。尤其是中共十九届六中全会，习近平总书记将新时代协商民主思想推到了一个全新的高度，因此，要把党的十九大和十九届二中、三中、四中、五中、六中全会精神贯彻和落实到社会主义协商民主建设全过程中。"贯彻党的十九大精神，我们要继续加强协商民主制度建设，切实提高制度执行力，确保协商民主有制可依、有规可守、有章可循、有序可遵。"①这就要求我们把新时代社会主义协商民主理论，尤其习近平总书记在中共十九届六中全会上关于协商民主的重要论述脚踏实地落实到社会主义协商民主建设实践之中。

新时代社会主义协商民主建设要始终坚持以人民为中心。中国特色社会主义进入新时代以来，习近平总书记讲得最多的就是以人民为中心，始终把人民对美好生活的向往作为党的奋斗目标。以人民为中心是贯穿新时代社会主义协商民主理论始终的灵魂。所以，在新时代社会主义协商民主理论这一行动指南的引领下，社会主义协商民主建设要始终坚持以人民为中心。习近平总书记早在 2014 年庆祝中国人民政治协商会议成立 65 周年大会上的讲话中就旗帜鲜明地指出："在中国社会主义制度下，有事好商量，众人的事情由众人商量，找到全社会意愿和要求的最大公约数，是人民民主的

---

① 《党的十九大报告辅导读本》，人民出版社 2017 年版，第 276 页。

真谛。"①抓住了以人民为中心，也就抓住了新时代社会主义协商民主理论的内在灵魂。

新时代社会主义协商民主建设是一项立体工程，推进协商民主广泛多层制度化发展。推进社会主义协商民主建设，不是平面的工程，而是上上下下、方方面面的系统工程。从广泛性而言，协商民主不仅是人民政协协商民主一家的独角戏，而且是政党协商、政府协商、人大协商与人民政协共同构成的群角戏，共同承载了社会主义协商民主事业的大繁荣大发展。从多层性而言，社会主义协商民主建设不仅是国家层面的事情，无论"庙堂之高"、"江湖之远"，社会主义协商民主建设要在各个层面全覆盖、零死角。在国家层面协商民主示范作用下，要积极推进社会主义协商民主向下沉淀，发展好社会协商、基层协商、网络协商，让社会主义协商民主成为每一个公民政治参与和利益表达的畅通渠道。从制度化而言，社会主义协商民主建设要不断规范化程序化常态化，让方方面面、上上下下协商程序更加规范合理、协商结果得到有效落实或执行。

新时代社会主义协商民主建设要牵住人民政协这个牛鼻子。新时代社会主义协商民主理论作为引领社会主义协商民主建设的行动指南，始终强调人民政协在整个社会主义协商民主建设中的中流砥柱作用。"加强人民政协专门协商机构制度建设，推进社会主义协商民主广泛多层制度化发展，形成中国特色协商民主体系。"②显然，在新时代社会主义协商民主理论中人民政协构成了社会主义协商民主大厦的基石。在推进新时代社会主义协商民主建设中，抓住了人民政协这一关键一环，也就牵住了牛鼻子。新时代，人民政协要在既有的协商民主成就上有新作为。

---

① 习近平：《在庆祝中国人民政治协商会议成立 65 周年大会上的讲话》，人民出版社 2014 年版，第 13 页。
② 《中共中央关于党的百年奋斗重大成就和历史经验的决议》，人民出版社 2021 年版，第 40 页。

（三）从协商民主到全过程人民民主的理论拓展

植根于中国共产党推进社会主义协商民主发展的百年历程积累了丰富实践经验，社会主义协商民主既为党和国家科学民主决策提供了重要方法，也为人民群众提供了广泛畅通有序的政治参与渠道。借助于社会主义协商民主，既能够有效实现党和国家大政方针落实下去从而实现上情下达，又能够把基层群众的利益诉求反映上来从而实现下情上达。依托社会主义协商民主长期而丰富的实践经验，尤其是得益于中国共产党对社会主义协商民主建设的强有力的领导，社会主义协商民主发展不仅是自上而下的过程，也是在实践中不断创新的自下而上的过程。社会主义协商民主凝聚着广大人民群众的智慧，这是因为社会主义协商民主实践主要发生在基层。基层协商能够为群众政治参与提供平台，聚民智、纳民意、凝民心，确保各项政策出台体现共识、兼顾各方。同时，我国作为人民当家作主的社会主义国家，人民群众在广泛民主实践过程中，不断进行新的民主形式创新。正是植根于社会主义协商民主体系中基层立法协商的创造性实践，才能孕育出既独具中国特色又符合中国国情的全过程人民民主。人大协商作为社会主义协商民主体系中的重要构成，在立法过程中充分发挥协商民主内在优势，让任何法律出台过程都要经过广泛而充分协商后再进行表决，要让法律在保证人民群众根本利益前提下，还要兼顾到不同阶层和部分群里的特殊利益要求，让每一部法律出台都彰显公平正义。中共中央印发的《关于加强社会主义协商民主建设的意见》就"人大协商"规定"深入开展立法工作中的协商。制定立法规划、立法工作计划，要广泛听取各方面的意见和建议"，同时"鼓励基层人大在履职过程中依法开展协商，探索协商形式，丰富协商内容"。[①] 有鉴于此，基层群众充分发挥自身主动性与创造性，全方位探索基层立法协商形式，结合各地实际不断丰富中国式民主的内容。正是在此背景下，2019 年 11 月 2 日，习近平总书记在上海市长宁区虹桥街道古北市民中心考察时，同正在参加法

---

① 《十八大以来重要文献选编》（中），中央文献出版社 2016 年版，第 294、295 页。

律草案意见建议征询会的居民代表亲切交谈时指出："我们走的是一条中国特色社会主义政治发展道路，人民民主是一种全过程的民主，所有的重大立法决策都是依照程序、经过民主酝酿，通过科学决策、民主决策产生的。"①植根于广大人民群众对中国式民主实践探索，习近平总书记原创性提出"全过程民主"的概念，这是对中国特色社会主义民主发展规律的新认识和新表述，充分反映了中国特色社会主义进入新时代以来我国民主建设的新成就。作为社会主义协商民主体系构成的人大协商，在基层实践中孕育出了全过程人民民主。全过程人民民主产生于社会主义协商民主丰富实践基础之上，充分彰显中国式民主的显著特征与内在优势，必将成为中国共产党领导百年民主发展的重要成就与光辉典范。2021 年 7 月 1 日，习近平总书记在庆祝中国共产党成立 100 周年大会上的讲话中，提出了"践行以人民为中心的发展思想，发展全过程人民民主"②。全过程人民民主的正式提出，开创了人类民主文明新形态。紧接着，中国共产党历史上首次中央人大工作会议召开，习近平总书记在中央人大工作会议上发表重要讲话强调："我们深化对民主政治发展规律的认识，提出全过程人民民主的重大理念。我国全过程人民民主不仅有完整的制度程序，而且有完整的参与实践。"③习近平总书记在中央人大工作会议上的重要讲话，对全过程人民民主进行了全面系统的阐释，成为指导全过程人民民主建设的纲领性文献，为发展全过程人民民主提供了根本理论遵循。2021 年 11 月 11 日，中国共产党第十九届中央委员会第六次全体会议通过的《中共中央关于党的百年奋斗重大成就和历史经验的决议》提出："发展全过程人民民主，保证人民当家作主。"④全过程人民民主被载入《中共中央关于党的百年奋斗重大成就和历史经验的决议》，全过程人民民主被推升到了一个全新的发展高度。

---

① 习近平：《论坚持人民当家作主》，中央文献出版社 2021 年版，第 303 页。
② 习近平：《在庆祝中国共产党成立 100 周年大会上的讲话》，人民出版社 2021 年版，第 12 页。
③ 习近平：《论坚持人民当家作主》，中央文献出版社 2021 年版，第 336 页。
④ 《中共中央关于党的百年奋斗重大成就和历史经验的决议》，人民出版社 2021 年版，第 73 页。

二、中国共产党对协商民主的接力探索

中国共产党在探索协商民主的长期历史实践过程中不断赋予协商民主新的内涵。中国社会主义协商民主理论是毛泽东、邓小平、江泽民、胡锦涛、习近平在领导协商民主实践中接力探索的成果。可以说，协商民主思想贯彻整个中国共产党历史，中国共产党协商民主思想源远流长、薪火相传。

（一）革命时期中国协商民主的形成

中国共产党对协商民主的历史探索独具中国特色。这一特色主要体现在我国先有协商民主的实践，然后又把协商民主上升到了一种制度，最后，我们才系统地提出了协商民主的理论。故此，首先从中国共产党对协商民主的实践探索入手进行分析。

第一，中国共产党成立前后就把协商民主融入科学决策之中，从而中国共产党赋予了协商民主最初的内涵。早在中国共产党成立前夕，早期的马克思主义者就通过广泛地协商来筹建中国共产党组织。李大钊是中国率先举起马克思主义大旗的第一人，与之交相辉映的是起初新文化运动的干将、之后走上马克思主义道路的陈独秀，二者成为了中国共产党最主要的创建者。通过查阅中国共产党文献记载发现，早在1920年2月，李大钊和陈独秀就"商讨了在中国建立共产党组织的问题"[①]。这成就了南陈北李、相互约定、协商建党的佳话。当然，共产国际起到了必不可少的推动作用。1920年春，正当中国早期马克思主义者筹备建党之时，经共产国际批准，维经斯基等人来华，通过与李大钊和陈独秀之间广泛协商，最终促成了中国共产党的成立。维经斯基等人先来到北京，在充分了解到中国工人阶级的发展情况和马克思主义在中国的传播情况后，同李大钊就中国建立中国共产党组织问题广泛协

---

① 《中国共产党历史（1921—1949）》第 1 卷上册，中共党史出版社 2011 年版，第 57 页。

商，就相关问题也参加了一系列座谈会广泛交流意见。然后，维经斯基等人又前往上海会见陈独秀，结合在北京同李大钊协商所了解的情况，同陈独秀就中国共产党成立问题再次广泛交流意见。正是通过对中国工人阶级发展和马克思主义传播情况的详细了解，及其通过同李大钊、陈独秀等马克思主义者广泛协商，维经斯基等人认为中国已经具备建立共产党的条件，并且对中国共产党的筹建给予了应有的建议与支持。之后，陈独秀同上海马克思主义者详细地商议了建党问题，并达成一致意见，决定尽快成立中国共产党组织。但是，就中国共产党组织是采取"共产党"还是"社会党"时，上海的马克思主义者产生争议，就此陈独秀征求了李大钊意见，经过陈独秀与李大钊之间的协商，取得共识，也就是定名为"中国共产党"。在此背景下，经过共产国际代表、李大钊、陈独秀和早期马克思主义者之间多次协商，最终达成共识，共同决定在上海召开中国共产党第一次全国代表大会。

中国共产党在成立之初就把协商民主的实践广泛运用到科学决策的过程中。1921 年 7 月 23 日中国共产党第一次全国代表大会在上海开幕。代表们围绕大会议程展开广泛地商讨，尤其是对党的纲领和决议进行了深入而详细的协商。这其中，中国共产党成立之后同其他党派的关系问题成为了共同协商的焦点。当然，最终所通过的《中国共产党第一个纲领》中规定："中国共产党彻底断绝同黄色知识分子阶层及其他类似党派的一切联系。"[1] 与之呼应，《中国共产党第一个决议》也指出："对现有其他政党，应采取独立的攻击的政策。……不同其他党派建立任何关系。"[2] 当前，关于中共一大代表就党派合作这一颇具争议的问题如何进行广泛协商，今天我们已经无法还原。但是，通过一份参加过中共一大的代表写给共产国际的汇报，现在作为中共驻共产国际代表团档案的形式保留下来，从中我们可以窥见协商融入中国共产党早期决策中的身影。这份译自俄文的档案记录了中共一大代表的协商过程："在我们对其他政党的态度问题上，产生了短时间的争论。有些人坚决

---

[1] 《建党以来重要文献选编》第 1 册，中央文献出版社 2011 年版，第 1 页。

[2] 《建党以来重要文献选编》第 1 册，中央文献出版社 2011 年版，第 6 页。

主张,我们应坚持这种意见:无产阶级不论在理论上和实践上都应该始终与其他政党作斗争。……另一些人主张,在行动上与其他政党合作反对共同的敌人,……但是,会议接受了第一种意见,即实际工作计划起草委员会的提案。"[1] 由此可见,早在中共一大,中国共产党就把协商运用到制定自身第一个纲领和决议的决策之中。

众所周知,在我国,先有协商,后有新中国,也就是"协商建国"。经过以上研究,我们可以把协商在中国的实践向前推到建党之前。可以说,先有协商,后有中国共产党,我们可以概括为"协商建党"。依靠协商建立的中国共产党,在成立之时就把协商融入自身的科学决策之中,中国共产党的第一个纲领和决议就是广泛协商的典范。与此同时,中国共产党赋予了协商民主最初的内涵,也就是科学决策的重要途径。时至今日,中国共产党在科学决策过程中,尤其是就"经济社会发展重大问题和涉及群众切身利益的实际问题广泛协商","坚持协商于决策之前和决策之中"。[2] 这就说明了,自从建党之初,就把协商民主纳入科学决策的重要环节的中国共产党,自始至终都把科学决策作为协商民主内涵的最核心内容。

第二,中国共产党在探索统一战线过程中,把协商民主作为实现统一战线的重要手段,从而进一步拓展了协商民主的内涵。中国共产党成立初期,鉴于革命对象的强大,同时汲取工人运动失败的教训,就开始意识到仅仅依靠中国共产党单枪匹马不足以战胜强大的敌人。因此,团结有生力量打击最主要敌人就成为了中国共产党最实际的选择。在此背景下,经过中国共产党内广泛协商,及其同共产国际派到的中国代表、孙中山领导的国民党成员充分协商情况下,中国共产党与国民党结成了由广大工人、农民、城市小资产阶级、民族资产阶级参加的国共统一战线。而无论是在国共统一战线形成,还是国共统一战线运行过程中,协商民主都发挥着重要的桥梁和纽带作用。实际上,中共一大所通过的纲领和决议规定了中国共产党不同一切党派合

---

① 《建党以来重要文献选编》第 1 册,中央文献出版社 2011 年版,第 23—24 页。
② 《十八大以来重要文献选编》(上),中央文献出版社 2014 年版,第 21 页。

作。但是，随着国内革命形势的发展，中国共产党与时俱进，逐步改变了党派合作的态度。

1922 年 6 月，中国共产党第一次向外公布了对于时局的政治主张，其中首次提出了"要邀请国民党等革命的民主派及革命的社会主义各团体开一个联席会议，在上列原则基础上共同建立一个民主主义的联合战线"①。随后，召开的中共二大把建立统一战线的主张再次向前推进。大会通过的《关于"民主的联合战线"的决议案》，再次强调："共产党应该出来联合全国革新党派，组织民主的联合战线……先行邀请国民党及社会主义青年团在适宜地点开一代表会议，互商如何加邀其他各革新团体，及如何进行。"② 显然，中国共产党把"互商"作为和谁建立统一战线并且如何建立统一战线的重要手段。这一个"互商"在某种程度上说明已经具备协商民主基本特征。这是我们能够见到中国共产党文献中对协商民主的最早论述。

中共二大之后，中国共产党同国民党通过"互商"方式建立统一战线，"中共中央相继派李大钊、陈独秀同孙中山等国民党领导人会晤，商谈国共合作问题"③。此时，面对辛亥革命等一系列失败的孙中山，正在寻求新的革命同盟者。而中国共产党代表多次与孙中山商讨中国革命的发展道路以及国共合作的问题，使以孙中山为首的国民党认识到国共合作的重要性，并且决定实现国共合作。但是，就国共合作的方式问题，孙中山坚持只能通过中共党员以个人身份加入国民党的方式来实现党内合作，从而为国民党的发展和壮大注入新鲜血液。而中国共产党预期是通过实现党外合作的方式完成共同合作，从而形成革命统一战线达到孤立最主要的敌人之目的。对于国共合作是党内合作还是党外合作，国共双方各执一词，暂时陷入僵局。为了解决这个问题，于 1922 年 8 月，中国共产党中央执行委员会在杭州西湖举行会议，协商解决共产党员加入国民党的方式问题。最初，大多数与会者还是坚持认为国共合作只能通过党外合作方式进行，倘若以中共党员加入国民党的

---

① 《建党以来重要文献选编》第 1 册，中央文献出版社 2011 年版，第 98 页。

② 《建党以来重要文献选编》第 1 册，中央文献出版社 2011 年版，第 139—140 页。

③ 《中国共产党历史（1921—1949）》第 1 卷上册，中共党史出版社 2011 年版，第 82 页。

党内方式进行合作，将可能丧失中国共产党自身独立性，也不利于中国共产党发展壮大。大会经过充分讨论，广泛交流意见，最终达成一致意见，为了壮大反帝反封建的阵营和力量，结成广泛的革命统一战线，中国共产党同意以党内合作的方式同国民党实现合作，同时，中国共产党要始终保持自身的政党性。这也就为国共第一次合作铺平了道路，国民党第一次全国代表大会召开，标志着以国共合作为主体的革命统一战线正式形成。在国共合作的过程，协商民主充当了重要纽带。对此，陈独秀指出：国共之间应该"相互尊敬，事事开诚商协进行，政见即不尽同，根本必须一致"[①]。在这一革命统一战线中，协商民主成为中国共产党与国民党商讨和决定大政方针的重要手段。

由此可见，正是协商民主成就了统一战线，如果没有中国共产党内部及其同国民党、共产国际外部的广泛协商，就难以实现国共第一次合作。依托于统一战线，中国共产党再次赋予了协商民主新的内涵，协商民主也成为了中国共产党实现统一战线的重要手段。在国民大革命时期的国共统一战线之后，协商民主无论是在土地革命时期的工农民主统一战线、在抗日战争时期的抗日民族统一战线、在解放战争时期的人民民主统一战线，还是在社会主义时期的爱国统一战线中都起到了桥梁和纽带作用。显而易见，作为中国共产党重要法宝的统一战线，为协商民主的发展提供了广阔的实践舞台。正是通过统一战线长期实践，造就了独具中国特色的协商民主。

第三，在中国共产党的群众路线形成过程中，协商民主充当了连接党员干部和人民群众的桥梁，可以说协商民主就是党的群众路线在政治领域的重要体现。经过国民大革命失败的洗礼及其南昌起义、秋收起义、广州起义的历练，尤其是经过井冈山的斗争，最终中国共产党选择一条农村包围城市武装夺取政权的革命道路。中国共产党在沿着这条革命道路前进过程中，逐渐认识到了群众路线的重要性。早在1929年12月毛泽东为中国共产党红军第四军第九次代表大会所写的决议，就首先提出群众路线的命题和意义。毛泽

---

① 《陈独秀文集》第4卷，人民出版社2013年版，第67页。

东旗帜鲜明地指出:"红军的打仗,不是单纯地为了打仗而打仗,而是为了宣传群众、组织群众、武装群众,并帮助群众建设革命政权才去打仗的,离了对群众的宣传、组织、武装和建设革命政权等项目标,就是失去了打仗的意义,也就是失去了红军存在的意义。"①这就在中国共产党内部,尤其是中国共产党领导的红军内部明确了红军存在和发展的终极目标就是为了群众,离开了广大人民群众,红军的存在,乃至中国共产党的存在也就都失去了意义。明确了中国共产党和人民群众之间密不可分的关系后,那么我们通过什么方法把党员干部和人民群众联系起来。对此,毛泽东一针见血地指出:"我们的任务是过河,但是没有桥或没有船就不能过。不解决桥或船的问题,过河就是一句空话。"②在实践过程中,中国共产党选择了协商民主,通过协商民主可以把党员干部和人民群众紧密地联系起来。1934年1月毛泽东在瑞金召开的第二次全国工农兵代表大会上强调:"一切这些群众生活上的问题,都应该把它提到自己的议事日程上。应该讨论,应该决定,应该实行,应该检查。要使广大群众认识我们是代表他们的利益的,是和他们呼吸相通的。"③这里所说的"议事日程"、"讨论"、"呼吸相通"初步具备了协商民主的特征,故此可以说,中国共产党开始把协商民主作为党密切联系群众的重要方法。

经过长期实践总结,毛泽东于1943年6月在《关于领导方法的若干问题》中完整地概括了党的群众路线,也就是"在我党的一切实际工作中,凡属正确的领导,必须是从群众中来,到群众中去。这就是说,将群众的意见(分散的无系统的意见)集中起来(经过研究,化为集中的系统的意见),又到群众中去作宣传解释,化为群众的意见,使群众坚持下去,见之于行动,并在群众行动中考验这些意见是否正确。然后再从群众中集中起来,再到群众中坚持下去。如此无限循环,一次比一次地更正确、更生动、更丰富"④。

---

① 《毛泽东选集》第1卷,人民出版社1991年版,第86页。

② 《毛泽东选集》第1卷,人民出版社1991年版,第139页。

③ 《毛泽东选集》第1卷,人民出版社1991年版,第138页。

④ 《毛泽东选集》第3卷,人民出版社1991年版,第899页。

这就是作为毛泽东思想活的灵魂之一的群众路线。在毛泽东所概括的群众路线中，尽管没有明确提出协商民主的概念，但是处处闪烁着协商民主的光芒。具体而言，一是"从群众中来"需要党员干部真正地植根于人民群众之中，同人民群众做到人对人、面对面、手拉手、心连心的交流与讨论，使人民群众的意见建议和利益诉求得以向党员干部直接反映；二是党员干部把人民群众意见与诉求集中起来，经过充分协商，使得党的各项举措都既能够代表广大人民群众的根本利益，同时又能反映社会各个层面和阶层的切身利益；三是"到群众中去"再次让党员干部直接面对人民群众，通过宣传、说服、教育等方式，把党的决定化为群众的行为。与此同时，人民群众在实践党的决定过程中，协商民主始终为党员干部同人民群众之间搭建了畅通的联系和沟通渠道。对此，毛泽东在新中国成立之后再次强调："都要坚决走群众路线，一切问题都要和群众商量，然后共同决定，作为政策贯彻执行。各级党委，不许不作调查研究工作。绝对禁止党委少数人不作调查，不同群众商量，关在房子里，作出害死人的主观主义的所谓政策。"[1] 故此，在中国共产党决策制定和人民群众落实决策过程中，协商民主始终提供了一个上通下达和下通上达的桥梁。

鉴于此，中共十八届三中全会所通过的《中共中央关于全面深化改革若干重大问题的决定》中把协商民主界定为"党的群众路线在政治领域的重要体现"[2]。这就充分说明了，协商民主在连接党员干部和人民群众之间血肉关系的重要桥梁作用。

（二）建设时期中国协商民主的丰富

经过新民主主义革命时期中国共产党对协商民主实践的长期探索，到了新中国成立前夕，中国共产党已经把协商民主实践上升到了协商民主制度，

---

[1] 《毛泽东年谱（1949—1976）》第 4 卷，中央文献出版社 2013 年版，第 586 页。
[2] 《中共中央关于全面深化改革若干重大问题的决定》，人民出版社 2013 年版，第 29 页。

协商民主制度是以中国人民政治协商会议的召开为形成标志。这是因为人民政协为协商民主提供了可靠的组织保障，从此，协商民主逐步走向制度化、规范化、程序化。此外，鉴于建国初期特殊国情，人民政协创建之初还承担了人大职权，待全国人民代表大会召开之后，依托于政协的协商民主与依托于人大的选举民主相互结合，共同构成了独具中国特色又符合中国国情的民主制度。

第一，中国人民政治协商会议的召开以及中国共产党与民主党派协商建国，把协商民主从实践形态升级为制度形态，造就了协商民主制度。1948年4月30日，在解放战争大局已定的情况下，中国共产党率先向民主党派发出邀请，"各民主党派、各人民团体、各社会贤达迅速召开政治协商会议，讨论并实现召集人民代表大会，成立民主联合政府"[1]。各民主党派积极响应中国共产党号召，纷纷致电拥护中国共产党领导。随后，各民主党派陆续进入解放区，并于1949年1月22日发表了《我们对于时局的意见》，其中强调："回忆去年五月一日，中共中央号召全国，建议召开包括各民主党派、各人民团体、各民主人士的政治协商会议，我们一致认定，这一解决国是的主张，正符合于全国人民大众的要求。先通电响应，并先后进入解放区，在人民解放战争进行中，愿在中共领导下，献其绵薄，共策进行。"[2]由此可见，中国共产党"召开政治协商会议"主张得到了民主党派积极响应，同时，民主党派提出同中国共产党"共策进行"建国大业。这里的"共策进行"也就是共同协商。

随后，在中国共产党第七届中央委员会第二次全体会议上，针对中国共产党与民主党派之间的协商问题，毛泽东指出，"我们必须把党外大多数民主人士看成和自己的干部一样，同他们诚恳地坦白地商量和解决那些必须商量和解决的问题"[3]，从而使各项政策在形成过程中实现最大共识。正是在这种背景下，人民政协得以召开。通过人民政协，代表广大人民根本利益的中

---

① 《建党以来重要文献选编》第25册，中央文献出版社2011年版，第283—284页。
② 《人民政协重要文献选编》（上），中国文史出版社、中央文献出版社2009年版，第6页。
③ 《毛泽东选集》第4卷，人民出版社1991年版，第1437页。

国共产党和代表社会各个阶层和群体特殊利益的民主党派代表进行广泛而有序的协商，共同协商筹建了新中国。中国人民政治协商会议的召开，也标志着协商民主制度在我国正式确立。

正是有了人民政协的可靠组织保障，中国共产党实现了协商民主从实践形态到制度形态的升华。人民政协成立以来，中国共产党始终把协商民主运用到大政方针的科学决策过程中，协商民主也仍然是连接中国共产党所领导的爱国统一战线的重要纽带，同时，协商民主依旧是中国共产党密切联系群众的重要桥梁。建立在人民政协之上的协商民主，使得协商民主有了供中国共产党和民主党派广泛协商的组织平台，同时，依托人民政协的协商民主也逐渐向着制度化、规范化、程序化发展，这成就了人民政协作为协商民主的重要渠道的作用。对于人民政协协商民主的特点，周恩来在《关于人民政协的几个问题》作出了明确地说明："会前经过多方协商和酝酿，使大家都对要讨论决定的东西事先有个认识和了解，然后再拿到会议上去讨论决定，达成共同的协议。"[1]这就充分说明了，早在新中国成立前夕，周恩来就把所谓西方协商民主的核心三要素即理性、程序、共识蕴涵到了我国协商民主之中，这一阐释比西方协商民主要早了近半个世纪。时至今日，社会主义协商民主在我国政治生活中发挥着重要作用，无论是党和国家科学决策，还是爱国统一战线的维系以及党群关系的密切，都需要协商民主，当然，社会主义协商民主最主要还是依托于人民政协，在健全社会主义协商民主制度、推进协商民主广泛多层制度化发展的过程中，我们仍然要"充分发挥人民政协作为协商民主重要渠道作用"，[2]真正发挥人民政协协商民主的重大价值。

第二，在新中国创建之初，政协代行人大职权，协商民主制度发挥至关重要的作用。在新中国成立之初，全国尚未解放，国民党还占据着长江以南的广大地区，同时，长江以北的广大地区已经解放，解放区的人民热烈期盼中国共产党领导下的新中国的建立。鉴于此，在全国范围内召开全国人民代

---

[1]　《建党以来重要文献选编》第 26 册，中央文献出版社 2011 年版，第 693 页。

[2]　《十八大以来重要文献选编》（上），中央文献出版社 2014 年版，第 21 页。

表大会的时机并不成熟，所以中国共产党同民主党派协商后，先行召开中国人民政治协商会议来协商建国，并且在全国人民代表大会召开以前，由政协代行人大职权。对此，具有新中国临时宪法地位的《中国人民政治协商会议共同纲领》作出了明确规定："在普选的全国人民代表大会召开以前，由中国人民政治协商会议的全体会议执行全国人民代表大会的职权，制定中华人民共和国中央人民政府组织法，选举中华人民共和国中央人民政府委员会，并付之以行使国家权力的职权。"① 这时的人民政协不仅承担着自身的职能，同时还代行人大职能。

实际上，鉴于新中国初期特有的国情，人民政协度过了辉煌的一段时期。此时，人民政协代行人大权力，所以协商民主也就成为了政协和政协所代行的人大政治运行的重要方式。"中国人民政治协商会议全体会议闭幕后将设立全国委员会，领导实行全体会议的决议。……一切大政方针，都先要经过全国委员会协议，然后建议政府施行。等到将来……召开全国人民代表大会。那时中国人民政治协商会议全体会议，才不再代行全国人民代表大会的职权，但是它仍将以统一战线的组织形式而存在，国家大政方针，仍要经过人民政协进行协商。"② 由此可见，政协代行人大职权期间，"一切大政方针"都要经过人民政协"协议"，政协还权于人大之后，"国家大政方针"仍然需要通过人民政协进行"协商"。这就充分说明了依托于人民政协组织保障的协商民主已经成为了中国民主政治必不可少的重要制度，尤其是政协代行人大职权期间，协商民主制度更是在中国政治舞台上承担了至关重要的角色。可谓是特殊的历史和国情，造就了特殊的制度。

第三，全国人民代表大会召开标志着依托于政协的协商民主与依托于人大的选举民主之间实现了相互结合，使协商民主制度完美地镶嵌到中国民主制度之中，既符合中国国情又独具中国特色。新中国成立后，中国共产党逐步完成了民主革命的遗留任务，尤其是通过全面恢复经济工作，从而巩固了

---

① 《建国以来重要文献选编》第 1 册，中央文献出版社 2011 年版，第 4 页。
② 《建党以来重要文献选编》第 26 册，中央文献出版社 2011 年版，第 699—700 页。

新生的人民政权。这就具备了在全国范围内召开以选举民主为标志的全国人民代表大会的条件。鉴于此，1954 年 9 月 15 日，第一届全国人民代表大会召开，并且这次大会通过了《中华人民共和国宪法》。这就意味着，人民政协代行人大的职权顺利结束。当然，人民政协代行人大职权完成，并不等于人民政协的使命结束。党和国家科学决策、爱国统一战线的维系、党群关系的密切，尤其是党派关系的维系都依靠人民政协的组织保证。对此，毛泽东在《关于政协的性质和任务》中明确指出："召开全国人民代表大会以后，有些人认为政协的作用不大了，政协是否还需要成了问题。现在证明是需要的。……通过政协容纳许多人来商量事情很需要。国家各方面的关系都要协商。……我们的政协是有事情做的。"① 这就充分肯定了人民政协结束了代行人大职能后在中国民主政治生活中仍然发挥着至关重要的作用。所以，人民政协继续存在并且发挥应有的作用，无论是对于党派还是国家，乃至广大人民群众都大有裨益。

显然，人民政协代行人大职权结束后，依然作为爱国统一战线的主要组织继续存在于中国政治生活之中。这样一来，依托于人民政协的协商民主和依托于人民代表大会的选举民主就共同并行于中国民主制度之中。时至今日，作为独具中国特色而又符合中国国情的协商民主与选举民主相结合的民主制度已经有七十多年的历史，实践充分地验证了两种民主形式相结合的民主制度的巨大优越性。譬如，我国每年三月份召开的"全国两会"（中国人民政治协商会议与全国人民代表大会）已成为了中国政治生活中每年一度的盛事。按照惯例，两会并行召开的过程中，政协会议先于人大会几天召开，这样涉及国家大政方针的重大决策可以率先拿到政协会议来通过政协所搭建的协商民主的平台来广泛地征求和听取社会各个阶层方方面面的意见和建议，这样在政协会议进行过程中，人大会议召开，通过选举民主的形式来最终决定国家大政方针的实施。在全国人大代表决策之前，哪怕是决策过程中，仍然通过还在进行的政协会议所提供的协商民主的平台来展开进一步的

---

① 《毛泽东文集》第 6 卷，人民出版社 1999 年版，第 384—386 页。

协商与沟通，以确保国家大政方针真正能够既代表广大人民群众的根本利益，又充分反映社会不同阶层和群体的特殊利益和不同意见。故此，把依托于人民政协的协商民主同依托于人民代表大会的选举民主结合起来具有无与伦比的优越性。

（三）改革时期中国协商民主的拓展

中国共产党经过对协商民主的实践与制度的长期探索，尤其是经过改革开放以来更加丰富的协商民主实践，协商民主内涵又不断拓展，这就开始了中国共产党对协商民主的理论形态的探索与深化。

第一，为了正确处理和协调不同的社会利益和矛盾，中国共产党使协商民主从政治层面渗透到社会层面，提出了社会协商的理论。改革开放以来，中国共产党把经济建设放在了中心地位，坚持发展才是硬道理的执政理念，使一部分地区和一部分人率先富了起来。贫穷不是社会主义，社会主义要体现出比资本主义更大的发展优势，正是通过改革开放，中国逐渐摆脱了贫困，人民逐步富裕起来。与此同时，鉴于中国地大人多的现实国情，我国不能够迅速实现全国各个地区、各个层面、各个阶层都同时富裕起来、同步富裕起来。所以，国家在政策上鼓励一部分地区和人先富起来，先富带后富，最终实现共同富裕。在这一过程中，尽管中国依托东部沿海地区的迅速发展以及工业化进程带来的城市大发展，使得中国经济快速发展，但是在中国大发展的背景下区域间、城乡间、阶层间贫富差距日益拉大，这就导致区域间、城乡间、阶层间利益矛盾和冲突日趋严重。那么，如何科学而合理地处理和协调不同的社会利益和矛盾冲突就摆在了中国共产党面前。

正是在这一背景下，中国共产党把协商民主从政治层面引进到社会层面。这就使得协商民主不仅在党和国家的科学决策、统一战线的维系发展、党群关系的密切发展以及党际关系的和谐团结方面发挥重要作用，同时，中国共产党凭借着协商民主在政治层面的成功实践所提供的示范与引领效用，把协商民主运用到社会层面，通过协商民主的途径来正确处理和协调不同区域间、城乡间、阶层间的利益矛盾，从而在发展中解决所遇到的社会问题，实现社会和谐共进。其实，早在改革开放初期，中国共产党就使协商民主从政治层面渗透到社会层面，来处理和协调各个方面的社会利益矛盾。正是基于协商民主在处理社会利益矛盾和冲突的成功实践，在1987年中共十三大报告中就明确提出并详细阐释了协商民主运用于社会层面的理论，即"建立社会协商对话制度"。在中共十三大报告中指出："群众的要求和呼声，必须有渠道经常地顺畅地反映上来，建议有地方提，委屈有地方说。这部分群众同那部分群众之间，具体利益和具体意见不尽相同，也需要有互相沟通的机会和渠道。因此，必须使社会协商对话形成制度，及时地、畅通地、准确地做到下情上达，上情下达，彼此沟通，互相理解。"① 由此可见，通过协商民主在社会层面的运用，也就是通过社会协商对话形式为不同层面群众之间的社会矛盾和利益冲突提供一个重要渠道。倘若社会利益和矛盾冲突得不到及时有效的解决，往往会导致群众利益诉求的过激表达，有时处理不当甚至引发群体事件，危及社会稳定。正是有了社会协商对话制度，"对全国性的、地方性的、基层单位内部的重大问题的协商对话"，② 这就使得各个层面和阶层群众的利益诉求得到畅通有效的表达，进而使党和国家能够及时了解群众利益要求并且行之有效地解决社会利益矛盾与冲突。

此时，中国共产党对协商民主的实践已经不再仅仅拘泥于政治层面，而且把协商民主引入社会层面来处理社会利益矛盾。不仅如此，中国共产党还把协商民主运用于社会层面的成功实践上升到了理论高度，以党的代表大会报告的形式加以高度概括和理论总结。这对于协商民主理论的发展有着十分重要的意义。

第二，为了满足日趋增长的公民有序政治参与需要，中国共产党在借鉴

---

① 《十三大以来重要文献选编》（上），中央文献出版社2011年版，第37页。
② 《十三大以来重要文献选编》（上），中央文献出版社2011年版，第37页。

西方协商民主的基础上把我国协商民主拓展到公民社会，提出了公民协商的理论。随着我国经济社会快速发展和人民群众逐渐富裕，尤其是社会新阶层的不断涌现，公民有序政治参与的热情日趋增长。中国共产党把协商民主从政治层面引进到社会层面之后，不仅仅停留在为人民群众和党员干部之间搭建了一个下通上达与上通下达的渠道从而有效地处理各方面社会矛盾冲突，而且还为广大人民群众就涉及切身利益的实际问题提供了政治参与的畅通渠道。当前，中国共产党又把协商民主拓展到了公民社会层面，也就是说，协商民主不仅停留在政治层面的协商，社会层面的协商，还渗透到了公民协商的层面。

当然，在中国共产党把协商民主引导到公民协商层面的过程中，西方"Deliberative Democracy"理论引入中国。20世纪80年代为了弥补西方选举民主的不足，西方学者提出了"Deliberative Democracy"。在这种民主理论传入中国之初，普遍流行的翻译是"审议民主"，并没有引起中国学者和理论界的兴趣。只是到了20世纪之初，一位洞悉中国政治文化的政治学者陈家刚把"Deliberative Democracy"翻译成了"协商民主"。这就为这一民主理论在中国本土找到了相对应的协商民主（Consultative Democracy）理论与实践。正是在名称上的耦合，在基本原则上的相近，却把本质不同的两个概念逐渐地融合。借助于此，西方协商民主理论在中国迅速受到了追捧。在某种程度上而言，中国共产党在把协商民主从政治层面和社会层面引导到公民层面过程中，或多或少借鉴了西方协商民主理论，并且把西方协商民主的有益之处运用到中国协商民主发展之中。

实际上，中国共产党对于协商民主的实践探索有着长期的实践经验，早在建党之初，协商民主就广泛运用到中国共产党的科学决策之中，建国之后，协商民主更是上升到了一种制度层面，改革开放以来，在西方协商民主刚刚提出还未介绍到中国之时，中共十三大就把协商民主理论在社会层面运用的"社会协商对话制度"进行详细理论概括和阐释。西方协商民主在20世纪之初输入中国之后，中国共产党借鉴了其有益之处，运用到中国协商民主的发展过程中。

（四）新时代中国协商民主理论升华

新时代社会主义协商民主理论植根于中国社会主义民主政治肥沃土壤之中，传承并发展着毛泽东、邓小平、江泽民、胡锦涛关于协商民主的思想，形成于中国特色社会主义进入新时代这一大背景中。新时代社会主义协商民主理论既是中国共产党接力探索的结果，又是中共十八大以来社会主义协商民主大繁荣大发展的集中体现。在新时代中国共产党推进社会主义协商民主广泛多层制度化发展过程中，以习近平同志为核心的中国共产党人作出了重要贡献，使新时代社会主义协商民主理论成为社会主义协商民主理论发展的重要里程碑。

新时代社会主义协商民主理论经历了五个发展阶段。

第一个发展阶段是新时代社会主义协商民主理论萌芽时期。中共十八大报告提出了"社会主义协商民主是我国人民民主的重要形式"[①]。在这里，以党的代表大会报告的高度阐释社会主义协商民主，是中共十八大报告的一个重要理论亮点，也是中国民主发展进程中重要关节点。

第二个发展阶段是新时代社会主义协商民主理论探索时期。中共十八届三中全会后，学术界进一步深化和提炼了社会主义协商民主的主要理论和实践经验，不断推动新时代社会主义协商民主理论发展。2013 年 11 月 9 日，习近平总书记在中共十八届三中全会上作的《关于〈中共中央关于全面深化改革若干重大问题的决定〉的说明》中指出："协商民主是我国社会主义民主政治的特有形式和独特优势，是党的群众路线在政治领域的重要体现。推进协商民主，有利于完善人民有序政治参与、密切党同人民群众的血肉联系、促进决策科学化民主化。……在党的领导下，以经济社会发展重大问题和涉及群众切身利益的实际问题为内容，在全社会开展广泛协商，坚持协商于决策之前和决策实施之中。"[②]可见，早在中共十八届三中全会上，习近平

---

① 《十八大以来重要文献选编》（上），中央文献出版社 2014 年版，第 21 页。
② 《习近平谈治国理政》第 1 卷，外文出版社 2018 年版，第 82 页。

总书记就指出了社会主义协商民主的根本性质、重要意义、科学内涵。此时新时代社会主义协商民主理论的雏形已经显现。此后，有学者开始提出习近平协商治理的论断，并且放到了国家治理现代化的视阈下来发展社会主义协商民主建设。

第三个发展阶段是新时代社会主义协商民主理论形成时期。习近平总书记在庆祝中国人民政治协商会议成立 65 周年大会上的讲话中系统阐释了社会主义协商民主理论，提出了"我们要全面认识社会主义协商民主是中国社会主义民主政治的特有形式和独特优势这一重大判断"，强调了"我们要深刻把握社会主义协商民主是中国共产党的群众路线在政治领域的重要体现这一基本定性"，部署了"切实落实推进协商民主广泛多层制度化发展这一战略任务"。[1] 正是在这一精神的指导下，明确了社会主义协商民主建设的重要意义和理论担当，清楚了社会主义协商民主同党的群众路线的理论契合和相得益彰，知道了建设全方位、多层次、实实在在的社会主义协商民主的重要使命，如此一来，社会主义协商民主建设事业就有了明确的前进方向。同时，学术界开始掀起了社会主义协商民主理论研究的热潮。相关研究主要集中在习近平总书记关于社会主义协商民主的"重大判断"、"基本定性"、"战略任务"这三大论断上面。这也就标志着新时代社会主义协商民主理论初步形成。

第四个发展阶段是新时代社会主义协商民主理论成熟时期。在新时代社会主义协商民主理论指导和引领下，中共中央颁布《关于加强社会主义协商民主建设的意见》。《意见》明确了社会主义协商民主的本质属性和基本内涵，阐述了加强社会主义协商民主建设的重要意义、指导思想、基本原则和渠道程序，对新形势下开展政党协商、人大协商、政府协商、政协协商、人民团体协商、基层协商、社会组织协商等作出全面部署，是指导社会主义协商民主建设的纲领性文件。[2] 随后，为了更好地贯彻和落实新时代社会主义协商

---

[1] 习近平：《在庆祝中国人民政治协商会议成立 65 周年大会上的讲话》，人民出版社 2014 年版，第 12、16、19 页。

[2] 《关于加强社会主义协商民主建设的意见》，人民出版社 2015 年版，第 1 页。

民主理论，把中共中央颁布《关于加强社会主义协商民主建设的意见》做到实处，中共中央办公厅相继印发了《关于加强人民政协协商民主建设的实施意见》、《关于加强城乡社区协商的意见》、《关于加强政党协商的实施意见》。以踏石留印、抓铁有痕的精神把新时代社会主义协商民主理论脚踏实地、分门别类地做到实处。可以说，中共中央颁布《关于加强社会主义协商民主建设的意见》及其三个具体实施意见，标志着新时代社会主义协商民主理论的全面成熟。

第五个发展阶段是新时代社会主义协商民主理论和中国特色协商民主体系正式确立。在社会主义协商民主长期发展过程中，社会主义协商民主取得了丰富的实践成就，尤其是在中国特色社会主义进入新时代以来，社会主义协商民主更是取得举世公认的发展成就。讲好新时代的中国故事，构建同社会主义协商民主发展成就相匹配的思想体系，成为了时代之需、发展之要。"这是一个需要理论而且一定能够产生理论的时代，这是一个需要思想而且一定能够产生思想的时代。我们不能辜负了这个时代。"① 正是在这一背景下，新时代社会主义协商民主理论形成发展，并且到了中共十九大提出"中国特色社会主义进入新时代"，标志着新时代社会主义协商民主理论的完整理论体系已经正式确立。在中共十九大报告中，习近平总书记对新时代协商民主理论进行了全面而系统地阐释，提出了"有事好商量，众人的事情由众人商量，是人民民主的真谛"②。这就坚持了在发展社会主义协商民主过程中，首先做到以人民为中心，社会主义协商民主本质是人民民主。故此，新时代社会主义协商民主理论是建立在以人民为中心的基础之上的，抓住了人民当家作主也就领会了新时代社会主义协商民主理论的本质。党的十九届四中全会在坚持和完善中国特色社会主义制度，推进国家治理体系和治理能力现代化的高度上提出，坚持社会主义协商民主的独特优势，统筹推进政党协商、人大协商、政府协商、政协协商、人民团体协商、基层协商以及社会组

---

① 习近平:《在哲学社会科学工作座谈会上的讲话》，人民出版社 2016 年版，第 8 页。
② 习近平:《决胜全面建成小康社会　夺取新时代中国特色社会主义伟大胜利——在中国共产党第十九次全国代表大会上的报告》，人民出版社 2017 年版，第 37—38 页。

织协商，构建程序合理、环节完整的协商民主体系，完善协商于决策之前和决策实施之中的落实机制，丰富有事好商量、众人的事情由众人商量的制度化实践。党的十九届五中全会提出坚持和完善中国共产党领导的多党合作和政治协商制度，加强人民政协专门协商机构建设，发挥社会主义协商民主独特优势，提高建言资政和凝聚共识水平。党的十九届六中全会通过的《中共中央关于党的百年奋斗重大成就和历史经验的决议》，总结了协商民主的百年发展成就，即加强人民政协专门协商机构制度建设，推进社会主义协商民主广泛多层制度化发展，形成中国特色协商民主体系。《中国的民主》白皮书多次强调选举民主和协商民主的协同发展，并指出协商民主是中国民主独特的、独有的、独到的民主形式，有着深厚的文化土壤和实践依据。

总之，新时代社会主义协商民主理论是推进社会主义协商民主广泛多层制度化发展的实践所需，也是中国特色社会主义进入新时代需要理论顺应时代而升级的迫切需要。

三、中国协商民主的显著优势

中国社会主义协商民主是中国社会主义民主政治的特有形式和独特优势，同西方协商民主存在着本质的不同。尽管如此，我们仍需要积极借鉴和汲取西方协商民主有益之处，推进协商民主广泛多层制度化发展。

（一）中西协商民主的本质不同

社会主义协商民主是植根于中国国情并独具中国特色的土生土长的一种民主形式。中国社会主义协商民主与西方协商民主是协商民主理论在不同的社会制度条件下形成发展的两种具体形式，它们存在着本质的不同。

中西协商民主的内在性质不同。中国协商民主是在中国共产党领导下，人民内部各方面围绕改革发展稳定重大问题和涉及群众切身利益的实际问题，在决策之前和决策实施之中开展广泛协商，努力形成共识的重要民主形式。有事好商量，众人的事情由众人商量，找到全社会意愿和要求的最大公约数，是人民民主的真谛。涉及人民利益的事情，要在人民内部商量好怎么办，不商量或者商量不够，要想把事情办成办好是很难的。可见，中国协商民主的本质就是人民当家作主。而西方协商民主建立在三权分立、多党竞争的资本主义政治之上，其产生和发展的动力和价值就是为了弥补资产阶级竞争性选举民主所固有的缺陷，协调资产阶级利益分歧，缓解资本主义政党间恶性竞争与相互倾轧。

中西协商民主的发展进程不同。中国协商民主产生和发展于中国民主政治实践。1949 年 9 月中国人民政治协商会议第一次全体会议召开，标志着协商民主这种新型民主形式开始在全国范围内实施。改革开放以来，我们党就国家重大方针政策和重要事务与社会各界人士广泛协商，已经形成一种制度。目前，协商民主已经广泛渗透到国家政治社会生活中，而且在不断丰富和发展。而西方协商民主产生于二十世纪八十年代。西方协商民主理论最早提出是在 1980 年毕塞特在《协商民主：共和政府的多数原则》一文中首次从学术意义上使用"协商民主"一词。之后，伯纳德·曼宁和乔舒亚·科恩真正赋予协商民主理论发展动力。西方之所以提出协商民主，主要是选举民主固有缺陷难于解决，通过提出协商民主的理论作为选举民主的补充，从而弥补西方协商民主的不足。

中西协商民主的兴起背景不同。中国协商民主是中国共产党领导人民进行革命、建设、改革的长期实践过程逐步形成和发展的，是中国共产党为了更好实现人民当家作主而在实践中的伟大创造。中国协商民主是我国人民民主的重要形式，也是人民群众广泛政治参与的重要渠道。而西方协商民主不是一种孤立的理论或实践，它深深植根于当代西方资本主义国家的多党制和代议制民主。离开资本主义政治制度这一前提，去单独看待协商民主，就会脱离西方协商民主的本质。

中西协商民主的实现形式不同。中国协商民主依托于人民政协这一专门的组织机构，我国要充分发挥人民政协作为协商民主的重要渠道和专门协商机构的作用。不仅如此，我们还要继续重点加强政党协商、政府协商，积极开展人大协商、人民团体协商、基层协商，逐步探索社会组织协商。发挥各协商渠道自身优势，做好衔接配合，不断健全和完善社会主义协商民主制度。可见，我们已经在上至国家机构、下至公民社会都逐步建成程序合理、环节完整的协商民主体系。而西方协商民主没有专门的组织保障，更没有专门的协商机构。西方协商民主主要依托于市镇会议、特设论坛、公共领域、工厂民主、陪审团、自愿团体，以及控制整个社会的协商宪政和司法实践等。可见，西方协商民主主要运行于公民社会层面，其实践形式类似中国协商民主所涵盖的社会协商和基层协商。

中西协商民主的地位作用不同。中国社会主义协商民主是中国社会主义民主政治的特有形式和独特优势，是党的群众路线在政治领域的重要体现，是深化政治体制改革的重要内容。2015 年，中共中央专门印发了《关于加强社会主义协商民主建设的意见》，以此在全国范围内指导社会主义协商民主建设。不仅如此，在我国民主政治生活中，协商民主同选举民主协同发展、相得益彰，人民通过选举、投票行使权利和人民内部各方面在重大决策之前进行充分协商，尽可能就共同性问题取得一致意见，是我国社会主义民主的两种重要形式。而西方提出和发展协商民主的价值追求，就是作为选举民主不足的一个有益补充。西方协商民主仅限于公民社会层面，通过协商民主可以为公民对话、讨论、审议提供一种渠道，从而参与公共决策和政治生活。西方协商民主，没有制度的规定和组织的保障，也没有形成制度化规范化程序化的发展。

（二）西方协商民主的借鉴启示

社会主义协商民主在中国有着长期而丰富的实践，近年来在理论上也实现了大繁荣大发展，从而进一步拓展了人类民主文明的广度。寻根溯源，中国社会主义协商民主能够在理论上取得巨大的发展，离不开西方协商民主的中国化转变和融入。西方协商民主理论的中国化就好比催化剂，起到了"卤水点豆腐"的功效，让中国长期而丰富的社会主义协商民主实践迅速地凝练与升华出全面而系统的社会主义协商民主理论。这样一来，植根于中国国情又独具中国特色的社会主义协商民主就成为了世界上独特独有独到的民主形式，丰富了世界民主文明宝库，为人类民主发展贡献了与众不同的中国智慧。

第一，西方协商民主的中国化转变与融入。

实际上，尽管中国社会主义协商民主有着丰厚的实践底蕴，但是之所以在理论上取得今天的成就，离不开西方协商民主的中国化转变与融入。在 20 世纪初协商民主（Deliberative Democracy）翻译和介绍到中国时，仅仅是政治哲学领域使用的一个概念，作为西方选举民主的有益补充，这一西方协商民主理论在本质上是同社会主义协商民主完全不同的，同人民政协或政治协商之类更是八竿子打不着。在中国政治哲学界最初翻译和使用"Deliberative Democracy"一词时，也出现了多种译法，并非当前所盛行的"协商民主"独步天下。对此，谈火生在其译注《审议民主》选编说明中指出："'Deliberative Democracy'在中文文献中至少有以下七种不同的译法：'审议民主'或'审议式民主'、'审议性民主'、'商议民主'或'商议性民主'、'商议民主制'、'协商民主'、'慎议民主'、'商谈民主'、'审慎的民主'、'慎辩熟虑的民主'。"[1]

在中国学术界的不断研究和选择过程中，最终以陈家刚的"协商民主"脱颖而出，逐步成为了学术界普遍接受的译法。譬如，陈家刚在之后引用颇广的《协商民主引论》中，最早向中国学术界做出了"协商民主"的说明："'协商'一词更能反映其内涵，因为在既有民主的替代模式中，deliberative 包含有这样几方面基本内容：参与主体的平等地位；自由开放的讨论；批判性审议；理性思考；通过协商达成共识。因此，使用'协商'和'协商民主'（deliberative democracy）似乎更为恰当。"[2]此时，中国政治哲学界仍然更多

---

① 谈火生：《审议民主》，江苏人民出版社 2007 年版，第 6 页。
② 陈家刚：《协商民主引论》，载《马克思主义与现实》2004 年第 3 期。

地使用"审议民主",在非简体的汉语世界,也更多地接受"审议民主"的译法。如图 1—1 所示,通过中国知网进行文献检测,自 2006 年到 2016 年,部分中国学者仍然在使用"审议民主"一词。

（篇数）

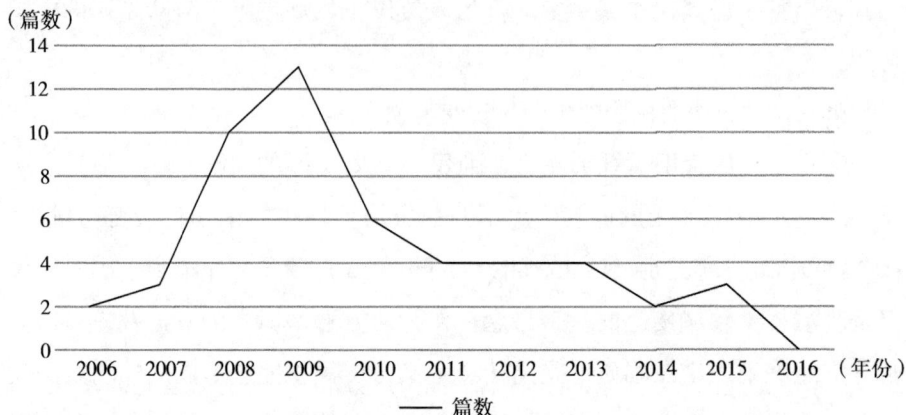

图 1—1   2006—2016 年中国学者使用"审议民主"一词篇数趋势图

在中国较早使用"协商民主"并且影响最广的学者是陈家刚,在介绍协商民主到中国之初认为:"20 世纪后期,西方学术界许多学者开始关注民主理论的一种新发展,或者说民主理论的转向:协商民主。协商民主意味着政治共同体中的自由、平等公民,通过参与政治过程、提出自身观点并充分考虑其他人的偏好,根据条件修正自己的理由,实现偏好转换,批判性地审视各种政策建议,在达成共识的基础上赋予立法和决策以合法性。"① 此后借助于 2006 年 4 卷本的《协商民主译丛》,西方协商民主在中国才超出了政治哲学的范围,被广为人知。正是在这本丛书总序中,丛书主编俞可平明确指出:"协商民主,作为当代西方一种新的民主理论与实践形态","就是公民通过自由而平等的对话、讨论、审议等方式,参与公共决策和政治生活"。显然,此时的"协商民主"同中国社会主义协商民主还具有明显的不同。

第二,西方协商民主在中国的理论契合与新生。

正是得益于把"Deliberative Democracy"阴差阳错地翻译成"协商民

---

① 　陈家刚:《协商民主:概念、要素与价值》,载《中共天津市委党校学报》2005 年第 3 期。

主"一词，使得"协商民主"迅速跳出中国政治哲学界自说自话的范围，整个学术界乃至实践部门普遍接受了"协商民主"译法，并且把协商民主同中国政治协商紧密地联系起来。"一个新的民主概念引入中国，那就是被中国人转化为协商民主的'审议民主'。中国人兴奋地发现，被外国人奉为一种民主理论和民主形式的审议民主，其实就是中国一直有的协商政治，而且协商政治正是共产党取得胜利的法宝。"理论上有说法，历史上有实践，从此协商民主成为中国民主建设的显学。[①] 正是西方协商民主同中国协商民主存在的这种理论契合，西方协商民主理论开始朝着中国化转变，从而使得西方协商民主理论在中国远远超出了政治哲学的范围，重获新生。通过图1—2可以看到，通过中国知网，就"协商民主"进行文献检索，自2006年以后到2012年之间，相关文献都在200篇之上。经过分析发现，这些文献不同于2006年前只限于政治协商领域，协商民主已经打破了原有的"Deliberative Democracy"的内涵，不仅拓展到了相关学科和研究领域，而且人民政协、统战部、民主党派等政治实体也借鉴和汲取协商民主理论。中国学术界借助于"协商民主"这一概念，赋予了这一概念丰富的中国内涵，用中国社会主义协商民主实践经验来重新升华协商民主理论。

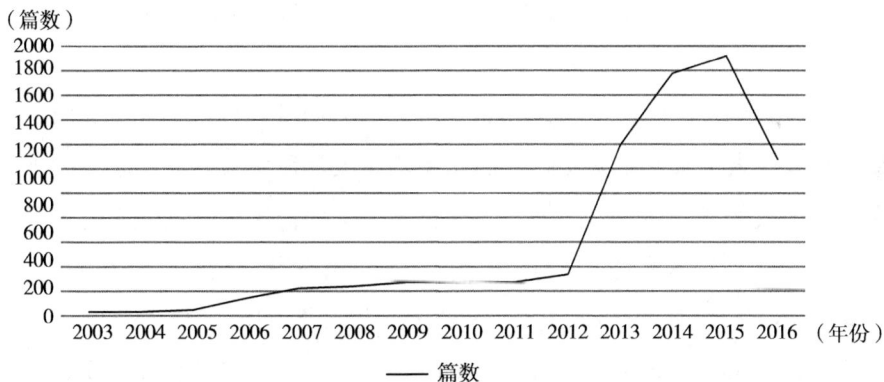

图1—2　2006—2012年"协商民主"检索相关文献篇数趋势图

[①]　杨光斌:《中国民主:轨迹与走向》，中国社会科学出版社2015年版，第18页。

第三，西方协商民主理论中国化转变的倒逼效应。

在西方协商民主理论中国化过程中，西方协商民主理论中有益成分也不断融合和吸纳到中国社会主义协商民主理论中。中国社会主义协商民主长期而丰富的实践，正是得益于西方协商民主理论中国化转变的倒逼效应，迎来井喷式的大繁荣大发展。

其中，至关重要的节点就是 2012 年中共十八大。中共十八大报告首次权威地提出并论证了"社会主义协商民主"概念，这就以党的代表大会报告的高度对中国社会主义协商民主实践进行了理论规定。此后，中国社会主义协商民主理论研究迎来黄金时期，如图 1—2 所示：由 2012 年中共十八大之前每年 200 多篇文献，急速提升到 1000 多篇文献。尽管中国社会主义协商民主理论发展水平同其长期而丰富的实践相比，仍在短时间内不相匹配，但是中国社会主义协商民主在理论上还是取得了丰硕的成果，并且牢牢掌握社会主义协商民主理论诠释的马克思主义话语权。可以说，中国不仅为世界奉献了丰富的协商民主实践，而且奉献了世界上独特独有独到的社会主义协商民主理论。

中共十八大后，最初把西方协商民主介绍到中国的学者，也顺应时代潮流，完成了对协商民主的重新再认识，这其中最为典型的就是陈家刚。2012 年中共十八大后，陈家刚接受了中共十八大报告的提法，用"社会主义协商民主"来界定"协商民主"，认为，"政治协商制度是我国实践协商民主的重要形式，人民政协则是实践协商民主的重要制度平台。人民政协的独特优势将为其实践协商民主，大力推动社会主义协商民主提供坚实的基础和保障"①。这就充分实现了西方协商民主理论的中国化，同时植根于中国社会主义协商民主实践的这一民主理论也得到大繁荣大发展。

总之，在西方协商民主不断中国化过程中，中国协商民主不断汲取西方协商民主理论精华，同时也倒逼着中国根据自身长期协商民主发展实践，总

---

① 陈家刚：《发挥人民政协作为协商民主重要渠道作用》，载《人民政协报》2012 年 11 月 21 日。

结、凝练、提出了独特独有独到的社会主义协商民主理论，从而为人类民主发展贡献了中国智慧，进一步丰富世界民主文明宝库。

（三）中国协商民主的比较优势

协商民主与选举民主作为独自存在的民主形式，世界有之，而且西方有着更长期而成熟的选举民主实践，在中国实现协商民主与选举民主的有效结合，创造性地实现了协商民主与选举民主协同发展。中国社会主义协商民主同西方协商民主的最大比较优势在于，有世界上独一无二的人民政协这一社会主义协商民主的重要渠道和专门协商机构。尽管中国社会主义协商民主不是世界上唯一的协商民主形式，但是唯有中国建立起来了完整的社会主义协商民主运行体系，从而极大地丰富了世界民主宝库，也为世界民主发展开辟了新方向。

第一，从独特性而言，实现了协商民主与选举民主的协同发展。

在当代西方学术话语中提及民主，一般特定指的是选举民主。西方竞争性的选举民主尽管能够代表多数公民的意愿，但是在发展过程不断暴露出固有的弊端。"人民只有投票的权利而没有广泛参与的权利，人民只有在投票时被唤醒、投票后就进入休眠期，这样的民主是形式主义的。"[1]面对西方选举民主存在的问题，为了弥补其缺陷，20 世纪 80 年代以来，协商民主理论开始出现。西方政治哲学家试图从理论上对选举民主进行一种修正，通过协商民主来填充选举民主留下的空隙，但是西方协商民主更多是停留在政治哲学领域，学者们对于协商民主的关注也是拘泥于理论推演，没有真正走向政治实践，鲜有经验性总结与叙述。

相对于西方民主所存在弊端，中国在长期的民主实践中行之有效地实现了选举民主与协商民主的协同发展，既发挥了选举民主能够代表最广大人民

---

[1]　习近平：《在庆祝中国人民政治协商会议成立 65 周年大会上的讲话》，人民出版社 2014 年版，第 14 页。

群众根本利益的优势，又通过协商民主成功弥补了选举民主间歇期广大民众有效有序政治参与弊端。"在中国，这两种民主形式不是相互替代、相互否定的，而是相互补充、相得益彰的，共同构成了中国社会主义民主政治的制度特点和优势。"①

中国有着选举民主与协商民主长期协同发展的实践。实际上，在中国民主化进程中先有协商民主，再有选举民主。1949年9月中国人民政治协商会议全体会议召开，通过广泛协商决定建立新中国，这就标志着协商民主开始在全国范围内确立。1954年9月全国人民代表大会召开，选举民主开始在全国范围内确立。此后，选举民主与协商民主相互结合、相得益彰，携手共同构成了独具中国特色的民主形式。在选举民主与协商民主长期协同发展过程中逐步形成了中国独有的"两会制"。每年一度，政协和人大相继开会，协商民主与选举民主相映成趣，充分向世界彰显了中国特色民主形式的内在优势。尤其是每年3月份召开的"全国两会"正在成为中国向世界展示中国民主成就的民主盛宴。"两会制"逐渐成为了承载选举民主与协商民主相结合的实践典范，为世界奉献了独一无二的民主形式从而使世界民主宝库更加丰富多彩。

选举民主与协商民主的协同发展是中国共产党领导群众在长期民主实践中的伟大创造，既符合中国国情又独具中国特色。同时，中国选举民主与协商民主协同发展的这一民主模式，不仅实现了马克思主义民主理论的新发展，也为世界民主发展提供了新的前进方向。

第二，从独有性而言，拥有作为协商民主专门机构的人民政协。

人民政协作为世界上独一无二的政治机构，是中国共产党和各民主党派、民主人士共同的伟大创造。"人民政协是中国人民爱国统一战线的组织，是中国共产党领导的多党合作和政治协商的重要机构，是我国政治生活中发扬社会主义民主的重要形式。"②人民政协在中国民主政治生活中发挥着十分

---

① 习近平:《在庆祝中国人民政治协商会议成立65周年大会上的讲话》，人民出版社2014年版，第15页。
② 《人民政协重要文献选编》(下)，中国文史出版社、中央文献出版社2009年版，第792页。

重要的角色。早在 1949 年 9 月人民政协全体会议召开，宣告了植根于中国国情，独具中国特色的政治机构成立，并通过人民政协共同协商决定建立新中国。人民政协作为世界上独创的政治机构，也拥有自己与众不同的运行方式，这就是社会主义协商民主早期形式的政治协商。一方面人民政协为中国共产党和各民主党派、民主人士提供民主协商的政治舞台；另一方面人民政协由众多界别构成，例如政协第十二届全国委员会共设 34 个界别。几乎涵盖了中国经济社会方方面面的界别构成了人民政协，仅人民政协内部的界别间民主协商，就构成了别具一格的中国特色民主形式。随着时代的发展与进步，人民政协政治协商日趋超出人民政协的范围，逐步向外拓展，形成了当前的社会主义协商民主制度。

人民政协是社会主义协商民主的根基，抓住了人民政协也就抓住社会主义协商民主的本质与灵魂。正如在《关于加强人民政协协商民主建设的实施意见》中所指出："人民政协是社会主义协商民主的重要渠道和专门协商机构，是国家治理体系的重要组成部分。"[1] 可见，人民政协是支撑整个社会主义协商民主理论与实践大厦的骨架，让社会主义协商民主看得见摸得着，生动地运行于中国民主政治生活中。正是在此基础上，习近平总书记在人民政协成立 70 周年大会上的讲话中论及发挥社会主义协商民主重要作用时强调：人民政协"是社会主义协商民主的重要渠道和专门协商机构，是国家治理体系的重要组成部分，是具有中国特色的制度安排"[2]。这就以党的代表大会报告的高度指出了独具中国特色的人民政协是一项重要制度创新，以独有的中国智慧丰富了人类民主制度的宝库，同时肯定了人民政协作为社会主义协商民主的重要渠道和专门协商机构的关键作用。

政协第十二届全国委员会推出并打造的全国政协双周协商座谈会成为了人民政协发展的新名片，也是社会主义协商民主发展的新形式。全国政协双周协商座谈会由政协全国委员会出面组织，就相关领域进行协商，邀请全国

---

① 《关于加强人民政协协商民主建设的实施意见》，人民出版社 2015 年版，第 1 页。

② 习近平：《在中央政协工作会议暨庆祝中国人民政治协商会议成立 70 周年大会上的讲话》，人民出版社 2019 年版，第 4 页。

政协相关领域委员、知名专家以及对口政府职能部分领导等，由全国政协主席亲自主持，就某一专门领域进行针对性极强的协商，甚至有些协商共识直接得到了参加会议政府职能部门肯定并落实。除了党和国家重大活动等个别特例外，全国政协双周协商座谈会每两周举行一次，新华社、中央电视台、人民日报等各大主流媒体都会对座谈会进行专门介绍。全国政协双周协商座谈会不仅是人民政协的伟大创举，也是社会主义协商民主制度化发展的重要成就，更是中国向世界范围内推荐中国特色社会主义民主形式的一张靓丽的名片。

中国不仅创造了世界独一无二的人民政协，还依托人民政协演化和发展社会主义协商民主这一独具中国特色的民主形式。在人民政协的推动下，在社会主义协商民主大繁荣大发展的时代呼唤下，全国政协双周协商座谈会不仅拓展社会主义协商民主这一民主形式，还进一步丰富了世界民主宝库。

第三，从独到性而言，形成了完整社会主义协商民主运行体系。

协商民主中西有之，西方协商民主在理论推演层面甚至有过之而无不及。但是，谈及协商民主的实践层面或经验性叙述，西方协商民主就相形见绌了。相对于中国社会主义协商民主长期而丰富的实践而言，西方协商民主只是星星点点有些实践运用。中国社会主义协商民主不仅丰富了世界民主理论，而且中国社会主义协商民主积累丰富的实践经验同时形成了完整的运行体系，为世界民主发展开拓了新方向。

随着社会主义协商民主的不断发展，尤其是中共十八大以来社会主义协商民主大繁荣大发展，社会主义协商民主已经形成了完整的理论体系与运行体系。2013年中共十八届三中全会通过的《中共中央关于全面深化改革若干重大问题的决定》中就明确指出："推进协商民主广泛多层制度化发展"，"构建程序合理、环节完整的协商民主体系"。[1] 这就全面吹响了建构完整社

---

[1] 《中共中央关于全面深化改革若干重大问题的决定》，人民出版社2013年版，第29—30页。

会主义协商民主理论和运行体系的号角。此后，社会主义协商民主建设在国家、社会、基层各个层面展开。从国家层面而言，依托于人民政协的社会主义协商民主，在人民政协协商民主的示范引领下，已经走出了人民政协的范围，向政党协商、人大协商、政府协商不断拓展，逐步确立了政党、政府、人大、政协"四大班子"共同协商的政治局面。当然，社会主义协商民主也没有仅仅局限于国家层面，也不断向公民社会层面发展。通过有效的社会协商对话，可以很好地处理和化解不同社会阶层和群体的利益矛盾和冲突。在加强社会主义协商民主建设，构建社会主义协商民主运行体系过程中，党和国家十分重视基层协商民主建设。对此，习近平总书记明确强调："人民群众是社会主义协商民主的重点。涉及人民群众利益的大量决策和工作，主要发生在基层。要按照协商于民、协商为民的要求，大力发展基层协商民主，重点在基层群众中开展协商。"[1] 在此指引下，社会主义协商民主在广大基层遍地开花。当前，社会主义协商民主已经成为全民最大共识，有事协商、遇事协商、做事协商业已深入人心，社会主义协商民主之风席卷中国大地。

基于此，2015 年中共中央印发了《关于加强社会主义协商民主建设的意见》，对中国社会主义协商民主建设作出了全面部署，"是指导社会主义协商民主建设的纲领性文件"[2]。这一文件的颁布也正式标志着完整的社会主义协商民主运行体系已经在中国确立。正是有了加强社会主义协商民主建设的纲领性文件的指引，社会主义协商民主在理论上实现了大繁荣，在实践上取得了大发展，支撑社会主义协商民主大厦的"四梁八柱"业已确立。这也就开启了中国社会主义协商民主建设的新时代。

就世界范围而言，尽管中国社会主义协商民主不是世界上独有的民主形式，但是唯有中国建立起来了完整的社会主义协商民主运行体系，独树一帜地展现在全世界面前。

---

[1]　习近平：《在庆祝中国人民政治协商会议成立 65 周年大会上的讲话》，人民出版社 2014年版，第 20 页。

[2]　《关于加强社会主义协商民主建设的意见》，人民出版社 2015 年版，第 1 页。

第二章　世界独有的新型政党制度
造就了中国协商民主

中国新型政党制度不同于西方两党制和多党制那种你上我下的权力争夺型的政党制度，也不同于一党制那种排除异己的权力垄断型的政党制度，而是一种民主协商、肝胆相照的崭新的和谐合作型政党制度。在世界上这一独有的和谐合作型政党制度中，实现了执政党建设与参政党建设协同发展。正是依托于世界上独有的中国共产党领导的多党合作和政治协商制度，这就使得中国协商民主能够融入中国共产党科学民主决策之中，真正找到全社会的最大共识；这就使得中国协商民主能够镶嵌于多党合作制度中，为实现执政党建设与参政党建设协同发展提供沟通手段；这就使得中国协商民主能够脱胎于政治协商制度中，让协商民主发挥更大的作用。世界独有的政党制度造就了独具中国特色又符合中国国情的协商民主，伴随着中国从站起来、富起来到强起来的伟大发展，最终使中国协商民主超越了中国政党制度的范畴，走向了中国特色民主政治更大更广阔的舞台。

一、世界政党制度与中国独特创造

中国新型政党制度既不同于西方两党制和多党制那种权力争夺型的政党制度，也不同于一党制那种权力垄断型的政党制度，而是一种民主协商、肝胆相照的和谐合作型政党制度，是从中国土壤中生长出来的新型政党制度。这种独具中国特色的新型政党制度，实现了执政与参政、领导与合作、协商与监督的有机统一，是人民当家作主的重要实现形式和社会主义协商民主的重要制度载体。①中国协商民主就是植根于中国新型政党制度之上，而不断形成发展起来的。

（一）世界上独有的新型政党制度

当今世界，最引人注目的政治现象莫过于政党与政党制度。当前，政党已经成为世界各国政治舞台上的主角，主导着世界各国政治的发展和局势的稳定。在世界上的政党制度中，中国共产党领导的多党合作和政治协商制度不同于权力争夺型的两党制或多党制，也不同于权力垄断型的一党制，而是独具中国特色、符合中国国情的权力合作型的新型政党制度。

就世界范围而言，政党产生于近代以来的民主化过程中。自从政党产生以来，学者们从各个角度出发、在不同时期分别给政党作出过各种各样的定义。当然，伴随着西学东渐，政党逐步融入中国政治环境，并且登上了政治舞台。当今中国理论界对于政党的界定也是众说纷纭、莫衷一是。下面就列举几种对政党比较有代表性的定义。

譬如，在《现代汉语词典》中，对"政党"界定为"代表某个阶级、阶层或集团并为实现其利益而进行斗争的政治组织"。这是对政党比较笼统而通俗的界定。对此，在《中国大百科全书·政治学》中，也得出了对政党类似但又有所修正与充实的定义，即"政党是代表一定阶级、阶层或集团的利益，旨在执掌或参与国家政权以实现其政纲的政治组织"②。

中国理论界的专家们根据自己的研究与理解，对于政党的定义进行了进一步发挥。其中，周淑真认为："政党，是一部分政治主张相同的人所结合的，以争取民众或控制政府的活动为手段，以谋促进国家利益实现共同理想的，有目标、有纪律的政治团体。"这一定义应包括以下四个方面的内

---

① 中华人民共和国国务院新闻办公室:《中国新型政党制度》，人民出版社 2021 年版，第 18 页。

② 《中国大百科全书·政治学》，中国大百科全书出版社 1992 年版，第 470 页。

容：一是政党是部分政治主张相同的人所结合的团体。二是政党是基于人民的意愿和国家的需要而结合的团体。三是政党是以取得政权、参与政权、实现政纲为目的所结合的团体。[①] 而王长江则从另一个角度给出了政党的界定，即"政党是一定社会集团中有着共同政治意愿的人们自愿结合在一起、以取得政治权力为首要目标的政治组织"[②]。对此，王韶兴根据自己的研究，对政党定义为："政党是代表一定阶级或阶层的利益，为取得和巩固国家政权而活动的政治组织。其本质规定性包括内在和外在两个方面。内在方面是指政党所具有的意识形态、价值指向、组织体系、运作体系、运作规范及实践活动等。外在方面一是指政党形成、发展并发挥作用的历史范畴；二是指包括政党形成、发展并发挥作用的社会经济基础规定性和社会阶级基础规定的社会范畴。"[③]

按照马克思主义观点、立场和方法分析认为：政党是指一定阶级、阶层或集团的积极分子为维护本阶级、阶层或集团的利益，围绕着夺取政权、巩固政权，或者参与政权、影响政权而结合起来采取共同行动的政治组织。这一定义包含三方面内容：一是政党具有阶级性。对于政党阶级性，列宁指出："在通常情况下，在多数场合，至少在现代的文明国家内，阶级是由政党来领导的；政党通常是由最有威信、最有影响、最有经验、被选出担任最重要职务而称为领袖的人们所组成的比较稳定的集团来主持的。"[④] 这就说明，任何政党都具有阶级性，同时，政党是有阶级的先锋队，肩负着领导本阶级的群众为实现和维护本阶级的利益而斗争的使命。二是政党需要具备必要党员、纲领、组织机构。通常情况下，政党应该具备三个要素：普通党员和政治领袖；党纲、党章、党纪；组织机构。如果不具备这三个因素，那么，就很难说是正式的政党组织。三是政党是以取得政权或者参与政权为主要目的的政治组织。对此，马克思和恩格斯在《共产党宣言》中谈到共产党与政

---

① 周淑真：《政党和政党制度比较研究》，人民出版社 2001 年版，第 6—7 页。

② 王长江：《政党论》，人民出版社 2009 年版，第 44 页。

③ 王韶兴：《政党政治论》，山东人民出版社 2011 年版，第 43 页。

④ 《列宁专题文集·论无产阶级政党》，人民出版社 2009 年版，第 249 页。

权问题时，就指出："共产党人的最近目的是和其他一切无产阶级政党的最近目的一样的：使无产阶级形成为阶级，推翻资产阶级的统治，由无产阶级夺取政权。"①作为维护本阶级、阶层或集团的利益先锋队组织的政党，为了实现和维护本阶级的利益，就需要全力以赴地取得政权或者参与政权。这就说明，政党自始至终都是围绕着政权而开展活动。

明确了政党定义后，我们还要认清政党制度。按照《中国大百科全书·政治学》界定，所谓政党制度，就是指"国家法律规定或实际生活形成的政党的社会地位和作用，特别是政党执掌、参与或影响国家政权的具体体制和运行机制。包括与其他政党的相互关系制度。是现代国家政治制度的重要组成部分"②。这就给政党制度一个权威而又可信的诠释。进一步而言，按照政党执掌政权的方式来划分，政党制度可以分为四种类型：一党制、两党制、多党制、多党合作制。所谓一党制，就是一个国家只有一个政党执掌国家政权，其中比较典型的一党制国家有苏联；所谓两党制，就是一个国家由两个主要的政党轮流执政，其中比较典型的两党制国家有英国和美国；所谓多党制，就是一个国家存在多个政党，但是任何一个政党都无力获得法定的多数单独执政，只能与其他政党联合执政，其中比较典型的多党制国家有日本和德国；所谓多党合作制，就是指一个国家由一个政党作为执政党居于主导地位，其他政党在执政党领导下参政，互相合作、协商共处，其中最为典型实行多党合作制的国家是中国。

世界范围内的政党和政党制度千姿百态、各具特色，无论某个国家实行什么样的政党制度，都是植根于本国国情与传统文化之上，在历史进程中作出的选择。"中国将继续积极借鉴和吸收人类政治文明的有益成果，但绝不会照搬照抄别国政党制度模式，也不会将中国政党制度模式强加于其他国家"③，我们要尊重各国不同的政党制度选择，绝不能强加自认为合理的政

① 《马克思恩格斯文集》第 2 卷，人民出版社 2009 年版，第 44 页。
② 《中国大百科全书·政治学》，中国大百科全书出版社 1992 年版，第 477 页。
③ 中华人民共和国国务院新闻办公室：《中国新型政党制度》，人民出版社 2021 年版，第 35 页。

党制度给其他国家。

在当今政党世界里,政党制度日趋成为一个国家政治生活中事关全局的重大政治制度。没有稳定可靠的政党制度,就没有国家政局和社会秩序的稳定;没有稳定的政局和秩序,执政党地位就会不稳,甚至频繁发生执政党更替,进而影响到国家的长治久安。因此,如何构建与保持一种良好的政党制度状态,就成为了当今世界各国执政党面临的重大问题,也是对执政党执政能力的重大考验。政党制度在当今世界政治生活中占据至关重要的战略位置。

按照当今世界政党运作的实际情况,我们可以看到,政党制度所呈现出来的各种状态,既是一个国家历史演进和历史选择的结果,也是这个国家现实国情和实际情况的反映。这也就意味着,因为不同国家、不同地区、不同民族历史文化的多种多样及其自身具体国情的千奇百态,所以世界上不可能只有一种政党制度模式。我们要认清世界上不同类型的政党制度,才能在对比中彰显中国多党合作制的优越性。对于不同政党制度深刻认识的重要性,列宁曾经做出过精辟的论述,即:"共产主义者的任务,像在任何时候一样,也是要善于针对各阶级和各政党相互关系的特点,针对共产主义客观发展的特点来运用共产主义普遍的和基本的原则;要看到这种特点每个国家各不相同,应该善于弄清、找到和揣摩出这种特点。"[①] 因此,我们要通过分析不同国家政党制度的特点,来认清各种政党制度。根据执政党掌握国家政权的方式,我们可以把政党制度大体上分为权力争夺型的两党制或多党制、权力垄断型的一党制、权力合作型的多党合作制三种类型。

一是权力争夺型的两党制或多党制。在西方两党制和多党制的权力争夺型政党制度中,政党通过轮流执政的形式交替掌握政权。因此,选举就成为了各政党掌握国家政治权力的手段。通过选举获胜的政党成为执政党,其他政党成为反对党或在野党。实际上,反对党或在野党具有监督和制约执政党权力的重要作用。倘若执政党存在权力滥用或者贪污腐败行为,反对党或在

---

① 《列宁选集》第 4 卷,人民出版社 2012 年版,第 197—198 页。

野党就可以以此为契机赢得下次选举，甚至直接取代执政党位置。从某种程度上而言，这种权力争夺型的政党制度可以充分保证执政党权力的监督与制约。同时，在西方权力争夺型政党制度中，每个政党都代表着特定群体或阶层的利益并以夺取政权为目的。这些利益群体或阶层之间的矛盾体现为各政党之间以夺取或控制政权为目标的权力斗争，其目的就是搞垮对方，自己上台执政。这就决定了政党之间必然要为争取选民、上台执政而相互争权夺利、彼此排斥倾轧。在这种情况下，各政党之间囿于党派利益、阶级利益、区域和集团利益决策施政时固执己见、排斥异己、导致社会撕裂的弊端。①

二是权力垄断型的一党制。一党制这种权力垄断型的政党制度具有保持政治稳定与社会有序的优势。在这种政党制度之下的执政党都长期控制着国家权力，也牢牢地掌握着社会意识形态。在一党制下政党制度具有超强稳定性的优势，这就避免了权力争夺型政党制度中反对党或在野党对执政党地位的冲击和争夺，也有效地避免了军事政变、暴力夺权、社会颠覆的发生，从而保持了政治秩序与社会整合。但是在权力垄断型的政党制度中，由于执政党长期单独执政，并且垄断着国家权力，这种政党制度能够有效地维护社会稳定和政治秩序的同时，执政党与政权的关系往往会变得不正常，出现政党的功能变形，导致党政不分，最终影响整个政治机制的有效运行。这种权力垄断型的政党关系往往可能使得政治权力运行过于僵化，同时，因为没有权力间的制约，从而导致权力腐败行为与权力过度滥用。

三是权力合作型的多党合作制。权力合作型的政党制度既不同于权力争夺型的政党制度，也不同于权力垄断型的政党制度，同时，这种政党制度有效地吸收权力争夺型与权力垄断型政党制度的各自优点而摒弃各自弊端。在权力争夺型的政党制度下，政党之间保持着充分的权力竞争，这样就可以在一定程度上实现权力制约，但是，这种政党制度缺少必要的合作与团结，容易造成权力争夺与倾轧。与此相比，权力合作型的政党制度吸取了权力争夺

---

① 中华人民共和国国务院新闻办公室:《中国新型政党制度》，人民出版社 2021 年版，第19 页。

型政党制度所具有的政党间监督与制约的优点，这一政党制度以合作、协商代替对立、争斗，克服政党之间互相倾轧造成政权更迭频繁的弊端，能够有效化解矛盾冲突、维护和谐稳定。[①] 在权力垄断型的政党制度下，执政党具有绝对权力，政权运行效率极高，但是，这种政党制度缺少了必要的监督与制约，容易滥用权力。与此相比，权力合作型的政党制度吸取了权力垄断型的政党制度所具有的保证政治稳定与社会有序的优点，同时又有效地克服了这种政党制度所固有的呆板僵化的弊端，从而能够充分地保持政党间的差异与活力。

（二）中国新型政党制度的内在特色

在中国共产党探索中国发展道路过程中所形成的中国多党合作制度成为最具中国特色的伟大创造，即"中国共产党领导的多党合作和政治协商制度是中国的一项基本政治制度。这一制度既植根中国土壤、彰显中国智慧，又积极借鉴和吸收人类政治文明优秀成果，是中国新型政党制度"[②]。新时代，系统地总结和归纳中国共产党探索多党合作的内在特色对于进一步完善共产党的执政地位，加强民主党派的参政地位以及彰显中国多党合作制度的独特价值都有着重大理论意义。

第一，中国共产党领导、多党派合作，中国共产党执政、多党派参政。

中国共产党领导的多党合作和政治协商制度摒弃一党制、两党制与多党制的弊端，同时借鉴了各自的优点，在长期的中国革命、建设和改革实践中形成和发展起来并且植根于中国国情之上而独具中国特色的新型政党制度。这一新型政党制度的显著特征是：中国共产党领导、多党派合作，中国共产党执政、多党派参政。可以说，这一显著特征是中国共产党与民主党派长期

---

① 中华人民共和国国务院新闻办公室：《中国新型政党制度》，人民出版社 2021 年版，第 20 页。

② 中华人民共和国国务院新闻办公室：《中国新型政党制度》，人民出版社 2021 年版，第 27 页。

合作历史和实践的生动再现与重要经验，并且彰显了中国多党合作制度的独特价值与内在优势。

一方面从政治关系的角度而言，中国共产党与民主党派之间表现为"共产党领导、多党派合作"。中国共产党的领导地位是其带领全国各族人民在取得新民主主义革命胜利的过程中逐步形成的，是历史的选择，也是人民的选择。在中国革命即将取得胜利的前夕，中共中央发布了"纪念五一节口号"，其中呼吁"各民主党派、各人民团体、各社会贤达迅速召开政治协商会议，讨论并实现召集人民代表大会，成立民主联合政府"①。随后，民主党派积极拥护这一口号，并且拥护中国共产党的领导。正是在此基础上，中国共产党领导的多党合作和政治协商制度得以建立。当然，共产党的领导是中国多党合作制度的首要前提。不仅如此，中国多党合作制度还要有民主党派参加。中国民主党派在新民主主义革命中作出了诸多历史贡献，尤其是在新中国筹备过程中献计献策、出力甚多。这就在建立中国多党合作制度过程中为民主党派谋得一席之地。由此可见，共产党领导、多党派合作是中国历史所作出的选择，也符合当时中国的具体国情，并且在长期实践中得到了充分的考验和认可。

另一方面从政权关系的角度而言，中国共产党与民主党派之间表现为"共产党执政、多党派参政"。在中国共产党领导的多党合作和政治协商制度中，共产党是执政党并且长期掌握着国家政权，与之相对应，民主党派是参政党，也是共产党的亲密友党，并且始终拥护共产党的执政地位。实际上，共产党的执政地位还是由其自身的先进性而决定的。中国共产党是中国工人阶级的先锋队，同时是中国人民和中华民族的先锋队，是中国特色社会主义事业的领导核心，代表中国先进生产力的发展要求，代表中国先进文化的前进方向，代表中国最广大人民的根本利益。正是基于共产党这种先进性，共产党才能在中国革命、建设和改革的进程中确立和巩固自己的执政地位。此外，民主党派的参政地位也不是上天的恩赐，也是由于其自身的进步

---

① 《中共中央文件选集》第 17 卷，中共中央党校出版社 1992 年版，第 146 页。

性与广泛性的统一而决定的。

一言以蔽之，"共产党领导、多党派合作，共产党执政、多党派参政"作为中国新型政党制度显著特征，这是共产党与民主党派在长期合作实践过程中历史经验的高度总结。

第二，长期共存、互相监督、肝胆相照、荣辱与共。

在共产党与民主党派长期合作的过程中，共产党与民主党派之间风雨同舟、和衷共济，经受住各种艰难险阻的历史考验，创造出举世瞩目的社会主义现代化建设成就。正是在多党合作的历史和实践中凝练出了"长期共存、互相监督、肝胆相照、荣辱与共"的十六字方针。毋庸置疑，这十六字方针是中国多党合作制度的历史经验的高度提炼，也正是有了这十六字方针的引领，中国多党合作制度才能不断发展与完善。当然，"长期共存、互相监督、肝胆相照、荣辱与共"方针是在多党合作的历史中逐步形成和提炼出来的。

一是毛泽东率先提出了"长期共存、互相监督"的方针。随着社会主义革命的完成，我国成功地实现了三大改造，进而正式确立了社会主义制度。正是由于社会主义制度的确立，使得民主党派赖以生存的阶级基础发生了改变，原有的民族资产阶级、小资产阶级和知识分子已经改造为社会主义事业的建设者和劳动者。如此一来，民主党派的生存问题也就遇到了前所未有的挑战。针对此，毛泽东在《论十大关系》中旗帜鲜明地指出："究竟是一个党好，还是几个党好？现在看来，恐怕是几个党好。不但过去如此，而且将来也可以如此，就是长期共存，互相监督。"[1]就此，开始确立了共产党与民主党派之间"长期共存、互相监督"的方针。

二是邓小平进行有益补充，概括为"长期共存、互相监督、肝胆相照、荣辱与共"的方针。十一届三中全会以后，我国完成了重要的历史性转折。在此背景下，我国多党合作制度开始恢复和发展。尤其是"长期共存、互相监督"的方针还需要继续坚持。对此，邓小平明确指出："我们党同其他几

---

① 《毛泽东文集》第7卷，人民出版社1999年版，第34页。

个党长期共存，互相监督，这个方针要坚持下来。"①这样一来，也就使"长期共存、互相监督"的方针得以重新确立。随后到了党的十二大，在坚持"长期共存、互相监督"的方针的基础上，又对其进行了有益的补充，增加了"肝胆相照、荣辱与共"。故此，共产党与民主党派长期合作的经验也就提升为"长期共存、互相监督、肝胆相照、荣辱与共"的十六字方针。

三是江泽民对这一方针的进一步完善。以江泽民同志为核心的党中央把马克思主义政党理论同中国新国情、新变化相结合，不断地为我国多党合作制度注入新鲜血液。尤其是针对共产党与民主党派之间"长期共存、互相监督、肝胆相照、荣辱与共"的方针，江泽民进行了拓展。譬如，关于共产党与民主党派互相监督的问题，江泽民认为这种监督主要是民主党派监督共产党，没民主党派有力地监督，就难于有效地防止共产党滋生腐败。

四是胡锦涛对这一方针的继续推进。以胡锦涛同志为总书记的党中央依据新时期新阶段实际，持续推进中国共产党领导的新型政党制度。胡锦涛在庆祝中国人民政治协商会议成立 60 周年大会上提出："中国共产党领导的多党合作和政治协商制度作为我国的一项基本政治制度，能够在中国特色社会主义共同目标下把中国共产党领导和多党派合作有机结合起来"，"只有认真贯彻中国共产党同各民主党派长期共存、互相监督、肝胆相照、荣辱与共的方针，才能把中国共产党领导的多党合作和政治协商制度坚持好、完善好、发展好"。②有利于实现广泛参与和集中领导的统一、社会进步和国家稳定的统一、充满活力和富有成效的统一。

五是习近平对一重要指针的不断发展。以习近平同志为核心的党中央立足于新时代新方位新发展，不断坚持完善和发展中国共产党领导的多党合作和新型政党制度。在中国共产党和民主党派关系上明确指出："中国共产党和各民主党派实行相互监督。中国共产党处于领导和执政地位，自觉接受民主党派的监督"，"支持民主党派和无党派人士在坚持四项基本原则基础

---

① 《邓小平文选》第 2 卷，人民出版社 1994 年版，第 267 页。

② 《十七大以来重要文献选编》（中），中央文献出版社 2011 年版，第 205 页。

上，在政治协商、调研考察，参与党和国家有关重大方针政策、决策部署执行和实施情况的检查，受党委委托就有关重大问题进行专项监督等工作中，通过提出意见、批评、建议等方式，对中国共产党进行民主监督。"①中国共产党和民主党派这种相互监督、通力合作关系，已经成为政党关系中的一张名片。

第三，把实现中华民族伟大复兴作为共产党执政与民主党派参政的共同奋斗目标。

当前，我国已经实现"第一个百年"奋斗目标，在中华大地上全面建成了小康社会，并趁势而上开启了建设社会主义现代化强国的新征程。实现中华民族伟大复兴是新时代新阶段的奋斗主题。作为带领全国人民进行中国特色社会主义伟大事业的中国共产党，理所应当将实现中华民族伟大复兴作为奋斗方向。与之相对地，作为共产党亲密友党的民主党派，同共产党在根本利益与基本目标上具有一致性，这也就要求民主党派也要围绕为实现中华民族伟大复兴凝心聚力。其实，这是中国多党合作制度的优越性得以发挥的根本所在。正是共产党与民主党派都把实现中华民族伟大复兴作为奋斗方向，才为中国当代一切的发展提供重要保障。尤其是自2020年以来的全球疫情，中国共产党与各民主党派团结一致、雷厉风行，始终坚持"人民至上"，将人民的生命安全放在第一位，使疫情得以有效控制，成为世界疫情防控的一张靓丽名片，得到世界的赞誉。这也就有力地说明了，必须把实现中华民族伟大复兴作为奋斗方向是我国多党合作最重要经验之一。

实现中华民族伟大复兴是中国共产党和各民主党派团结奋斗的共同思想基础。实现共产主义是社会主义国家矢志不渝的终极目标，而当前我国正处于社会主义初级阶段，建成社会主义现代化强国，实现中华民族伟大复兴就是这一阶段的奋斗目标。要实现这一目标，就要求作为执政党的中国共产党和作为社会主义参政党的各民主党派承担起经济、政治、文化、社会和生态五位一体协调发展的历史责任，并充分发挥中国特色政党制度的优越性，不

---

① 《中国共产党统一战线工作条例》，人民出版社2021年版，第14页。

断满足人民对美好生活的向往。各民主党派也要在中国共产党的领导下，紧紧围绕党和国家的中心大事，认真履行参政议政、民主监督的职能，积极推进社会主义经济建设、政治建设、文化建设、社会建设、生态建设。事实上，通过民主党派在发展问题上所作出的重要贡献，可以有效地帮助共产党作出更加科学合理决策。

总而言之，正是把实现中华民族伟大复兴作为共同奋斗目标，才取得如今社会主义现代化建设的巨大成就。这也就用成功的实践充分印证中国多党合作制度的优越性。

第四，在推进民主政治建设中完善多党合作制度。

不断推进我国民主政治建设是我国始终不渝的奋斗目标。中国特色社会主义民主政治由人民代表大会制度、中国共产党领导的多党合作和政治协商制度、民族区域自治制度以及基层群众自治制度构成，其中多党合作制度是我国的基本政治制度。故此，我国历来都是把多党合作制度的完善放在整个民主政治建设进程中来实现，这也是中国多党合作发展与进步的一条重要经验。

当然，之所以在推进中国民主政治建设中完善多党合作制度，这是由中国共产党领导的多党合作和政治协商制度是我国基本政治制度决定的。众所周知，民主政治是人类政治文明发展的杰出成果，也是世界各国人民的普遍诉求。当然，各个国家的民主政治都是由内部生成的，而不是由外力强加的。因此，因为各个国家有着千姿百态的国情，所以各国人民争取和发展民主政治的道路也是各不相同。我国根据自己的特殊国情由中国共产党带领全国各族人民进行了新民主主义革命，在新中国成立后又从社会主义初级阶段的实际出发，实行了符合中国基本国情的中国特色社会主义民主政治。这其中最具有中国特色和独特价值的就是我国多党合作制度。在某种意义上而言，中国多党合作制度就是镶嵌在中国特色社会主义民主政治制度王冠上一颗璀璨的明珠。我们党历来重视在推进整个民主政治建设中不断完善我国多党合作制度。党的十九届四中全会着眼于党长期执政和国家长治久安，对坚持和完善中国特色社会主义制度、推进国家治理体系和治理能力现代化作出总体擘画，明确提出要"加强中国特色社会主义政党制度建设，健全相互监督特别是中国共产党自觉接受监督、对重大决策部署贯彻落实情况实施专项监督等机制，完善民主党派中央直接向中共中央提出建议制度，完善支持民主党派和无党派人士履行职能方法，展现我国新型政党制度优势"①。这就从完善中国特色社会主义制度安排层面强调要完善世界上独有的多党合作制度。

总之，中国多党合作制度的发展与完善不是孤立无援的，而是隶属于我国民主政治建设之中的重要一环。故此，在不断推进中国民主政治建设中完善多党合作制度，这也是我国多党合作的一条必不可少的经验。

第五，推进多党合作的程序化、规范化和制度化。

随着中国多党合作制度的不断巩固和持续发展，实现多党合作的程序化、规范化和制度化逐步提到了日程。唯有实现多党合作的程序化、规范化和制度化，才能从根本上保证多党合作不因领导的改变而改变，不因领导人注意力的改变而改变，从而使得多党合作成为一种永久的制度规范。实际上，我国多党合作的程序化、规范化和制度化也不是一蹴而就的，而是循序渐进的过程。

1989年12月，中共中央颁布了《关于坚持和完善中国共产党的多党合作和政治协商制度的意见》，这也就标志着我国多党合作的程序化、规范化和制度化开始。其中明确规定了"加强中国共产党和各民主党派之间的合作与协商的几种协商形式"、"进一步发挥民主党派成员、无党派人士在人民代表大会中的作用"、"举荐民主党派成员、无党派人士担任各级政府及司法机关的领导职务"、"进一步发挥民主党派在人民政协中的作用"、"支持民主党派加强自身建设"等内容。这就把多党合作上升到了制度的层面。随后，在1993年3月第八届全国人民代表大会第一次会议通过《中华人民共和国宪法修正案》中，把"中国共产党领导的多党合作和政治协商制度将长

---

① 《中共中央关于坚持和完善中国特色社会主义制度推进国家治理体系和治理能力现代化若干重大问题的决定》，人民出版社2019年版，第11页。

期存在和发展"写入序言，最终正式以宪法的高度肯定了中国多党合作制度。在此基础上，2005 年 2 月，中共中央颁发了《关于进一步加强中国共产党的多党合作和政治协商制度的意见》，其中着重要求进一步加强我国多党合作的程序化、规范化和制度化建设，规定了"进一步完善政治协商的内容、形式和程序"、"民主党派参政议政的基本点"、"民主党派参政议政的内容与形式"等。2021 年 6 月，中华人民共和国国务院新闻办公室颁布了《中国新型政党制度》白皮书，着重强调了"中国新型政党制度通过政党协商、参政议政、民主监督等制度化、规范化、程序化的安排，集中各方面意见和建议，推动决策科学化民主化"等。

简言之，不断推进我国多党合作的程序化、规范化和制度化，成为共产党与民主党派长期合作、共同发展的重要经验和根本保障。

第六，执政党建设与参政党建设的互相促进。

纵观多党合作历史，其中蕴含着执政党建设与参政党建设的互相促进。尤其是作为执政党的共产党，对民主党派建设起到了重要帮助和引领作用。与此同时，作为参政党的民主党派自身建设成就，对于共产党也起到了很好的鞭策和督促作用。正是在执政党建设与参政党建设的互相促进中实现了多党合作的发展。

新中国成立初期，民主党派的组织建设还并不完善，个别民主党派规模也很小，而且成员成分复杂。正是鉴于这种情况，共产党协助各民主党派加强组织建设、壮大民主党派队伍、确定发展方向。对于民主党派的发展方向问题，周恩来指出："既然要发展，就有一个发展对象的问题。今后民主党派的发展对象主要是中上层。只发展上层分子是不够的，还应该到接近群众的中层去发展。"[①] 这就为新中国成立后民主党派发展和建设问题指明了方向。社会主义制度建立以后，民主党派的阶级基础变成了社会主义劳动者和建设者，在此基础上，共产党确立了与民主党派"长期共存、互相监督"的方针。在这一方针的指导下，民主党派不断加强自身建设，充分发挥自己参

---

① 《周恩来统一战线文选》，人民出版社 1984 年版，第 205 页。

政党的优势，认真履行民主监督的职能，进而确保共产党权力的合理运行。改革开放以来，共产党更加重视民主党派工作，不断协助与引领民主党派加强自身建设、提高参政能力。尤其是面对新阶段新形势的冲击，共产党不断加强执政能力建设以及保持自身先进性。以此相对应，民主党派以共产党为参照，也不断提高自身参政能力并且完成民主党派政治交接。不仅如此，执政党建设与参政党建设的互相促进还体现在当前共产党正在进行学习型政党建设。众所周知，通过不断学习进而始终保持共产党的凝聚力与战斗力一直是共产党的优良传统。尤其是身处全球化、信息化大背景下，共产党不断加强学习能力建设，永葆自身生命力就显得更为重要。参照共产党加强学习型执政党建设，民主党派也提出了不断加强学习型参政党建设，进而实现了学习型执政党建设与学习型参政党建设的双向互动，最终达到执政党建设与参政党建设的互相促进。

第七，发挥人民政协为多党合作提供组织保障的作用。

人民政协是在世界上独具中国特色、符合中国国情，并且在中国革命、建设和改革中逐步形成和发展起来的政治组织，是实行中国新型政党制度的重要政治形式和组织形式。在共产党探索多党合作过程中，人民政协为共产党与民主党派间团结合作提供可靠组织舞台，尤其是在迈向"第二个百年"奋斗目标进程中，"人民政协要为民主党派和无党派人士在政协更好发挥作用创造条件"[1]，进而确保多党合作得以真正实现。

其实，人民政协不是国家权力机关，也就不具有人民代表大会那样的权力与职能；与此同时，人民政协也不是国家行政机关，也就不负责管理国家的具体事务。人民政协是中国人民爱国统一战线的组织，是中国共产党领导的多党合作和政治协商的重要机构，是我国政治生活中发扬社会主义民主的重要形式。因此，人民政协具有履行政治协商、民主监督、参政议政的职能，故此，人民政协能够在政治上拥有最广泛的包容性，这样一来，就有利

---

[1] 习近平：《在中央政协工作会议暨庆祝中国人民政治协商会议成立70周年大会上的讲话》，人民出版社2019年版，第5页。

于反映社会各阶层和群体的利益诉求，也有利于体察民情、汇集民意、有效协商、科学决策，进而实现政局稳定、社会整合。鉴于此，人民政协在我国多党合作中占据着重要地位。对此，习近平总书记明确指出："发挥人民政协作为实行新型政党制度重要政治形式和组织形式的作用，对各民主党派以本党派名义在政协发表意见、提出建议作出机制性安排。"[1]这就说明了，人民政协为多党合作提供了可靠的组织保障。

总而言之，人民政协是我国政治制度的一大创造，同时，也为我国多党合作制度提供了重要的政治保证。

第八，实现中国政党关系的长期和谐。

在我国多党合作下的共产党与民主党派间关系既不同于西方两党制和多党制那种你上我下的权力争夺型的政党关系，也不同于一党制那种排除异己的权力垄断型的政党关系，而是一种民主协商、肝胆相照的崭新的和谐政党关系。这种和谐政党关系是在中国多党合作制度长期发展中形成的，具有独特价值和巨大优势。

中国政党关系和谐摒弃了争夺型政党关系与权力垄断型政党关系的缺点，同时汲取这两种政党关系各自的优点，因而具有自身独特价值。一方面中国和谐政党关系吸取了权力争夺型政党关系所具有的政党间监督与制约的优点，同时有效地克服了政党间恶性竞争的弊端，从而能够充分地保证政党间的团结与合作。在政党关系和谐下共产党与各民主党派间保持良好团结合作关系。这也就克服西方权力争夺型政党关系所固有的恶性竞争顽疾，从而保证政治稳定，实现社会整合。"中国的新型政党制度以合作、协商代替对立、争斗，克服政党之间互相倾轧,造成政权更迭频繁的弊端，能够有效化解矛盾冲突、维护和谐稳定。"[2]各民主党派自觉接受共产党领导，与共产党亲密合作，共同致力于中国的革命、建设和改革事业。除此之外，作为执政党的共产党与作为参政党的各民主党派间互相监督与制约。这是对西方竞争型

---

[1]　《习近平谈治国理政》第 3 卷，外文出版社 2020 年版，第 297 页。

[2]　中华人民共和国国务院新闻办公室:《中国新型政党制度》，人民出版社 2021 年版，第 20 页。

政党关系合理之处的有效借鉴。

另一方面中国和谐政党关系吸取了权力垄断型的政党关系所具有的保证政治稳定与社会有序的优点，同时又有效地克服了这种政党关系所固有的呆板僵化的弊端，从而能够充分地保持政党间差异与活力。中国和谐政党关系能够充分地保证政治稳定与社会秩序。权力垄断型的政党关系具有保证政局稳定与社会秩序的优点，所以当代中国和谐政党关系也充分借鉴了这种优点。与此同时，中国和谐政党关系也能够充分地保持政党之间的差异与活力。这也就克服了权力垄断型的政党关系所固有的政治呆板与僵化的顽疾。在和谐政党关系中，共产党与各民主党派长期共存、互相监督、肝胆相照、荣辱与共，共同致力于建设中国特色社会主义。这就巩固了共产党领导地位并且确保了政治秩序稳定的同时，也保证了各民主党派参政地位并且确保了政党制度的张力。

第九，发挥民主党派参政议政与民主监督作用。

在我国多党合作中，作为执政党的共产党与作为参政党的民主党派长期共存、和谐共进。这种和谐政党关系既要求共产党不断提高执政能力、始终保持自身先进性，又要求民主党派充分发挥参政议政与民主监督作用。实际上，根据我国多党合作制度的历史而言，民主党派参政议政和民主监督作用的有效发挥对于共产党执政能力和执政水平的提高有着重要的意义。

一方面民主党派参政议政有利于共产党科学执政与科学决策。之所以说民主党派参政议政对于共产党执政与决策有着重要作用，这是由民主党派自身性质决定的。民主党派是各自所联系的一部分社会主义劳动者、社会主义事业建设者和拥护社会主义爱国者的政治联盟。正是这一性质决定了民主党派具有了解社情民意，掌握社会情态，熟谙社会各阶层和群体利益诉求的独特优势。不仅如此，民主党派还具备比较完善的信息收集、信息反映、信息反馈渠道，这就为部分社会阶层和群体提供流畅信息输出渠道。通过政治协商的形式，同共产党进行广泛交流与沟通，从而保障决策的科学性民主性，最终实现人民群众根本利益与部分社会阶层和群体特殊利益有效整合。

另一方面民主党派民主监督有利于遏制腐败。绝对的权力绝对地导致腐败，欲杜绝权力腐败的最可行办法就是监督和制约权力，给权力戴上紧箍咒。同样，执政党权力也必须受到监督，否则不受监督的执政党权力必将走向腐败。在中国，共产党是我国的执政党，永久地掌握国家权力，所以权力监督主要是监督共产党权力。只有充分监督共产党权力，才能消除共产党自身腐败问题。在这一过程中，民主党派民主监督发挥着不可或缺的作用。通过共产党与各民主党派互相监督，主要是通过民主党派监督共产党权力，可以避免由于缺乏监督而导致的种种弊端。

第十，不断加强和改善共产党对多党合作的领导。

我国多党合作历史中最为重要的一条经验就是不断加强和改善共产党对多党合作的领导。可以说，坚持中国共产党的领导是多党合作的首要前提和根本保证。唯有始终坚持共产党的领导，我国多党合作才能保持正确的发展方向并且永葆生命力。倘若否认了共产党对多党合作的领导，而搞多党轮流执政，这势必会影响到我国政局稳定与社会和谐。

实际上，共产党通过提升执政能力与保持先进性等各种途径来加强和改善对多党合作的领导。具体而言：一方面共产党通过不断提升执政能力来加强和改善对多党合作的领导。面对新发展新形势，中国共产党要带领全国各族人民继续实现推进现代化建设、完成祖国统一、维护世界和平与促进共同发展这三大历史任务，就必须不断提升自身执政能力。毋庸置疑，共产党执政能力是其长期执政的根本保证。共产党要想始终得到各民主党派真心诚意的拥护，不断地加强和改善对多党合作的领导，就需要共产党千方百计地提升执政能力，进而使自身永葆生机活力。另一方面共产党通过不断保持先进性来加强和改善对多党合作的领导。事实上，先进性是共产党的本质属性和内在要求，也是其生命所系、力量所在。故此，共产党就务必高度重视先进性教育，真正做到立党为公、执政为民。在新的历史条件下，时刻保持先进性是共产党长期执政的根本保障，也是不断地加强和改善对多党合作的领导的前提条件。

总之，始终坚持并且不断完善共产党对我国多党合作的领导，这是我国多党合作的一条最为基本的经验，也是我国多党合作的根本保障与优势所在。

（三）中国新型政党制度的比较优势

中国多党合作制度是一种民主协商、肝胆相照的崭新的和谐合作型政党制度。这种和谐合作型政党制度充分借鉴了权力争夺型的政党制度与权力垄断型的政党制度优势和长处，同时，摒弃了各自缺陷和不足。"中国共产党领导的多党合作和政治协商制度，真实、广泛、持久代表和实现最广大人民根本利益、全国各族各界根本利益，有效避免了旧式政党制度代表少数人、少数利益集团的弊端；把各个政党和无党派人士紧密团结起来、为着共同目标而奋斗，有效避免了一党缺乏监督或者多党轮流坐庄、恶性竞争的弊端；通过制度化、程序化、规范化的安排集中各种意见和建议、推动决策科学化民主化，有效避免了旧式政党制度囿于党派利益、阶级利益、区域和集团利益决策施政导致社会撕裂的弊端。"[1]可见，中国的多党合作制度具有巨大的比较优势。

第一，既保证了监督与制约又保持了团结与合作。

在西方两党制和多党制的权力争夺型政党制度中政党通过轮流执政的形式交替掌握政权。因此，选举就成为了各政党掌握国家政治权力的通道。通过选举获胜的政党成为执政党，其他政党成为反对党或在野党。实际上，反对党或在野党具有监督和制约执政党权力的重要作用。倘若执政党存在权力滥用或者贪污腐败行为，反对党或在野党就可以以此为契机赢得下次选举，甚至直接取代执政党位置。从某种程度上而言，这种政党制度可以充分保证对执政党权力的监督与制约。同时，在西方权力争夺型政党制度中，每个政党都代表着特定群体或阶层的利益并以夺取政权为目的。这些利益群体或阶层之间的矛盾体现为各政党之间以夺取或控制政权为目标的权力斗争，其目的就是搞垮对方，自己上台执政。这就决定了政党之间必然要为争取选民、

---

[1] 中华人民共和国国务院新闻办公室：《中国的民主》，人民出版社 2021 年版，第 16 页。

上台执政而相互争权夺利、彼此排斥倾轧。在这种情况下，各政党之间免不了要明争暗斗、互相攻击。其结果必然是政治动荡、内耗丛生。

与此相比，中国新型政党制度吸取了权力争夺型政党制度所具有的政党间监督与制约的优点，同时有效地克服了政党间恶性竞争的弊端，从而能够充分地保证政党间的团结与合作。

一方面，作为执政党的共产党与作为参政的各民主党派间互相监督与制约。这是对西方竞争型政党制度合理之处的有效借鉴。在坚持共产党领导前提下，民主党派对共产党进行充分的民主监督。"当然，这种监督不是一般的民主监督。它是民主党派在团结合作的政党关系基础上，通过民主的方式对共产党实行的一种政治监督，是一种非国家权力性质的监督，是以帮助共产党更好地执政为目的的监督。"①事实上，民主党派的民主监督是一种党派性的异体监督，具有较强的科学性、客观性、广泛性以及一定的权威性。在我国整个监督体系中，民主党派的监督对于加强和改善共产党的领导，健全社会主义监督体系，惩治腐败问题都有着重要而独特的作用。这种监督是通过提出意见、批评、建议的方式进行的政治监督，是我国社会主义监督体系的重要组成部分。其中，民主党派民主监督的内容是：国家宪法和法律法规的实施情况，中国共产党和政府重要方针政策的制定和贯彻执行情况，中共党委依法执政及中共党员领导干部履职尽责、为政清廉等方面的情况。就其监督性质而言，民主党派对共产党的监督不是进攻性的，是非侵略性的柔性监督。这种监督是在相互尊重基础上的彼此协商与相互促进。各民主党派通过民主监督的形式来制约共产党权力滥用与权力腐败，从而保证共产党权力的合理运行，有效遏制腐败，防范共产党偏离人民轨道，切实做到执政为民。

另一方面，共产党与各民主党派间保持良好团结合作关系。这也就克服西方权力争夺型政党制度所固有的恶性竞争顽疾，从而保证政治稳定，实现社会整合。当然，共产党和民主党派之间不是相互竞争的关系，可以说，共

---

① 王长江:《政党论》，人民出版社 2009 年版，第 181—182 页。

产党与民主党派之间始终保持政治方向一致、根本利益一致、奋斗目标一致，互相支持、互相帮助、互相监督，因而形成了和谐合作型政党制度。这种和谐合作型政党制度强调以合作与协商代替矛盾与冲突，充分体现合作、参与、协商、和谐的精神。各民主党派自觉接受共产党领导，与共产党亲密合作，共同致力于中国的革命、建设和改革事业。这种新型政党制度既保证共产党的执政地位不动摇，又保证各民主党派的参政地位不动摇。对此，1993 年 3 月第八届全国人民代表大会第一次会议通过《中华人民共和国宪法修正案》，就把"中国共产党领导的多党合作和政治协商制度将长期存在和发展"写入宪法序言，以宪法的高度肯定了共产党执政地位与民主党派参政地位，在某种意义上而言，也肯定了和谐合作型政党制度。这就使得，在保持宽松稳定、团结和谐的政治环境中，共产党的基本理论、基本路线、基本纲领、基本经验得到各民主党派的认同，共产党与各民主党派实行广泛的政治合作，照顾同盟者的政治利益和物质利益。可见，中国共产党领导的多党合作和政治协商制度创立了一种新型的和谐合作型政党制度，在世界政党制度中独具特色。在新型政党制度下共产党同各民主党派既保证了监督与制约，又保持了团结与合作。

第二，既保证了稳定与秩序又保持了差异与活力。

一党制这种权力垄断型的政党制度具有保持政治稳定与社会有序的优势。在这种政党制度之下的执政党都长期控制着国家权力，也牢牢地掌握着社会意识形态。在一党制下政党制度具有超强稳定性的优势，这就避免了权力争夺型政党制度中反对党或在野党对执政党地位的冲击和争夺，也有效地避免了军事政变、暴力夺权、社会颠覆的发生，从而保持了政治秩序与社会稳定。但是在权力垄断型的政党制度中，由于执政党长期单独执政，并且垄断着国家权力，这种政党制度能够有效地维护政治秩序和社会稳定的同时，执政党与政权的关系往往会变得不正常，出现政党的功能变形，导致党政不分，最终影响整个政治机制的有效运行。这种类型的政党制度往往会导致政治呆板与僵化，以至于失去生机与活力，甚至可能产生严重权力腐败与权力滥用。以苏联为例，苏联共产党控制着一切党政机关，党政不分，党就是政府，政府就是党。可以说，苏联共产党控制了国家全部职权，控制了人民生活的大事小情，控制了社会的各个层面。这种垄断型的政党制度虽然一定程度上能够保证政局稳定，维护社会秩序，在苏联共产党取得政权初期也发挥了巨大作用，但是其本身所固有的缺乏差异活力与缺少监督制约的弊端，也就自然导致权力腐败与权力滥用，苏联共产党最终丧失了国家政权。

与此相比，新型政党制度吸取了权力垄断型的政党制度所具有的保证政治稳定与社会有序的优点，同时又有效地克服了这种政党制度所固有的呆板僵化的弊端，从而能够充分地保持政党间差异与活力。

一方面，新型政党制度能够充分地保证政治稳定与社会秩序。权力垄断型的政党制度具有保证政局稳定与社会秩序的优点，所以和谐合作型政党制度也充分借鉴了这种优点。具体而言，共产党的执政地位是其在领导全国各族人民取得新民主主义革命胜利过程中形成的，是历史的选择、是人民群众的选择。早在中共中央发出"纪念五一节口号"之后，各民主党派积极响应，为新中国成立作出重大历史贡献。鉴于此，新中国成立伊始，就正式确立了中国共产党领导的多党合作和政治协商制度，从政党制度上确保了政治稳定与社会秩序。另外，改革开放以来，尤其是社会主义市场经济建立以后，我国经济体制和产业结构发生了重大变化，因而从各种群体中分化出来新社会阶层大量涌现。伴随着这些新阶层人士经济地位提高，他们政治参与热情也日益高涨。倘若这股政治参与热情得不到有效疏导，就会影响政治稳定。当然，"政治稳定的先决条件在于有一个能够同化现代化过程所产生出来的新兴社会势力的政党制度"[①]。可以说，和谐合作型政党制度能够有效地疏导和利用新阶层的这股政治参与热情，从而确保政局稳定和社会安定有序。进一步说，首先通过共产党内部和谐来提供新阶层政治参与渠道。基于此，共产党寻求把新阶层吸收到党内，让其同工人阶级一道成为统治阶级，这样既解决了新阶层政治参与热情高涨问题，又充分体现共产党的先进性与

---

① ［美］亨廷顿：《变化社会中的政治秩序》，王冠华、刘为等译，上海人民出版社2008年版，第350页。

生命力，最终维护了政局稳定。除了共产党起着举足轻重的作用外，民主党派在扩展新阶层政治参与渠道方面也是至关重要的。民主党派为新阶层人士提供了政治参与的渠道和平台，通过民主党派参政议政来反映和代表新阶层的利益要求，也可以直接把新阶层中的优秀分子发展到民主党派内部，通过人民代表大会或者人民政协等形式直接参与政权，从而消除了影响政治稳定的不利因素，创造了一个和谐有序的政治局面。

另一方面，新型政党制度也能够充分地保持政党之间的差异与活力。这也就克服了权力垄断型的政党制度所固有的政治呆板与僵化的顽疾。在新型政党制度中，共产党与各民主党派长期共存、互相监督、肝胆相照、荣辱与共，共同致力于建设中国特色社会主义。这就巩固了共产党领导地位并且在确保了政治秩序稳定的同时，也保证了各民主党派参政地位并且确保了政党制度的张力。进一步说，共产党是中国工人阶级的先锋队，同时是中国人民和中华民族的先锋队，是中国特色社会主义事业的领导核心，代表中国先进生产力的发展要求，代表中国先进文化的前进方向，代表中国最广大人民的根本利益。可见，共产党有着极大的先进性与广泛的社会基础，充分代表和反映了广大人民群众利益，故此，共产党理所当然成为领导党和执政党。而各民主党派是与共产党风雨同舟、荣辱与共的亲密友党，是中国特色参政党。在新时代新阶段，民主党派是各自所联系的一部分社会主义劳动者、社会主义事业建设者和拥护社会主义爱国者的政治联盟，是接受中国共产党领导、同中国共产党通力合作的亲密友党，是进步性与广泛性统一、致力于中国特色社会主义事业的参政党。正是有了这样的性质定位，所以民主党派才能充分发挥参政党应有作用，参加国家政权，参与国家大政方针和国家领导人选的协商，参与国家事务的管理，参与国家方针政策、法律法规的制定和执行。正是有了共产党和各民主党派之间职能的明确定位，既有利于巩固共产党坚强有力的领导力量从而实现政局稳定与社会整合，又有利于发挥民主党派参政议政作用从而保持政党之间的差异与活力。

第三，既保证了集中与效率又保持了协商与参与。

新型政党制度既不同于权力争夺型的政党制度，也不同于权力垄断型的政党制度。在权力争夺型的政党制度下，政党之间保持着充分的权力竞争，这样就可以在一定程度上实现权力制约，但是，这种政党制度缺少必要的合作与团结，容易造成权力争夺与倾轧。在权力垄断型的政党制度下，执政党拥有绝对权力，政权运行效率极高，但是，这种政党制度缺少了必要的监督与制约，容易滥用权力。相比较而言，新型政党制度是一种后发型政党制度，所以能够有效地吸收权力争夺型政党制度与权力垄断型政党制度的各自优点而摒弃各自弊端。在这种制度中，共产党与各民主党派共同致力于建设中国特色社会主义，从而形成了"共产党领导、多党派合作，共产党执政、多党派参政"的基本特征。这一基本特征体现了其独特的价值，既保证了集中与效率，又保持了协商与参与。

一方面，共产党处于执政地位而民主党派处于参政地位，这就充分保证政权运行的效率，有利于集中力量办大事。在西方权力争夺型的政党制度中，权力分散、效率低下，其民主更多地体现在形式上。与之相比较，和谐合作型政党制度可以有效地集中力量，大大提高了政权的运行效率，从而更好地降低政治成本与规避政治风险。在和谐合作型政党制度下，共产党与民主党派在国家政权中的地位不同，在国家政治生活中的作用也不同。"中国共产党的领导成为国家发展支柱、国家强大精神支柱的共同价值取向。各民主党派作为以知识分子为主体的干部型政党，结合各自的优势和特点，围绕经济发展的中心，服务国家的大局，参政议政，建言献策，充分发挥在社会主义现代化建设中的作用。"[1] 由此可见，作为执政党的共产党执掌着国家政权，共产党的主张和政策，通过法定程序，由全国人民代表大会决定，变成国家的法律和意志，在把握国家发展方向、发展模式，推动国家政治生活中起决定性作用。另外，作为参政党的民主党派在参加国家政权中发挥着辅助和参与作用，民主党派不是竞争性政党，更不是反对党或在野党，而是参政党。共产党掌握国家政权，通过民主集中制的形式运行权力，做到执政为民，而各民主党派则参与国家政权，通过协商民主的形式行使权力，做到参

---

① 周淑真：《政党和政党制度比较研究》，人民出版社 2001 年版，第 342—343 页。

政为民。如此一来，共产党可以充分发挥其执政党优势，能够把各个政党、各个民族、各个宗教、各个阶层、各个地区的绝大多数人民群众团结起来，形成一个强大的具有共同利益的整体，这就从根本上克服了那种权力倾轧、一盘散沙的状况，同时凝聚整个中华民族的力量，保证我国政权运行高效率，能够集中力量办大事。

另一方面，共产党依法执政而民主党派依法参政，这就从根本上保证了协商民主的实现并且扩展了政治参与的渠道。和谐合作型政党制度是通过协商民主的形式来实现的。这是由于中国阶级、阶层的差异性和他们所面临根本利益、目标与任务的一致性而决定的。中国特色协商民主不仅搭建一个谋求政治认识趋同的平台，而且开辟一个畅通政治诉求的渠道。经过充分的政治协商，既尊重了多数人的意愿，又照顾了少数人的合理要求，保障最大限度地实现人民民主，促进社会和谐发展。和谐合作型政党制度正是建立在协商民主基础上，通过协商民主可以在人民通过选举、投票行驶权利和人民内部各方面在作出重大决策之前进行充分协商，尽可能取得一致意见，从而有效地化解政党之间的矛盾及其避免政治冲突。实际上，协商民主方式包括互通信息、充分研讨、求同存异、共同发展。倘若没有协商民主所起到的桥梁或者中介作用，也就无法促进政党关系长期和谐。此外，作为执政党的共产党与作为参政党的民主党派都在国家政权中扮演着重要角色，二者都是不可或缺的。如果没有共产党执政，也就无所谓社会主义国家了；如果没有民主党派参政与监督，共产党权力缺乏必要的活力与约束。故此，我们既需要共产党执政，也需要民主党派积极参与国家政权。可以说，和谐合作型政党制度为各民主党派提供政治参与渠道。这样一来，就能够充分确保民主党派发挥其作用，增强其政治参与成效。具体而言，民主党派可以通过以下三种渠道参与国家政权：一是人民政协是各民主党派政治参与的重要机构。民主党派是人民政协的重要界别。在人民政协的组织构成中，民主党派成员在各级政协委员、常务委员和政协领导成员中占有较大比例，在政协各专门委员会负责人和委员中，在政协机关中，均占有一定数量；二是人民代表大会也是民主党派成员发挥作用的又一重要机构。民主党派成员在各级人大代表、人大常委会委员及专门委员会委员中，均占有一定数量；三是民主党派成员担任政府和司法机关领导职务，各级行政机关也是各民主党派政治参与重要内容。"目前，在最高人民法院、最高人民检察院和国务院部委办、直属局担任领导职务14人；全国31个省（自治区、直辖市）中，担任副省长（副主席、副市长）29人，担任副市（州、盟、区）长380人；有45人担任省级人民法院副院长和人民检察院副检察长，有345人担任地市级人民法院副院长和人民检察院副检察长。他们对分管工作享有行政管理的指挥权、处理问题的决定权和人事任免的建议权。"[1]可见，民主党派获得了政治参与的有效渠道，通过此可以充分发挥民主党派自身特点和优势，与共产党一道为中国特色社会主义事业作出重要贡献。

二、执政党建设与参政党建设的协同发展

执政党建设与参政党建设协调发展是中国政党制度建设的一条重要而宝贵的经验。执政党建设和参政党建设是一种互相促进的关系，"既要全面推进党的建设新的伟大工程，又要积极支持民主党派加强自身建设。……使执政党建设与参政党建设相互促进，更好地统一于多党合作、共创伟业的历史进程中"[2]。这就说明了，面对世情、国情、党情的不断变化，共产党除了加强自身建设外，还要肩负起对民主党派建设的示范与引领作用，这是共产党的一项重要政治责任。同时，民主党派也要通过自身参政党建设来协助与鞭策共产党搞好执政党建设。

---

[1]　中华人民共和国国务院新闻办公室：《中国新型政党制度》，人民出版社2021年版，第27页。

[2]　《人民政协重要文献选编》（下），中国文史出版社、中央文献出版社2009年版，第818页。

（一）共产党执政能力与民主党派参政能力的彼此提升

实现执政党建设与参政党建设互相促进，最主要应该从提高共产党执政能力着手。共产党执政能力的不断提升是确保共产党长期执政的前提条件，也是巩固中国政党制度的基本保证，更是推动民主党派参政能力提升的内在动力。实际上，共产党执政能力的提升对民主党派具有重要的示范与引领作用。基于此，民主党派能够参照共产党提高执政能力的举措，进而运用于增强自身参政能力。当然，民主党派参政能力的增强又会反过来影响和促进共产党执政能力的进一步提升。在中国新型政党制度中，实现共产党执政能力与民主党派参政能力的彼此提升对于执政党建设与参政党建设互相促进起到了重要作用。

第一，共产党执政能力提升对民主党派参政能力的示范与参照。进入新时代，面对新发展新形势，中国共产党要带领全国各族人民实现推进现代化建设、完成祖国统一、维护世界和平与促进共同发展这三大历史任务，就必须不断提升自身执政能力。毋庸置疑，共产党执政能力是其长期执政的根本保证。共产党要想始终得到各民主党派真心诚意的拥护，始终赢得人民群众坚定不移的支持，就需要共产党千方百计地提升执政能力，进而使自身永葆生机活力。欲提升共产党的执政能力需要从以下几个方面着手：一是坚持把发展作为共产党执政兴国的第一要务，不断提高驾驭社会主义市场经济的能力。当前，我国仍处于社会主义初级阶段，共产党务必把发展作为执政兴国的第一要务，在发展中解决前进中所遇到的问题。这就决定了共产党执政能力的提升，应该首先从提高领导经济发展能力开始。不仅如此，随着社会主义市场经济制度的确立和完善，共产党必须要充分把握社会主义市场经济的内在规律和运行方式，不断提高驾驭社会主义市场经济的能力，唯有做到此，才能从根本上克服市场经济内在缺陷，彰显社会主义制度的优越性，进而推动我国经济全面协调可持续的发展。二是坚持党的领导、人民当家作主和依法治国的有机统一，不断提高发展社会主义民主政治的能力。其实，走中国特色社会主义民主政治道路，最为重要的就是坚持党的领导、人民当家作主和依法治国的有机统一。除此之外，还要坚持人民代表大会制度、中国共产党领导的多党合作和政治协商制度、民族区域自治制度与基层群众自治制度。基于此，可以断言，"人民民主是社会主义的生命"[①]。必须不断发扬社会主义民主。这就意味着作为执政党的共产党，务必要全力以赴地提高发展社会主义民主政治的能力。三是坚持马克思主义在意识形态领域的指导地位，不断提高建设社会主义先进文化的能力。在某种意义上而言，坚持马克思主义在意识形态领域的指导地位，就是要用社会主义核心价值体系引领当代社会思潮。详细言之，就是用马克思主义中国化最新成果武装全党、教育人民，用中国特色社会主义共同理想凝聚力量，用以爱国主义为核心的民族精神和以改革创新为核心的时代精神鼓舞斗志，用社会主义荣辱观引领风尚，从而不断提高共产党建设社会主义先进文化的能力。四是坚持最广泛最充分地调动一切积极因素，不断提高构建社会主义和谐社会的能力。作为中国特色社会主义事业领导核心的共产党，在构建社会主义和谐社会的过程中，要调动一切有利积极因素，协调好各阶级、阶层或集团的利益矛盾与冲突，逐步满足各方面群众日益增长的政治参与诉求，从而不断提高共产党构建社会主义和谐社会的能力。五是坚持独立自主的和平外交政策，不断提高应对国际局势和处理国际事务的能力。日趋复杂多变的国际形势给中国的发展既带来了史无前例的挑战，也提供了千载难逢的机遇。这就需要共产党不断提高应对国际局势和处理国际事务的能力，进而为中国和平发展创造一个良好的国际环境。总之，共产党执政能力的全方位提升是共产党战斗力、凝聚力和号召力的必要保证，同时也为民主党派参政能力提升起到了重要示范效果。共产党不断提升执政能力的举措，也激励和启发了各民主党派，进而各民主党派以共产党提升执政能力为参照，尽其所能地提高自身参政能力。正是在这一过程中，实现了执政党建设与参政党建设互相促进。

　　第二，共产党执政能力提升对民主党派参政能力的引领与促进。当然，

[①]　习近平：《在庆祝中国人民政治协商会议成立 65 周年大会上的讲话》，人民出版社 2014 年版，第 6 页。

共产党重视执政能力建设的举措也引领和促进了民主党派参政能力的提升。在中国多政党制度中，欲实现执政党建设与参政党建设互相促进，既离不开共产党执政能力的提升，又离不开民主党派参政能力的相应提升。也就是说中国政党制度的成效要以共产党执政能力与民主党派参政能力的最短板为判断标准，尽管共产党在执政能力建设方面成绩显著，但倘若民主党派参政能力过低，那么，中国政党制度的优越性也会因民主党派参政能力匮乏而大打折扣。所以，为了彰显中国政党制度的独特价值与内在优势，实现执政党建设与参政党建设互相促进，就务必在高度重视共产党执政能力的前提下，以共产党执政能力的提升来引领和推动民主党派参政能力建设。对于民主党派而言，当前需要着重从以下三个方面来提升参政能力：一是民主党派不断提高政治把握能力。说明："中国共产党是中国特色社会主义事业的坚强领导核心，各民主党派、无党派人士自觉接受中国共产党的领导……民主党派不是在野党、反对党，也不是旁观者、局外人，而是在中国共产党领导下参与国家治理的参政党。"[1]这就为民主党派参政能力的提升指明了方向。作为与共产党长期共存、互相监督、肝胆相照、荣辱与共的民主党派，首先要高举共产党领导这面大旗，进一步坚定民主党派自身的政治方向与政治立场，从而不断提高自身政治把握能力。二是民主党派不断提高参政议政能力。共产党科学执政和科学决策的实现，离不开民主党派的政治参与。当前，民主党派参政议政在民主党派职能中占据了主要地位。所以，民主党派应该在参加国家政权，参与国家大政方针和国家领导人选的协商，参与国家事务的管理，参与国家方针政策、法律法规的制定和执行过程中不断提升自身能力。通过不断提高参政议政能力，民主党派可以有效地疏导多元利益要求和进一步满足新阶层政治参与诉求，进而调节社会矛盾与冲突，实现社会和谐。三是民主党派不断提高合作共事能力。共产党是执政党，民主党派是参政党，民主党派参政能力的提高离不开民主党派合作共事能力的增强。作为民主党

---

[1] 中华人民共和国国务院新闻办公室：《中国新型政党制度》，人民出版社 2021 年版，第 15—16 页。

派不仅要加强与共产党的合作，同时也要加强民主党派内部的合作，特别是民主党派的领导之间要加强沟通合作。做到此，才能更好地增进民主党派参政能力。总之，作为执政党的共产党高度重视自身执政能力建设并且在提高执政能力方面成绩显著，这就引领和促进了民主党派不断加强自身建设，提升参政能力。在中国政党制度中，共产党需要不断提升执政能力，同时，民主党派在共产党引领下不断提升参政能力，这就实现了执政党建设与参政党建设互相促进。

第三，民主党派参政能力提升对共产党执政能力的影响。在中国政党制度中，共产党与民主党派长期共存、互相监督、肝胆相照、荣辱与共，共同致力于建设中国特色社会主义事业，在此过程中形成了共产党领导、多党派合作，共产党执政、多党派参政的基本特征。这就决定了在实现执政党建设与参政党建设互相促进过程中，共产党执政能力的提升同民主党派参政能力的提升二者相辅相成、相得益彰，双向互动、彼此共赢。显然，"共产党的执政能力越强，参政党参政的积极性和效率就越高；而参政党的能力越强，共产党的执政地位就越巩固。双方相得益彰，国家和社会的各项事业就越发展。因此，加强参政党能力建设，不仅仅是参政党自身生存发展之必须，也是执政党生存发展的前提条件之一"[①]。可见，只有共产党的执政能力和民主党派的参政能力共同提高，执政党建设与参政党建设之间良性互动才能真正形成。当然，除了共产党执政能力提升对民主党派参政能力提升的示范与引领作用外，民主党派参政能力的提升也客观上影响和鞭策了共产党执政能力的提升。其实，不管民主党派的参政能力提高到什么程度，其根本目的只是为了更好地实现中国多党合作、进一步推进政党关系和谐，而并非为了动摇共产党的执政地位。就此，《中华人民共和国宪法》序言中明确规定："在长期的革命、建设、改革过程中，已经结成由中国共产党领导的，有各民主党派和各人民团体参加的，包括……爱国统一战线。……中国共产党领导的多

---

① 孙瑞华：《中国参政党建设研究》，华文出版社2008年版，第205页。

党合作和政治协商制度将长期存在和发展。"①这就以宪法的高度确认了在中国多党合作制度中共产党的执政地位与民主党派的参政党地位。当然,民主党派自身参政能力的提升也鞭策着共产党必须要不断提升自身执政能力,只有如此才能更好彰显中国政党制度的优越性,最终实现执政党建设与参政党建设互相促进。

(二) 共产党先进性教育与民主党派政治交接教育的双向互动

中国共产党是中国工人阶级的先锋队,同时是中国人民和中华民族的先锋队。因此,在实现执政党建设与参政党建设互相促进过程中,共产党起到了先锋和主导作用。通过先进性教育,一方面能够保证共产党始终走在工人阶级和广大群众的前列,另一方面也能够保证共产党始终走在历史和时代潮流的前列。这就意味着,共产党能否永葆先进性对于执政党建设与参政党建设互相促进就显得格外的重要。正是共产党先进性教育的显著成效,为民主党派提供了很好的示范作用。以此为参照,民主党派开展政治交接教育,进而保证民主党派的政治思想、政治立场和政治素质由上一届领导集体平稳地传承给下一届领导集体,并使之得到进一步保持、延续和拓展。由此可见,共产党先进性教育引领了民主党派加强政治交接教育,从而推动民主党派可持续性发展。当然,随着民主党派政治交接推进与自身建设提升,这也在一定程度上鞭策了共产党要长期重视先进性教育。

第一,共产党先进性教育对民主党派政治交接的示范参照作用。共产党高度重视先进性教育,并且收效显著。这就为民主党派政治交接教育提供了一个很好的参照。事实上,先进性是共产党的本质属性和内在要求,也是其生命所系、力量所在。故此,共产党就务必高度重视先进性教育,真正做到立党为公、执政为民。同时,看待共产党先进性要用发展眼光,这就是说,共产党的先进性不是一劳永逸、一成不变的,过去先进不等于现在先进,现

---

① 《中华人民共和国宪法》,法律出版社 2018 年版,第 5—6 页。

在先进不等于永远先进；过去拥有不等于现在拥有，现在拥有不等于永远拥有。这就决定了建立共产党先进性教育的长效机制成为执政党建设的永恒课题。可见，时刻保持先进性是共产党长期执政的根本保障，也是共产党安身立命的前提条件。进一步说，开展共产党先进性教育就要做好以下工作：一是提高共产党员素质。党员是党组织的细胞，共产党就是由一个个党员构成的。理所当然，共产党先进性要靠千千万万高素质党员来实现。因而提高共产党员个体素质，就成为了先进性教育的基点。鉴于此，共产党要以先进性教育为契机，确实抓好党员队伍建设，坚持不懈地提高党员素质。二是加强基层组织建设。共产党的基层组织是共产党执政的组织基础，身处先进性教育的第一线，这也就使共产党基层组织建设成为了先进性教育的着力点所在。事实上，共产党基层组织也就成为开展先进性教育的重要组织者、推动者和实践者，发挥着战斗堡垒作用。三是服务人民群众。共产党要始终如一地坚持全心全意为人民服务。《中国共产党章程》明确规定："党除了工人阶级和最广大人民群众的利益，没有自己的特殊利益。党在任何时候都把群众利益放在第一位。"① 故此，开展先进性教育，就是践行共产党全心全意为人民服务的宗旨，始终都把群众利益放在至高无上的位置，坚持权为民所用、情为民所系、利为民所谋。可以断言，共产党与人民群众联系问题是关系共产党生死存亡的问题，共产党务必确保密切联系群众的优势，始终保持自身先进性，这样才能永葆生机活力。总之，共产党能否始终保持先进性，决定着共产党能否在历史舞台上发挥领导核心作用。所以，共产党高度重视先进性教育，并且取得十分显著的成绩。在中国多党合作制度中，共产党与民主党派之间形成了一种和衷共济、肝胆相照的和谐政党关系，所以，共产党在先进性教育方面取得的成绩，也就为民主党派提供了很好的示范作用。参照此，民主党派着力开展政治交接教育。

　　第二，共产党先进性教育引领和推动民主党派实现政治交接。共产党先进性教育是执政党建设与参政党建设互相促进的重要动力源泉，正是有了共

---

① 《中国共产党章程》，人民出版社 2017 年版，第 10 页。

产党先进性这一动力，才引导民主党派高度重视政治交接教育。众所周知，任何一个政党，都有其一贯的政治主张与态度、优良的传统与作风、特殊的观念和立场，而这是通过教育的方式进行传承的。对于共产党而言，这种传承是通过先进性教育来完成的；而民主党派则是通过政治交接教育来实现的。因此，顺利完成政治交接是时代赋予民主党派的重要使命，也是新世纪新阶段参政党建设的重要任务。民主党派的政治交接就是与时俱进地提高民主党派整体综合的政治思想、政治素质和政治水平的责任交接，这是一个连续不断的可持续发展过程。事实上，民主党派政治交接不仅关系到执政党建设与参政党建设互相促进，而且关系到民主党派的生命力和存在价值。具体而言，要搞好民主党派的政治交接，需要做好以下工作：一是继承和发扬民主党派老一辈领导集体同共产党长期团结合作形成的坚定立场、优良传统、高尚风范。其实，民主党派的政治交接，就是民主党派的政治思想和综合政治素质传承的过程，并且这种传承既是一种骨肉相连的保持与延续，又是与时俱进的丰富与发展。二是增强接受共产党领导的自觉性和坚定性。只有坚持共产党的领导，多党合作才能有正确的方向；只有接受共产党的领导，民主党派的政治交接才能顺利完成。实现民主党派的政治交接的过程就是使民主党派充分认识到共产党是社会主义事业的领导核心、是执政党，而民主党派是同共产党通力合作、共同致力于社会主义事业的亲密友党、是参政党。故此，民主党派自觉接受共产党领导是政治交接工作的关键所在。三是坚持走中国特色社会主义政治发展道路。作为与共产党同舟共济的亲密友党，民主党派是我国政治生活中的重要力量。因此，发展社会主义民主政治不仅是共产党始终不渝的奋斗目标，也是民主党派一贯坚持的奋斗目标。通过民主党派的政治交接教育，更加坚定了其坚持走中国特色社会主义政治发展道路。四是巩固多党合作和政治协商制度的政治基础。中国共产党领导的多党合作和政治协商制度是在中国长期的革命、建设、改革实践中形成、发展和巩固起来的，是适合中国国情的一项基本政治制度。当然，我们应该在推进中国政党制度完善和发展过程中实现民主党派的政治交接。与此同时，通过民主党派政治交接，增进和巩固中国政党制度。总之，共产党的先进性教育带动和引领了民主党派的政治交接，本着向共产党看齐的初衷，民主党派才不断推进政治交接，实现自身的可持续发展。正是在民主党派顺利完成政治交接同共产党保持先进性教育之间交相辉映的过程中，最终实现了执政党建设与参政党建设互相促进。

第三，民主党派政治交接对共产党先进性具有重要的映衬和鞭策作用。在新时代新阶段，民主党派是各自所联系的一部分社会主义劳动者、社会主义事业建设者和拥护社会主义爱国者的政治联盟，是接受中国共产党领导、同中国共产党长期共存、互相监督、肝胆相照、荣辱与共的亲密友党，是进步性与广泛性统一、致力于中国特色社会主义事业的参政党。正是有了这样的性质定位，所以民主党派要顺利完成自身的政治交接，这样才能更好地发挥民主党派参政议政、民主监督的重要作用。当然，民主党派政治交接教育也映衬和呼应了共产党先进性教育，在某种程度上而言，民主党派的政治交接经验也为共产党先进性教育提供了一种思路，进而督促了共产党建立先进性教育的长效机制。可见，在中国政党制度下，共产党先进性教育既引领民主党派顺利实现政治交接，同时，共产党先进性教育又离不开民主党派政治交接，因为民主党派实现政治交接是共产党先进性教育的有益补充，二者相辅相成、双向互动。正是在共产党先进性教育与民主党派政治交接的双向互动过程中，推动了执政党建设与参政党建设互相促进。

（三）共产党反腐斗争与民主党派民主监督的相得益彰

没有监督和制约的权力必然导致权力滥用和贪污腐败。为了确保权力正确行使与合理运行，就必须对权力进行有效监督，进而让权力在阳光下运行。作为执政党的共产党，长期掌握国家政权，与其缺乏权力监督与制约而导致贪污腐败，还不如加强权力监督与制约而确保科学执政。可见，权力的监督与制约是共产党反腐斗争取得成功的前提条件。正是这种需要客观上推动民主党派民主监督的不断增强与发展。毋庸置疑，民主党派民主监督对于共产党反腐斗争起到了重要的作用。故此，执政党建设与参政党建设互相促进离不开共产党反腐斗争与民主党派民主监督的相得益彰。

第一，共产党反腐败斗争对民主党派加强民主监督的导向作用。在我国，共产党是长期执掌我国政权的执政党，"没有监督的权力必然导致腐败，这是一条铁律。"[1]这就说明了，唯有共产党权力得到充分地监督与制约，才能有效地根除共产党内日趋严重的腐败问题，进而保证共产党实现科学执政与权力合理运行。事实上，当前共产党内部这种愈演愈烈的腐败问题已经损害到了共产党的形象和先进性。对这一问题倘若处理不善，就可能给社会和谐和政局稳定带来消极影响。"腐败是党长期执政的最大威胁，反腐败是一场输不起也决不能输的重大政治斗争，不得罪成百上千的腐败分子，就要得罪十四亿人民，必须把权力关进制度的笼子里，依纪依法设定权力、规范权力、制约权力、监督权力。"[2]由此可见，我们党将反腐败提升至百年奋斗历史经验的高度，并作为一场伟大的政治斗争展开，已经充分而客观地认识到了反腐斗争的重大历史意义。而真正打赢反腐斗争的生死战，需要从以下几个方面着手：一是通过国家权力机关制约与监督共产党权力。全国人民代表大会是我国的最高国家权力机关，也是我国行使国家立法权的机关，同时享有对共产党的监督权。全国人民代表大会所通过的宪法、法律，任何国家机关、政党、团体和一切事业单位以及任何个人都必须遵照执行。因此，我们要充分发挥人民代表大会对共产党权力的监督作用。二是加强党内民主建设，完善党内监督与约束机制。加强党内民主建设，从内部完善权力监督和约束机制，进而防止共产党权力的腐败或滥用。党内民主建设应该从加强集体领导和民主集中制建设两方面展开。一方面集体领导是党内民主的一个基本原则，"如果一个党、一个国家把希望寄托在一两个人的威望上，并不很健康。那样，只要这个人一有变动，就会出现不稳定"[3]。加强党的集体领导，在党的内部产生一种权力的制衡，可以有效地防止个人权力专断的产

---

[1] 《习近平谈治国理政》第 1 卷，外文出版社 2018 年版，第 418 页。
[2] 《中共中央关于党的百年奋斗重大成就和历史经验的决议》，人民出版社 2021 年版，第 32—33 页。
[3] 《邓小平文选》第 3 卷，人民出版社 1993 年版，第 272 页。

生。另一方面民主集中制是共产党的根本组织制度和根本领导制度。因此，共产党权力运行应该遵循民主集中制原则，通过民主集中制可以推动共产党实现执政的科学化与民主化，从而起到遏制腐败的效果。三是运用法治力量抵制腐败。共产党掌握着国家政权，欲从根本上抵制腐败现象就得把权力纳入法治的轨道。既然共产党领导人民制定了宪法和法律，那么，共产党就应该带头在宪法和法律的范围内活动。这就要求共产党在法治的框架下运行权力，也就是依法执政。依法执政必须成为共产党坚守的一项根本政治原则，共产党要严格按照宪法和法律的规定行使权力，唯有做到此，才能从根本上消除共产党的腐败问题。总之，共产党要想取得反腐斗争决定性胜利，仅仅依靠共产党自身来解决还是远远不够的。这就为共产党寻求权力外部监督提供了巨大空间。而民主党派民主监督恰恰承担了这种重要而艰巨的政治责任。在某种意义上而言，正是因为有了共产党迫切需要实现自身权力外部监督，才推动了民主党派不断加强民主监督建设，进而更好地发挥民主党派对共产党的监督作用。这样，民主党派对共产党权力行使的监督成效对于执政党建设与参政党建设互相促进显得特别重要。

第二，共产党重视反腐斗争要求民主党派不断加强民主监督。诚然，共产党加强反腐斗争是执政党建设与参政党建设互相促进的前提条件，与之相对应，民主党派加强民主监督就是执政党建设与参政党建设互相促进的重要手段。实际上，我国特殊国情决定了在"长期共存、互相监督"的方针下主要是民主党派监督共产党。因为共产党是执政党，最有资格、最有可能产生权力腐败，加强监督是避免腐败问题的一项重要举措。民主党派的民主监督，即"民主党派和无党派人士在坚持四项基本原则基础上，在政治协商、调研考察，参与党和国家有关重大方针政策、决策部署执行和实施情况的监督检查，受党委委托就有关重大问题进行专项监督等工作中，通过提出意见、批评、建议等方式，进行民主监督。参加人民政协的各党派团体和各族各界人士在政协组织的各种活动中，依据政协章程，重点就党和国家重大方针政策和重要决策部署的贯彻落实情况，以提出意见、批评、建议的方式进行协商式监督，协助党和政府解决问题、改进工作、增进团结、凝心聚力"①。由此，可以看出，在共产党的整个监督体系中，民主党派的民主监督对于推进共产党实现执政的科学化、民主化、合理化，惩治贪污腐败和权力滥用问题都有着重要而独特的作用，进而有效地防范共产党权力偏离人民轨道，真正做到权为民所赋、权为民所用。可见，正是共产党迫切需要权力监督与制约，而民主党派对于共产党民主监督又作用突出，所以，民主党派要不断加强自身建设，进一步提升民主监督能力。加强民主党派民主监督需要从以下方面着手：一是确立民主党派民主监督的合法性。实现民主党派民主监督的合法性，这是民主党派通过民主监督钳制共产党滥用权力与抵制腐败的前提。根据民主党派自身的历史贡献以及自身的进步性与广泛性、得到人民群众的支持与认可以及正式的法律文本的规定，我们可以断定，民主党派民主监督具有充分的合法性。二是强化民主党派监督力度。在中国多党合作制度下，民主党派对共产党的民主监督是一种柔性监督机制，这种监督既是一种非权力性的政治监督，又是一种体制内的党际监督；既弥补了共产党内部监督的不足，又拓展了人民群众外部监督的深度。鉴于此，我们应该不断强化民主党派民主监督的地位与作用。三是扩展民主监督领域和形式。民主党派民主监督是通过提出意见、批评、建议的方式进行的政治监督，也是我国社会主义监督体系的重要组成部分，更是实现共产党反腐斗争的重要步骤。在此基础上，要不断扩展民主党派民主监督的领域和形式。总之，民主党派民主监督在遏制腐败问题与健全社会主义监督体系上起着重要而独特的作用。故此，民主党派民主监督在实现执政党建设与参政党建设互相促进过程中功不可没。

第三，民主党派加强民主监督对于共产党反腐斗争的显著作用。共产党反腐斗争与民主党派民主监督的成效在实现执政党建设与参政党建设互相促进过程中起到了重要的作用。堡垒最容易从内部攻破，倘若腐败盛行，失去了战斗力、凝聚力，其执政地位也就必然动摇。故此，共产党反腐斗争就显得尤为重要，这其中离不开民主党派民主监督的关键作用。正是有了民主党

---

① 中华人民共和国国务院新闻办公室：《中国的民主》，人民出版社 2021 年版，第 34 页。

派民主监督,才能够对共产党权力产生有效地钳制。就此,早在1957年毛泽东就认识到:"为什么要让民主党派监督共产党呢?这是因为一个党同一个人一样,耳边很需要听到不同的声音。大家知道,主要监督共产党的是劳动人民和党员群众。但是有了民主党派,对我们更为有益。"①可见,民主党派民主监督职能由来已久。当然,伴随共产党反腐斗争的不断深入,仅仅依靠共产党党内监督、行政监督以及司法监督等方面的力量是不够的,还必须要高度重视民主党派民主监督的反腐败效益。可以说,民主党派民主监督作为社会主义监督体系的一部分,将和其他类型的监督一起产生综合效应,共同为预防和遏制共产党权力腐败发挥重要作用。因此,共产党反腐斗争的成功需要来自民主党派民主监督。一言以蔽之,共产党反腐斗争与民主党派民主监督之间这种相得益彰的关系,有效地推进了执政党建设与民主党派建设互相促进。

(四)学习型执政党建设与学习型参政党建设的相辅相成

共产党只有通过学习不断地优化和完善自己,才能增强凝聚力和战斗力,从而永葆生机和活力。建设学习型执政党是新时代加强党的建设、保持共产党先进性、提高共产党执政能力的重大举措。同时,建设学习型执政党也为民主党派提供了示范和参照,引领民主党派前进的方向。如此一来,民主党派必须通过努力学习把自己建设成为与学习型执政党相适应的学习型参政党。当然,建设学习型参政党客观上也鞭策了共产党不断加强学习。这就说明了,建设学习型执政党与建设学习型参政党的相辅相成、彼此共进的关系。这种关系也是实现执政党建设与参政党建设互相促进的重要推动力量。

第一,建设学习型执政党对民主党派的示范参照作用。当前,共产党执政环境已经发生了巨大变化,已经从一个领导人民为夺取全国政权而奋

①　《毛泽东文集》第7卷,人民出版社1999年版,第235页。

斗的党，成为领导人民掌握着全国政权并长期执政的党；已经从一个在受到外部封锁的状态下领导国家建设的党，成为在全面改革开放条件下领导国家建设的党。这就对共产党的执政提出了更高的要求。可以说，建设学习型执政党正是应对这种新形势、新变化而做出的重大而紧迫的战略措施。"我们党历来重视抓全党特别是领导干部的学习，这是推动党和人民事业发展的一条成功经验。在每一个重大转折时期，面对新形势新任务，我们党总是号召全党同志加强学习；而每次这样的学习热潮，都能推动党和人民事业实现大发展大进步。"① 这就说明了，重视学习是共产党在长期革命、建设和改革中形成的优良传统，也是共产党安身立命的政治优势。因此，学习型执政党建设就成为了推动执政党建设与参政党建设互相促进的不竭动力。其实，建设学习型执政党就是要建设一个始终持续学习、不断创新进步、能够与时俱进的执政党。当然，建设学习型执政党是一个系统而宏大的过程，需要整体规划、全面推进。一是共产党的各级领导干部发挥着决定性作用。共产党的一切事业的兴衰成败决定于是否具有一支具有凝聚力、号召力和战斗力的高素质的领导干部队伍。所以，共产党的各级领导干部在建设学习型执政党过程中发挥着举足轻重的作用。二是科学合理地安排学习内容。建设学习型执政党要求每个共产党员都要不断加强对共产党的路线、方针、政策的学习，通过不断学习努力使共产党在思想上、政治上、行动上形成高度一致，从而保持共产党组织的凝聚力与战斗力。当然，共产党还得始终向不断变化着的实践学习，进一步把握共产党执政规律、社会主义建设规律、人类社会发展规律，提高解决实践问题的能力。三是健全学习评价机制与长效机制。为了使学习型执政党建设真正落到实处，就必须建立科学合理的评价机制，进而把党员干部的学习情况同奖惩、晋升与使用挂起钩来，这才能充分引起党员干部的高度重视。当然，建设学习型执政党不是一朝一夕的，务必要形成长效机制，才能确保学习型执政党建设发挥功效。四是落实到共产党基层组织。建设学习型执

---

① 《习近平谈治国理政》第 1 卷，外文出版社 2018 年版，第 401 页。

政党最终要落到每一名共产党员身上，而这是靠基层党组织的学习来实现的。在实际工作中，这一环节恰恰是最容易被忽视的。倘若基层党组织这一环节出现了问题，那么前面所做的一切工作都会前功尽弃。故此，我们一定要抓好和落实基层党组织工作，切实把学习型执政党建设落实到每一个党员干部头上。总之，唯有通过不断保持学习，共产党才能始终保持旺盛的凝聚力和出色的战斗力。这也为一直视共产党为榜样的民主党派提供了良好的学习契机。归根结底，建设学习型执政党是实现执政党建设与参政党建设互相促进的动力源泉。

第二，学习型执政党建设引领和推动着学习型参政党建设。参照共产党把建设学习型执政党作为重大而紧迫的战略任务，那么，作为与共产党同舟共济、肝胆相照的民主党派，就要主动学习执政党建设的经验，并按照中国特色社会主义参政党要求，加强自身建设，把自己建设成为学习型参政党，只有这样才能不断适应新时代发展要求，在国家政治生活中发挥更加重要的作用。正是有了建设学习型执政党与学习型参政党的相辅相成关系，这就从客观上推动了执政党建设与参政党建设互相促进。实际上，做好学习型参政党建设，需要从以下几个方面着手：一是把学习和践行社会主义核心价值体系作为首要任务。以建设学习型执政党为示范，各民主党派也要把理想信念作为学习和践行社会主义核心价值体系的重中之重，增强走中国特色社会主义道路、拥护共产党领导的自觉性和坚定性。不仅如此，社会主义核心价值体系对于民主党派还具有政治导向的引领作用，民主党派通过学习和践行社会主义核心价值体系可以自觉划清马克思主义同反马克思主义的界限，社会主义公有制为主体、多种所有制经济共同发展的基本经济制度同私有化和单一公有制的界限，中国特色社会主义民主同西方资本主义民主的界限，社会主义思想文化同封建主义、资本主义腐朽思想文化的界限，从而始终保持坚定政治立场、正确前进方向。二是把建设学习型参政党同民主党派政治交接相结合。建设学习型参政党是顺利完成民主党派政治交接的重要手段。在建设学习型参政党的过程中，各民主党派不仅要学习理论知识、学习共产党经验，还要向民主党派老一辈学习，继承和发扬民主党派优良传统和高尚风范，不断提高民主党派参政能力，这必然将在客观上推进民主党派政治交接的实现。三是把学习型参政党建设同民主党派自身建设相结合。归根结底，学习型参政党建设的过程也是民主党派自身建设不断提高的过程。民主党派要通过学习型参政党建设来体现自身进步性与广泛性的统一，这就要求民主党派以加强思想建设学习为核心、以提高组织建设学习为基础、以增强制度建设学习为保障，在不断建设学习型参政党过程中实现民主党派自身建设提高。总之，鉴于共产党在学习型执政党建设方面取得的成绩，民主党派建设学习型参政党也是实现执政党建设与参政党建设互相促进的必然要求。故此，民主党派要把建设学习型参政党作为自身重要的政治任务来完成。

第三，建设学习型参政党对建设学习型执政党的鞭策作用。作为执政党的共产党要始终走在时代前列引领中国发展进步，就务必努力掌握和运用一切科学的新思想、新知识、新经验，努力成为学习型执政党。实现执政党建设与参政党建设互相促进离不开建设学习型执政党，可以说，建设学习型执政党是实现政党间互相促进的不竭动力。此外，建设学习型参政党也是不可忽视的重要因素，倘若没有学习型参政党建设，那么建设学习型执政党就成了独角戏，也就无所谓执政党建设与参政党建设的互相促进了。民主党派要与共产党建设学习型执政党相呼应，不断推进学习型参政党建设，通过不断学习成为理论上清醒、政治上坚定、组织上巩固、制度上健全的致力于建设中国特色社会主义事业的参政党。中国政党制度的进一步完善和发展需要民主党派通过不断地向老一辈学习、向共产党学习、向实践学习来提升自身能力和水平。当然，民主党派自身能力的提升也鞭策了共产党通过不断学习来增进执政能力、保持先进性。可见，建设学习型执政党与建设学习型参政党二者相辅相成、相得益彰。这就形成了一个良性的互动，也就是，一方面建设学习型执政党引领民主党派通过学习型参政党建设来提高参政议政与民主监督能力，另一方面民主党派自身能力的提升也促使共产党时刻关注自身执政能力的提升以及通过不断学习来保持自身先进性。正是在这种双向互动过程中实现了执政党建设与参政党建设的互相促进。

三、依托于中国新型政党制度造就出独一无二的协商民主

政党制度是现代民主政治的重要实现形式，是国家政治制度的重要组成部分。"中国共产党领导的多党合作和政治协商制度是中国的一项基本政治制度。这一制度既植根中国土壤、彰显中国智慧，又积极借鉴和吸收人类政治文明优秀成果，是中国新型政党制度。"[1]中国新型政党制度是在长期革命、建设、改革的过程中形成发展的，是具有中国特色的社会主义政党制度，是中国社会主义民主政治的重要组成部分。中国新型政党制度长期的实践过程中，不断朝着制度化法制化方向发展。《中华人民共和国宪法》明确规定：中国共产党领导的多党合作和政治协商制度将长期存在和发展。中国共产党领导的多党合作和政治协商制度包括三个层面：中国共产党的领导、多党合作制度、政治协商制度。正是依托于中国共产党领导的多党合作和政治协商制度不断发展，镶嵌于其中的协商民主才得以壮大和拓展，最终使中国协商民主超越了中国政党制度的范畴，走向了中国特色民主政治更大更广阔的舞台。当然，中国协商民主没有最初从中国新型政党制度中源源不断汲取营养，就不会成就当前社会主义协商民主大繁荣大发展。

（一）融入于党的领导之中的协商民主

在中国共产党领导的多党合作和政治协商制度中，无论是对于多党合作还是对于政治协商而言，中国共产党始终处于领导地位。党的这一领导地位是历史和人民的选择，也是各民主党派的选择。《中华人民共和国宪法》明确规定：中国共产党是中国工人阶级的先锋队，同时是中国人民和中华民族的先锋队。这一先锋队性质决定了中国共产党时时处处都要代表先进的发展

---

[1]　中华人民共和国国务院新闻办公室：《中国新型政党制度》，人民出版社 2021 年版，第 1 页。

方向并引领时代发展潮流。最初作为中国共产党领导的多党合作和政治协商制度工作方法和运行方式的协商民主，也是中国共产党科学决策和民主执政的重要手段。当前，社会主义协商民主之所以能够在中国实现大繁荣大发展，更是离不开协商民主率先在中国政党制度中，尤其是在中国共产党执政过程中的成功实践。党内协商民主在整个社会主义协商民主建设中处于至关重要的地位。所谓党内协商民主，就是指在党的各级组织中无论是普通党员还是领导干部都作为平等的参与主体，在决策过程中自由讨论、平等沟通、公开辩论，从而使党内决策能够达成最广泛的共识。

一方面通过党内协商可以更好实现提升科学决策和民主执政水平。中国共产党一直高度重视党内协商民主，长期以来形成有事协商、遇事协商的良好风气。作为执政党的中国共产党，要充分发挥共产党人自身先锋队优势，始终引领时代前进的潮流，就需要集思广益、博采众长，把中国共产党先进性充分展现出来，这就需要充分而广泛地发挥党内协商民主的重要作用。不仅如此，"协商民主是实现党的领导的重要方式，是我国社会主义民主政治的特有形式和独特优势"①。通过党委集体领导，并由党的委员会集体讨论来作出决定，这就是党内协商民主的生动体现。按照《中国共产党党章》规定：党的各级委员会实行集体领导和个人分工负责相结合的制度。凡属重大问题都要按照集体领导、民主集中、个别酝酿、会议决定的原则，由党的委员会集体讨论，作出决定；委员会成员要根据集体的决定和分工，切实履行自己的职责。这就意味着中国共产党很好地把协商民主的内在精神运用到了重大问题的党内决策过程中。正是借助协商民主的平台，从而保证党内决策更加科学合理。

按照协商民主的价值理念，在决策过程中每一个参与主体都是平等的，没有高低贵贱之分，协商民主十分强调参与者在决策过程中平等协商。推而广之，把协商民主引入中国共产党党内决策过程中，同样要求参与决策的主体，无论是普通党员还是领导干部都是平等的参与者，各个主体平等协商、

---

① 《习近平谈治国理政》第 3 卷，外文出版社 2020 年版，第 293 页。

各抒己见，从而更好地找到全体参与者意见的最大公约数。可见，通过党内协商民主，能够为党员提供平等机会参与到党内决策过程中，从而行之有效地提升党内决策的科学化、民主化水平，不断优化党内决策机制。此外，党内协商民主还要同票决民主有效结合。尽管党内协商民主具备诸多优越性，但是保证党内决策科学民主化的同时，还要考虑党内决策的效率问题。不能就一些重大问题总是议而不决，无休止地争论下去，在民主基础上，还要结合必要的集中，通过票决的多数原则来弥补协商民主可能导致民主效率低下问题。

另一方面通过党内协商可以更好优化民主集中制。在中国共产党领导革命、建设、改革的长期历史过程中，在党内形成民主集中制的根本组织原则。民主集中制原则也是作为执政党的中国共产党的领导方法和工作方法。按照《中国共产党党章》规定：民主集中制是民主基础上的集中和集中指导下的民主相结合。它既是党的根本组织原则，也是群众路线在党的生活中的运用。党内协商民主可以很好地融入民主集中制之中，不断地优化民主集中制。通过党内协商民主，能够充分调动党员有序政治参与的积极性，增强党员主体地位的意识，积极主动地参与到党内决策之中，进一步改善党的领导方法和工作方法，不断规范和提升党内决策水平，让民主集中制作用得到更加充分地发挥。实践证明，党内协商民主是民主集中制的重要润滑剂，在党内协商民主搞得好的时候，同时也就是党内科学决策民主决策最好的时候，也就意味着民主集中制作用得以充分发挥，此时同样是党和国家各项事业蒸蒸日上、社会主义现代化成果喜人的时候。党内协商民主的功效，不仅关系到民主集中制的实施，而且反映了社会主义事业的兴旺。

作为中国共产党根本组织原则，民主集中制能够为党内协商民主的存在与发展提供施展拳脚的重要舞台。为了更好地优化民主集中制原则，可以把党内协商民主行之有效地融入民主集中制运行过程中，在各级党委就重大问题决策过程中，充分利用协商民主这一有效方法，最大程度上调动决策参与主体的积极性，确保每一个决策参与者，无论是领导干部还是普通党员都能积极主动地发挥主体地位，公开平等地参与到集体协商讨论之中，充分听取广大党员的意见，然后才能有正确理性的集中，找到参与主体最大意愿的公约数，做出达到最大共识的决策。

（二）镶嵌于新型政党制度中的协商民主

中国新型政党制度中，由作为执政党的中国共产党和作为参政党的八大民主党派共同构成。其中，八大民主党派包括中国国民党革命委员会（简称"民革"）、中国民主同盟（简称"民盟"）、中国民主建国会（简称"民建"）、中国民主促进会（简称"民进"）、中国农工民主党（简称"农工党"）、中国致公党（简称"致公党"）、九三学社、台湾民主自治同盟（简称"台盟"）。在中国多党合作制度中，中国共产党同各民主党派长期共存、互相监督、肝胆相照、荣辱与共，形成了"共产党领导、多党派合作，共产党执政、多党派参政"的政治格局。[①] 在多党合作制度中，协商民主成为了中国共产党和各民主党派之间开展工作的主要方法。正是得益于协商民主的桥梁中介作用，中国共产党和各民主党派间互相合作、和谐共进的优势才得以最大地发挥。

中国共产党和各民主党派之间一直存在着长期而广泛的协商合作。协商民主在中国有着长期而丰富的实践，尤其是中国共产党同各民主党派之间的协商合作更是持久而深远。新中国的成立就是中国共产党和各民主党派协商合作的伟大成就的光辉典范。按照中国共产党在新民主主义革命时期的构想，我们要建立的新中国是由代表广大人民利益和意愿的全国人民代表大会来宣告成立。但是鉴于解放战争形势的迫切要求和时代的大势所趋，中国共产党没有等到全国解放而召开全国人民代表大会，而是由中国共产党和各民主党派、民主人士所构成的人民政协来代行全国人民代表大会职权，经过中国共产党同各民主党派、民主党人士的广泛而深入的协商，决定率先建立新

[①] 中华人民共和国国务院新闻办公室：《中国新型政党制度》，人民出版社 2021 年版，第 1—2 页。

中国。故此，中国共产党和民主党派、民主人士协商建国成为了千古美谈。当然，协商建国也标志着中国共产党领导的多党合作和政治协商制度在全国范围内正式确立。协商民主始终贯穿于中国多党合作制度之中，成为作为执政党的中国共产党和作为参政党的各民主党派间亲密合作的纽带。在社会主义改造过程中，各民主党派密切联系民族资产阶级，一方面向民族资产阶级积极解释和广泛宣传中国共产党社会主义改造的大政方针，另一方面民族资产阶级的利益要求和政治诉求可以通过各民主党派及时畅通地汇聚到党中央，从而通过各民主党派为中国共产党与民族资产阶级之间建立起有效沟通协商渠道，再经过中国共产党同各民主党派之间广泛而深入的协商，能够更好地处理好广大人民群众的根本利益和民族资产阶级的特殊利益，保证社会主义改造顺利而平稳地进行。改革开放以来，镶嵌于多党合作制度之中的协商民主同样发挥了举足轻重的作用。随着中国经济社会的持续发展和不断改革，中国新阶层像雨后春笋一样不断涌现。面对此，各民主党派成为吸纳和联系新阶层的重要平台，新阶层通过各民主党派一方面可以有效地实现有序政治参与渠道，另一方面可以畅通地反映自身利益诉求。如此一来，经过民主党派同中国共产党在决策过程中的广泛而深入的协商，可以充分考虑到新阶层的特殊利益要求和合理政治诉求，从而更好地把新阶层凝聚到社会主义现代化建设上来。

新型政党制度为中国协商民主发展提供了重要制度平台。中国共产党领导的多党合作和政治协商制度作为我国一项基本政治制度，已经载入我国宪法。"党领导确立人民代表大会制度、中国共产党领导的多党合作和政治协商制度、民族区域自治制度，为人民当家作主提供了制度保证。"[1]由此可见，中国新型政党制度在中国民主政治生活中的重要地位。正是依托于新型政党制度提供的重要制度平台，协商民主才能如鱼得水，不断地发展壮大。中国共产党在涉及广大人民群众根本利益的重大方针政策出台前或决策过程

---

[1]《中共中央关于党的百年奋斗重大成就和历史经验的决议》，人民出版社 2021 年版，第 10 页。

中，一般都会听取各民主党派的意见，执政党和参政党作为共同的协商主体，平等、公开、理性地进行广泛而深入地协商，这样可以最大限度地保证中国共产党在决策过程中充分考虑社会各个阶层和群体的特殊利益要求和政治诉求，从而使党和国家出台的大政方针能够反映全社会的最大共识。不仅如此，能够密切联系中国社会各个新阶层，代表不同社会群体和阶层利益的各民主党派，也能够借助于协商民主这一重要手段和沟通方式，主动约请中国共产党相关领导人就相关问题进行民主协商，这样一来就能够实现有序政治参与，从而行之有效地化解利益矛盾和冲突，实现政治稳定和社会和谐。

（三）脱胎于政治协商制度中的协商民主

依托于中国共产党领导的多党合作和政治协商制度的协商民主，不仅包括了党内协商民主和多党合作中的协商民主，还包括运行于政治协商制度之中的协商民主。在中国，政治协商制度是围绕着人民政协这一独具中国特色政治机构而形成和发展起来的。正是在政治协商制度中，协商民主有了人民政协这一专门协商机构，才从组织机构上充分保证中国协商民主不断发展壮大。

人民政协是社会主义协商民主的重要渠道和专门协商机构。中国协商民主最初仅仅局限于多党合作中的中国共产党同各民主党派间协商合作，尤其是特指中国共产党和各民主党派在人民政协所进行的政治协商。中国共产党和各民主党派、民主人士共同创造的人民政协，成为了人民政协的协商民主，也就是政治协商的组织机构。人民政协"是中国共产党领导的多党合作和政治协商的重要机构，是中国政治生活中发扬社会主义民主的重要形式"[①]。早在1949年9月中国人民政治协商会议全体会议召开，就标志着中国协商民主有了专门协商机构。不仅中国共产党和各民主党派可以借助于

---

① 中华人民共和国国务院新闻办公室:《中国新型政党制度》，人民出版社2021年版，第32页。

人民政协这一专门协商机构进行政治协商，而且人民政协内部各界别之间也进行充分而广泛的民主协商。为了更好顺应时代的发展和形势的要求，人民政协也不断与时俱进，全力推出和打造了全国政协双周协商座谈会，成为了中国协商民主发展的重要制度创新。全国政协双周协商座谈会不仅有人民政协这一专门协商机构作为组织保障，而且在时间上每隔两周就开展一次，从而使协商民主不断规范化、常态化。可以说，全国政协双周协商座谈会代表中国协商民主的最高水平。

正是人民政协在推进和发展中国协商民主方面取得的显著成就，为中国协商民主提供一个很好的示范引领的样板。中国协商民主逐步超出多党合作和政治协商的范畴，开始不断向外拓展。在这里，要明晰一个政治协商和协商民主的联系与区别。中国协商民主是一个比政治协商外延更大的概念，政治协商包括在协商民主之中，只有依托于人民政协的协商民主或者中国共产党同各民主党派间协商民主才能称之为政治协商，超出了人民政协或政党协商的范围，就不能成为政治协商。"人民政协的政治协商是中国共产党领导的多党合作的重要体现，是党和国家实行科学民主决策的重要环节，是党提高执政能力的重要途径。"①正是有了人民政协这一专门协商机构的组织保障及其多党合作制度的制度保证，仅限于人民政协和多党合作之中的政治协商这一协商民主特有形式才得以持续不断发展壮大。人民政协也不断总结协商民主经验，同时在实践基础上进一步打造协商民主的新实践形式。在人民政协协商民主成功实践的示范引领下，中国协商民主开始走出人民政协、走出多党合作的范围，开始走向人大和政府，走向公民社会和广大基层。当前中国协商民主已经发展成为了从纵向上至国家层协商、中至社会层面协商，下至基层层面协商，从横向覆盖政党协商、政府协商、人大协商、政协协商的立体协商网络。

实际上，不论中国协商民主如何大繁荣大发展，都始终离不开人民政协

---

① 《人民政协重要文献选编》(下)，中国文史出版社、中央文献出版社2009年版，第794—795页。

这一专门协商机构，抓住了人民政协协商民主也就明白了中国协商民主的理论来源。在整个中国协商民主理论大厦中，人民政协是这一大厦的根基。根基不牢，地动山摇。故此，我国加强社会主义协商民主建设的同时，时刻不能忘记固本强源，不断加强人民政协建设。只有人民政协建设好了，中国协商民主才能站得牢、立得稳。

第三章　和谐政党关系与独特政党协商的相得益彰

　　和谐政党关系是指共产党内部运行、民主党派内部运行以及共产党与民主党派之间相互关系的最优状态。这种和谐政党关系是"长期以来，中国共产党同各民主党派风雨同舟、共同奋斗，一道前进，一道经受考验，形成了通力合作、团结和谐的新型政党关系"①。它蕴含着一体多元的结构设计、非对称性的地位作用、和而不同的价值理念这些重要的中国智慧。作为脱胎于和谐政党关系之中的内生型的民主，政党协商是一种形成于中国革命建设改革伟大实践，植根于世界上独一无二的和谐政党关系肥沃土壤之中，依托于中国共产党和各民主党派同舟共济的长期合作，是独具中国特色的土生土长民主形式。政党协商为共产党与民主党派之间搭建了一个平台，有了这个平台就能够有效避免政党间矛盾与冲突，从而合理整合不同政党优势促进和谐政党关系发展。

一、和谐政党关系所蕴含的中国智慧

　　当代中国和谐政党关系既是满足中国共产党领导的多党合作和政治协商制度发展的客观需要而实现的理论升华，又是推进国家治理体系和国家治理

① 中华人民共和国国务院新闻办公室：《中国新型政党制度》，人民出版社 2021 年版，第21页。

能力现代化的必然需要而进行的理论拓展，更是应对西方多党轮流执政与竞争型政党关系挑战的迫切需要而作出的理论回应。当然，研究当代中国和谐政党关系不仅具有重要的理论意义，而且还具有重要的应用价值。通过对当代中国和谐政党关系研究，可以充分发挥民主党派对共产党的民主监督作用，进而避免共产党因为权力缺乏监督而导致的腐败行为；通过对当代中国和谐政党关系研究，可以有效发挥中国共产党示范与引领作用，实现执政党建设与参政党建设的互相促进，进而带动民主党派不断加强自身建设；通过对当代中国和谐政党关系研究，可以有效拓展不同社会群体与阶层的政治参与渠道，进而化解因为利益表达不畅而导致的社会不稳定。

（一）一体多元的结构设计

当代中国政党关系不同于竞争型政党关系与垄断型政党关系，是独具中国特色的通力合作、团结和谐的新型政党关系。所以，这种和谐政党关系具有自身独特政党结构设计。这一政党结构设计，既契合中国的历史发展，又符合中国的特殊国情，充分彰显了无与伦比的创造性价值。从历史角度来看，中国共产党领导全国各族人民取得民族民主革命胜利，理所当然成为执政党，这是历史的选择，也是人民的选择。与此同时，各民主党派在抗日战争时期、解放战争时期与共产党进行了充分合作，并且作出应有贡献，尤其在中共中央发出"纪念五一节口号"之后，各民主党派积极响应，为新中国的成立以及中国共产党领导的多党合作与政治协商制度的确立贡献自己的力量。从国情角度来看，新中国成立初期还处于新民主主义社会，工人阶级、农民阶级、城市小资产阶级与民族资产阶级都是进步阶级，政权还有待于进一步巩固。因此，出于统战工作与新政权巩固的需要，在政党制度结构设计时务必要把各民主党派吸纳进来。从实际效果来看，中国共产党领导的多党合作和政治协商制度既能保证共产党长期执政地位，又能充分发挥民主党派优势，从而体现出了这一政党结构设计的重要价值。

实际上，在中国多党合作制度中，中国共产党与各民主党派长期共存、互相监督、肝胆相照、荣辱与共，共同致力于中国特色社会主义建设，形成了"共产党领导、多党派合作，共产党执政、多党派参政"的显著特征。这一显著特征也就是中国多党合作制的一体多元的结构设计。所谓一体多元，就是指共产党执政与民主党派参政的结合，体现了一党执政与多党参政的有机统一。中国共产党百年奋斗宝贵经验的理论总结中，第一条就是坚持党的领导。"治理好我们这个世界上最大的政党和人口最多的国家，必须坚持党的全面领导特别是党中央集中统一领导，坚持民主集中制，确保党始终总揽全局、协调各方。"①历史证明中国需要一个强有力的领导核心在意识形态上一元主导，因为只有在一元化的指导思想引领下，才能有效号召和动员群众，团结各方一致向前；实践证明中国需实现一致性和多样性有机统一，因为多元的价值理念只有通过沟通、协商、理解、妥协，才能求同存异、共生共融、凝聚共识。显然，一体多元政党关系模式既是适应当代中国国情的历史必然选择，又是自觉地同社会结构以及政治制度安排相结合的现实必然产物。自然，这种体现核心一元性和结构多元性相统一的政党制度具有充分的合理性、高度的吻合性和无与伦比的优越性，成为当代中国和谐政党关系的主要特征之一。

此外，一体多元的中国多党合作制既能够有效地保证共产党的领导核心地位从而维护国家和人民的根本利益，又充分考虑民主党派的参政党地位从而照顾各个利益阶层与利益集团的具体利益，最终实现共同利益与特殊利益有效整合。这种整合包括两个层次：第一个层次是代表最广大人民利益的共产党与代表一部分特殊利益的各民主党派间有效整合。共产党始终代表最广大人民的根本利益，民主党派反映和代表各自所联系群众的具体利益和要求。在同民主党派合作中，共产党始终坚持照顾同盟者的具体利益，通过制定方针政策、法律法规和相应措施，保障他们及所联系群众的权益，并通过民主协商最广泛地听取社会各方面的意见愿望，最大限度地满足社会各方面

---

① 《中共中央关于党的百年奋斗重大成就和历史经验的决议》，人民出版社 2021 年版，第65 页。

的利益诉求。第二个层次是实现整体利益与特殊利益有效整合。当前，无论是个人还是各个集团与阶层的利益诉求变得日趋多样化，这些多元化的特殊利益群体同人民群众的整体利益之间的纽带变得日渐多层次化，而且人民群众的整体利益也变得错综复杂起来。因此，一体多元的政党结构可以为整体利益与特殊利益架起沟通的桥梁，有效地化解利益矛盾与冲突，实现利益的整合。总之，一体多元是共产党一党执政与民主党派多党参政的结合，这种模式既能够有效地保证共产党处于绝对领导地位，与此同时，又充分地确保了民主党派长期处于参政党的地位，进而实现共产党所代表的共同利益与民主党派所代表的特殊利益有效整合。

（二）非对称性的地位作用

在中国新型政党制度中，共产党是执政党并且始终处于领导地位，而民主党派是参政党并且始终接受并拥护共产党领导。显然，共产党的执政党地位与民主党派的参政党地位是长期不变的，共产党掌握国家政权同时民主党派参与国家政权，不存在轮流执政的可能性。这也就说明了，在国家政权的层面，共产党与民主党派并不存在对等的权力和地位。换句话说，在我国政党制度上，共产党与民主党派是一种非对称的关系。这种非对称性成为了当代中国和谐政党关系特征之一。正是共产党与民主党派具有非对称性的地位与作用，当代中国和谐政党关系的优越性才得以体现。

在这种非对称性的政党关系中，共产党与民主党派有着各自不同的地位。共产党与各民主党派在长期合作过程中形成了共产党领导、多党派合作，共产党执政、多党派参政的基本特征。在中国多党合作制度下，共产党是执政党，各民主党派是参政党。共产党是中国工人阶级的先锋队，同时是中国人民和中华民族的先锋队，是中国特色社会主义事业的领导核心，代表中国先进生产力的发展要求，代表中国先进文化的前进方向，代表中国最广大人民的根本利益。这就说明了，共产党有着极大的先进性与广泛的社会基础，充分代表和反映了广大人民群众利益。故此，共产党理所当然成为领导党和执政党。而各民主党派是与共产党风雨同舟、荣辱与共的亲密友党。"在新世纪新阶段，民主党派是各自所联系的一部分社会主义劳动者、社会主义事业建设者和拥护社会主义爱国者的政治联盟，是接受中国共产党领导、同中国共产党通力合作的亲密友党，是进步性与广泛性相统一、致力于中国特色社会主义事业的参政党。"[①] 正是有了共产党和各民主党派之间职能的明确定位，既有利于巩固共产党强有力的领导力量，又有利于发挥民主党派参政议政作用。可以说，共产党的领导地位是持久而不可动摇的，同时，各民主党派不是在野党或者反对党，不存在上台执政的可能性。共产党始终起着领导作用，而各民主党派自觉接受共产党的领导。共产党和民主党派在法律地位上是平等的，但政治上不是平起平坐的，而是领导和被领导的关系。共产党长期拥有并且独享执政权。这就呈现出一种政党地位的非对称性，共产党永久地掌握着国家政权，各民主党派作为参政党而长期存在并监督共产党权力运行。

此外，在这种非对称性的政党关系中，共产党与民主党派发挥着不同的作用。中国共产党是社会主义事业的领导核心，是国家发展的支柱，起统领作用。以知识分子为主体的各民主党派则充分发挥"党外智库"的优势，围绕国家重大方针政策和重要事务，民主协商，建言献策，从而促进决策科学化。由此可见，作为执政党的共产党执掌着国家政权，共产党的主张和政策，通过法定程序，由全国人民代表大会决定，变成国家的法律和意志，在把握国家发展方向、发展模式，推动国家政治生活中起决定性作用。另外，作为参政党的民主党派在参加国家政权中发挥着辅助和参与作用，民主党派不是竞争性政党，更不是反对党或在野党，而是参政党。共产党掌握国家政权，通过民主集中制的形式运行权力，做到执政为民，而各民主党派则参与国家政权，通过协商民主的形式行使权力，做到参政为民。如此一来，共产党可以充分发挥其执政党优势作用，能够把各个政党、各个民族、各个宗

[①] 《人民政协重要文献选编》（下），中国文史出版社、中央文献出版社 2009 年版，第 761 页。

教、各个阶层、各个地区的绝大多数人民群众团结起来，形成一个强大的具有共同利益的整体，这就从根本上克服了那种权力倾轧、一盘散沙的状况，同时凝聚整个中华民族的力量，保证我国政权运行的高效率，进而能够集中力量办大事。

可见，共产党与民主党派的非对称性地位与作用彰显了当代中国和谐政党关系的优越性，正是这种非对称性成为了当代中国和谐政党关系的重要特征。

（三）和而不同的价值理念

和而不同作为中华民族传统文化的精华所在，深刻揭示了在一个统一体中，不同方面与不同要素间相互依存、相互影响，相异相合、相异而生的特性。这就意味着，和谐的本质在于统一多种因素的差异与协调。实际上，和而不同的价值理念是当代中国和谐政党关系的重要特征。共产党与各民主党派在实现中华民族伟大复兴中国梦的共同目标下，求同存异、和谐相处，引领着共产党与民主党派之间不断趋于和谐。

一方面是因为共产党与民主党派之间始终保持根本利益一致、政治目标一致、政治基础一致，互相支持、互相帮助、互相监督，因而形成了稳定和谐政党关系格局。众所周知，政党是为维护和实现特定阶级或阶层利益而服务的，鉴于此，共产党与民主党派根本利益是否一致成为了和谐政党关系的前提条件。其实，共产党与民主党派的性质都要求他们把人民群众利益作为自己的根本利益。正是有了一致的根本利益，共产党与民主党派才具有统一的目的和行动，在多党合作过程中双方关系才能不断趋于和谐。此外，双方政治目标的一致性也是至关重要。当前，共产党和各民主党派的共同政治目标，就是贯彻习近平新时代中国特色社会主义思想，为实现第二个百年奋斗目标、实现中华民族伟大复兴的中国梦而不懈奋斗。最后，源于共产党与各民主党派之间存在着一致的政治基础，两党才能真正荣辱与共、肝胆相照地走到一起，在发展中不断趋向和谐。在《中共中央关于进一步加强中国共产党领导的多党合作和政治协商制度的意见》中指出："中国共产党和各民主党派在多党合作和政治协商的长期实践中形成了一些重要政治准则，必须认真坚持和遵循。"①在这些重要政治准则中，坚持党的领导是首要前提，坚持马克思列宁主义和马克思主义中国化理论是根本保证。在新时代，各民主党派需增强"四个意识"、坚定"四个自信"、做到"两个维护"，把坚持和发展中国特色社会主义作为巩固共同思想政治基础的主轴。在这个一致的政治基础之下，共产党和民主党派继续通力合作，在发展中不断提升各自能力、完善自身建设，走向政党关系长期和谐。

另一方面是因为共产党与民主党派有着各自的性质与地位，代表了不同群体或阶层利益要求，发挥着各自不同的作用。对此，周恩来曾经明确指出："每个党派都有自己的历史，都代表着各自方面的群众。有人要求各民主党派都和共产党都一样，如果一样了，则共产党和民主党派又何必联合呢？正因为有所不同，才需要联合。"②从性质上而言，共产党是工人阶级先锋队，同时是中国人民和中华民族先锋队；而民主党派是联系一部分社会主义劳动者、社会主义事业建设者和拥护社会主义爱国者。这就决定了共产党作为执政党存在，掌握国家政权；同时，民主党派作为参政党存在，发挥着共产党亲密友党作用，通过政治协商、参政议政、民主监督的形式参与国家政权。正是由于民主党派保持了与共产党不同而独有的党派职能，才为和谐政党关系的实现创造了前提条件。

由此可见，共产党与民主党派既有充分的一致性，又存在诸多的差别，正是这种和而不同的一致性与差别才决定了双方关系能够和谐。同时，这种和而不同正好体现了当代中国和谐政党关系的特征。

---

① 《人民政协重要文献选编》（下），中国文史出版社、中央文献出版社2009年版，第760页。
② 《周恩来统一战线文选》，人民出版社1984年版，第163页。

二、协商民主在和谐政党关系发展中的作用

协商民主作为一种理论形态首先在西方提出，但是中国早就有了协商民主的具体实践。事实上，社会主义协商民主具有内生性。"协商民主是中国社会主义民主政治中独特的、独有的、独到的民主形式，它源自中华民族长期形成的天下为公、兼容并蓄、求同存异等优秀政治文化，源自近代以后中国政治发展的现实进程，源自中国共产党领导人民进行革命、建设、改革的长期实践，源自新中国成立后各党派、各团体、各民族、各阶层、各界人士在政治制度上共同实现的伟大创造，源自改革开放以来中国在政治体制上的不断创新"[①]。这种中国特色社会主义协商民主为共产党与民主党派之间搭建了一个平台，有了这个平台就能够有效避免政党间矛盾与冲突，从而合理整合不同政党优势促进和谐政党关系发展。故此，协商民主是促进和谐政党关系发展的重要途径。通过协商民主能够促进共产党的科学执政，并且增进民主党派的参政能力，进而完善中国新型政党制度。

（一）协商民主是促进和谐政党关系发展的重要途径

通常意义上说，协商民主的理论来源于西方，这一理论的提出是因为竞争民主所固有恶性竞争、内耗丛生的弊端始终无法解决，所以，在 20 世纪 80 年代西方学者提出协商民主作为竞争民主的有益补充。实际上，从历史和实践的角度讲，协商民主的实践最早出现在中国。1949 年，中国人民政治协商会议召开，这也标志着中国共产党领导的多党合作和政治协商制度正式确立。同时，协商政治作为共产党与民主党派进行多党合作的有效途径开始运行。迄今为止，协商民主成为我国社会主义民主的特有形式。毋庸置

[①] 习近平：《在庆祝中国人民政治协商会议成立 65 周年大会上的讲话》，人民出版社 2014 年版，第 15 页。

疑，这种中国特色协商政治就是一种土生土长的社会主义协商民主，既独具中国特色又符合中国国情。当然，这种协商民主形式也是中国共产党与民主党派伟大政治智慧的共同结晶。正是通过社会主义协商民主独特价值与优势的发挥，为促进和谐政党关系发展提供了行之有效的重要途径。

第一，协商民主是我国社会主义民主的特有形式。在我国，作为根本政治制度的人民代表大会制度与作为基本政治制度的中国多党合作制度有着密不可分的内在联系。在实际政治运行过程中，人大选举民主和政协协商民主长期共存、协同发展。可见，协商民主同选举民主相互补充、相得益彰，共同构成了中国式民主的独有形式。其实，早在20世纪40年代中国就开始把选举民主与协商民主相结合并且运用于实践中，这比西方在20世纪80年代才提出协商民主理论，要早了40余年。这就说明，社会主义协商民主的形成有着深厚的历史渊源，同时，具备充分的现实基础。在政治运行过程中，共产党把协商民主作为处理政党间相互关系从而实现共产党与民主党派和谐共进的重要手段。在某种程度上而言，没有协商民主就没有当代中国和谐政党关系。鉴于此，在2006年2月，《中共中央关于加强人民政协工作的意见》中对协商民主作了规定："人民通过选举、投票行使权利和人民内部各方面在重大决策之前进行充分协商，尽可能就共同性问题取得一致意见，是我国社会主义民主的两种重要形式。"[1]可见，这就开始以官方文件的形式把协商民主定位为我国社会主义民主的两种重要形式之一。通过协商民主的形式能够有效地拓展我国社会主义民主的深度和广度，进而弥补仅仅依靠选举民主只能代表大部分人利益而忽视少部分利益的弊端。正是我国社会主义民主所具有的选举民主与协商民主有机结合的特点，使得我国的社会主义民主既尊重了广大人民群众的利益与意愿，又照顾了少部分群众和特殊阶层的利益与要求，这就保障了最大限度地实现人民民主。实际上，中国多党合作制度正是巧妙地把协商民主融入其中，才使得这一政党制度具有独特的价值和卓越

---

[1]　《人民政协重要文献选编》（下），中国文史出版社、中央文献出版社2009年版，第793页。

的优势。

第二，通过协商民主能够避免政党间矛盾与冲突，从而促进和谐政党关系发展。在西方权力争夺型政党制度中，每个政党都代表着特定群体或阶层的利益并以夺取政权为目的。通过选举获胜的政党成为执政党，其他政党成为在野党。这些利益群体或阶层之间的矛盾体现为各政党之间以夺取或控制政权为目标的权力斗争上，其目的就是搞垮对方，自己上台执政。这决定了政党之间必然要为争取选民、上台执政而相互争权夺利、彼此排斥倾轧。在这种情况下，各政党之间免不了要明争暗斗、互相攻击。其结果必然是政治动荡、内耗丛生。与此相比，中国多党合作制度吸取了西方权力争夺型政党制度的经验与教训，寻找到了一条克服政党间固有的恶性竞争痼疾的有效途径，这就是社会主义协商民主。社会主义协商民主强调合作与共识代替矛盾与冲突，充分体现合作、参与、协商、共识的精神。在这种协商民主的精神引领下，共产党与民主党派之间始终保持政治方向一致、根本利益一致、奋斗目标一致，互相支持、互相帮助、互相监督、风雨同舟、肝胆相照、荣辱与共。因此，共产党支持民主党派参政地位，提升民主党派参政能力。与此同时，各民主党派自觉接受共产党领导，推进共产党科学执政。共产党与民主党派亲密合作，进行充分政治协商，共同致力于中国的革命、建设和改革事业。简言之，通过协商民主可以使中国多党合作制度行之有效地避免和克服政党间先天的矛盾与冲突的弊端，从而促进和谐政党关系发展。

第三，通过协商民主可以满足各民主党派政治参与的诉求，从而促进和谐政党关系发展。社会主义协商民主不仅为共产党与民主党派间搭建一个谋求政治认识趋同的平台，而且为各民主党派开辟一个畅通政治诉求的渠道。这种通过协商民主进行政党参与的模式，成为源于中国历史、符合中国国情、独具中国特色的政权参与模式，这一模式丰富了世界政权参与模式和政党参与模式。可以说，社会主义协商民主具有独特的创造性价值和别具一格的优势。其实，当代中国和谐政党关系正是建立在协商民主的基础上的。通过协商民主可以在人民通过选举、投票行使权利和人民内部各方面在作出重大决策之前进行充分协商，尽可能取得一致意见，从而有效地化解政党之间的矛盾以及避免政治冲突，使和谐政党关系得到根本保障。就此，《中共中央关于进一步加强中国共产党领导的多党合作和政治协商制度建设的意见》指出："把政治协商纳入决策程序，就重大问题在决策前和决策执行中进行协商，是政治协商的重要原则。"[1] 倘若没有协商民主所起到的桥梁或者中介作用，也就无法促进和谐政党关系发展了。此外，作为执政党的共产党与作为参政党的民主党派都在国家政权中扮演着重要角色，二者都是不可或缺的。如果没有共产党执政，也就无所谓社会主义国家了；如果没有民主党派参政，共产党权力缺乏必要的活力与约束。毋庸置疑，我国既需要共产党执政，也需要民主党派积极参与国家政权。正是有了协商民主，才为共产党执政与民主党派参政搭建一个谋求政治认识趋同的平台。

综上所述，协商民主作为我国社会主义民主的一种重要形式，为促进和谐政党关系发展提供了重要途径，同时，彰显了社会主义协商民主的独特价值和内在优势。

（二）通过协商民主推动共产党科学执政

在中国多党合作制度中，共产党与民主党派是协商民主的主体。同时，由于共产党处于领导和执政地位，长期掌握着不容分割、不能共享的国家政权。所以，民主党派所具有的参政权只是一种辅助性权力，借助于协商民主所搭建的平台来协助共产党更加科学合理地执政，进而不断地推动共产党提升执政能力。对此，《中共中央关于进一步加强中国共产党领导的多党合作和政治协商制度建设的意见》指出："政治协商是中国共产党领导的多党合作和政治协商制度的重要组成部分，是实行科学民主决策的重要环节，是中

---

[1]　《人民政协重要文献选编》（下），中国文史出版社、中央文献出版社2009年版，第762页。

国共产党提高执政能力的重要途径。"① 这就说明了，通过协商民主的方式共产党能够实现科学执政，进一步提升执政能力，从而更好地促进和谐政党关系发展。

第一，共产党科学执政在促进和谐政党关系发展中的重要作用。2004年9月，中共十六届四中全会作出的《中共中央关于加强党的执政能力建设的决定》中指出："必须坚持科学执政、民主执政、依法执政，不断完善党的领导方式和执政方式。"② 这开启了共产党加强科学执政能力建设、提高科学执政水平的航程。中共十八大以来，以习近平同志为核心的党中央高度重视党的执政能力建设，通过完善法律法规、推进社会主义协商民主广泛多层制度化发展，提高党执政水平。"增强按制度办事、依法办事意识，善于运用制度和法律治理国家，把各方面制度优势转化为管理国家的效能，提高党科学执政、民主执政、依法执政水平。"③ 所谓科学执政，就是在科学理论的指导下，在掌握科学规律的基础上，按照科学的制度和方法来执政。其实，协商民主效果的发挥直接决定了共产党能否做到科学执政，最终影响到政党关系是否和谐。这是由于在中国多党合作制度中，共产党始终处于领导地位，一方面通过发挥协商民主的功效可以促进共产党科学执政的实现，不断提升自身执政能力；另一方面通过发挥协商民主的功效也可以充分带动民主党派积极参与政权，在参政中不断完成自身建设。可见，在协商民主的作用下能够实现共产党执政与民主党派参政的双向互动，以此促进和谐政党关系发展。

第二，通过协商民主来推动共产党科学执政。共产党科学执政离不开协商民主，这是因为协商民主在共产党实现科学执政过程中功不可没。共产党科学执政首先离不开科学决策，科学决策是科学执政的前提。共产党要做到科学决策需要做好两方面工作：一方面共产党决策的科学化。共产党决策的

---

① 《人民政协重要文献选编》（下），中国文史出版社、中央文献出版社2009年版，第762页。

② 《十六大以来重要文献选编》（中），中央文献出版社2006年版，第274页。

③ 《十八大以来重要文献选编》（上），中央文献出版社2014年版，第549页。

科学化是指共产党要凭借科学思维，利用科学手段和科学技术所进行的决策。另一方面共产党决策的民主化。共产党决策的民主化是指共产党在决策过程中通过预定的程序、规则和方式，确保决策能广泛吸取各方意见、集中各方智慧、符合各种实际、反映事物发展规律的制度设计和程序安排。这也就意味着，共产党决策的民主化是通过协商民主的形式来实现的。实际上，共产党科学执政需要借助于协商民主的形式来达到科学决策。倘若离开了协商民主，共产党就难于形成科学决策，也就谈不上科学执政了。显然，协商民主对于共产党科学执政的实现具有至关重要的作用。因此，共产党欲实现科学执政，首先就得不断把协商民主融入执政活动之中，同时，增强协商民主另一端民主党派的自身参政能力。唯有做到此，才能发挥协商民主的最大功效，达到共产党科学执政与民主党派科学参政的互相促进，从而促进和谐政党关系发展。

第三，通过协商民主提升共产党的执政能力。通过协商民主不仅能够促进共产党科学执政，而且也能够提升共产党执政能力。所谓共产党执政能力，在某种意义上而言，就是指以共产党为主体、以国家权力系统为客体的共产党执掌国家政权的能力。当然，共产党执掌国家政权的能力最终决定于共产党领导的正确性、执政的科学性。如果共产党失去了正确领导、科学执政，也就难于驾驭国家政权。实际上，协商民主能够通过共产党与民主党派间有效地协商进而为共产党正确领导、科学执政提供必要的保障，换句话说，有了共产党与民主党派间持续的协商民主就有了共产党正确的领导与科学的执政，也就确保了共产党执政能力不断提升。显而易见，协商民主为提升共产党执政能力提供了一种重要手段。此外，通过协商民主的方式使得共产党执政能力得到提升，这也为民主党派提供了很好的示范和引领作用，从而鞭策民主党派不断提高参政能力。

总之，通过协商民主既能够促进共产党科学执政，又能够提升共产党执政能力，从而实现共产党科学执政与民主党派科学参政的互相促进，同时，实现共产党执政能力与民主党派参政能力的双向互动，在此过程中促进和谐政党关系发展。

（三）通过协商民主增进民主党派参政能力

协商民主是促进和谐政党关系发展的重要途径，在通过协商民主促进和谐政党关系发展的过程中，民主党派参政能力的提升起到了重要的作用。这是由于协商民主效果的发挥取决于共产党执政能力与民主党派参政能力两个方面，在协商民主所搭建的平台下，共产党执政能力的提升必将带动民主党派参政能力的提升，正是在这种共产党执政能力与民主党派参政能力的双向互动中促进和谐政党关系发展。

第一，协商民主需要共产党执政能力与民主党派参政能力的互相促进。协商民主是由共产党和民主党派两个主体构成的，尽管作为掌握国家政权的共产党在协商民主中占据着主导地位，作为参与国家政权的民主党派在协商民主中起到了辅助作用。但是，离开了民主党派的参与也就无所谓社会主义协商民主了。当然，协商民主最大功效的发挥不仅取决于共产党执政能力的不断提升，还取决于民主党派参政能力的不断提高。换言之，社会主义协商民主的效益要以共产党执政能力与民主党派参政能力的最短板为判断标准，尽管共产党在执政能力建设方面业绩显著，倘若民主党派参政能力过低，那么，社会主义协商民主的优越性也只能以民主党派参政能力为标准。故此，在共产党提出了加强执政能力的同时，民主党派务必要以共产党为参照，加强自身建设、提高参政能力，进而使民主党派自身能力的提高与共产党执政能力的提升相匹配。习近平总书记在同党外人士共迎新春时的讲话指出："实现我们的奋斗目标，需要全国上下共同努力，需要加强中国共产党同各民主党派和无党派人士的团结合作。各民主党派是同中国共产党通力合作的中国特色社会主义参政党，无党派人士是我国政治生活中的一支重要力量。各民主党派和无党派人士一定要把坚持中国特色社会主义政治发展道路作为根本方向，提高参政议政、民主监督的水平，提高政治把握能力、组织领导能力、合作共事能力。"[1]可见，协商民主最大功效的发挥取决于共产党执政

---

① 《习近平关于社会主义政治建设论述摘编》，中央文献出版社 2017 年版，第 53 页。

能力与民主党派参政能力的双向互动，正是在这种共同进步中才能够促进和谐政党关系发展。

第二，协商民主在增进民主党派参政能力过程中的重要作用。既然协商民主的效益要以共产党执政能力与民主党派参政能力的最短板为判断标准，那么，协商民主也就促使民主党派务必要高度重视自身建设，不断提高参政能力。其实，执政党和参政党之间的党际协商称为政党协商，是社会主义协商民主的重要形式。在《中国新型政党制度》白皮书中对政党协商的内容、形式和制度保障做了详细阐述。正是通过政党协商为共产党与民主党派之间搭建了沟通平台。因此，为了充分保证政党协商发挥出应有的效果，这就必须要求作为政党协商的双方，也就是共产党的执政能力与民主党派的参政能力不断得到提升。其实，共产党在执政能力建设方面已经取得了有目共睹的成就，与之相比，民主党派参政能力建设相对薄弱。这就要求在实现协商民主过程中逐步提升民主党派参政能力，以达到民主党派参政能力与共产党执政能力的良性互动，从而有效地促进和谐政党关系发展。

第三，协商民主通过民主党派参政能力的提升来促进和谐政党关系发展。协商民主的实现需要共产党与民主党派间进行充分的沟通与协商。双方只有在能力上势均力敌，并通过沟通和协商的方式实现凝聚共识，才能使各方都保持自主性、积极性，中国新型政党制度才能延续。如果民主党派因参政能力不足而被弱化甚至依附于共产党，那么中国新型政党制度必将名存实亡。也就是说，唯有民主党派参政能力的不断提升，才能真正促进和谐政党关系发展。欲提升民主党派参政能力建设，主要从以下四个方面工作入手：一是民主党派不断提高政治把握能力。民主党派始终高举共产党的领导与中国特色社会主义道路两面大旗，这就坚定了民主党派政治方向与政治立场，同时，保证了在社会主义现代化过程中更加充分地发挥民主党派的作用，从而有效地推进民主党派参政能力的不断提升。二是民主党派不断提高参政议政能力。民主党派参政议政在民主党派职能中占据了主要地位，因此，民主党派要尽最大的努力提高参政议政能力。三是民主党派不断提高组织领导能力。这就要求既要建设高素质参政党队伍从而保证民主党派作为参政党的独特价值与功能，又要加强民主党派后备干部队伍建设从而保证民主党派自身优势的可持续发展。四是民主党派不断提高合作共事能力。民主党派不仅要加强与共产党的合作，同时也要加强民主党派内部的合作。正是在协商民主感召下民主党派向共产党执政能力所取得成就看齐从而不断提升自身参政能力，促进和谐政党关系发展。

显然，协商民主的效益以共产党执政能力与民主党派参政能力的最短板为判断标准。鉴于此，民主党派以共产党在执政能力建设方面所取得的巨大成就为参照，不断提升自身参政能力，正是在两者双向互动与共同进步过程中不断促进和谐政党关系发展。

（四）通过协商民主完善中国多党合作制度

尽管协商民主的实践首先出现在中国，但是协商民主的理论却是在西方首先提出并完善的。所以，我们有必要吸取和借鉴西方协商民主理论的有益成果，从而通过协商民主来进一步完善中国多党合作制度，促进和谐政党关系发展。毋庸置疑，中国多党合作制度在设计上具有独特价值和无与伦比的优越性，但是在实践运作的层面还存在着有待改进的地方，恰好协商民主理论能够弥补中国多党合作制度的尚待改进之处。具体而言：

第一，协商民主能够推动中国多党合作制度中政党间平等性。在中国多党合作制度中，共产党是执政党，长期掌握国家政权。与之相比，民主党派是参政党，作为共产党的亲密友党而参与政权。共产党与民主党派在长期共存、互相监督、肝胆相照、荣辱与共的和谐政党关系中共同致力于中国特色社会主义事业。对于共产党与民主党派的地位，《中国新型政党制度》白皮书中明确指出："中国共产党处于领导地位和执政地位。"中国共产党是中国特色社会主义事业的坚强领导核心，各民主党派、无党派人士自觉接受中国共产党的领导，拥护中国共产党的领导地位和执政地位。各民主党派是中国特色社会主义参政党。民主党派不是在野党、反对党，也不是旁观者、局外人，而是在中国共产党领导下参与国家治理的参政党。"①但是，在实际政治生活中民主党派尚未完全发挥出参政党的功效，尤其是共产党内部对于民主党派的参政能力存在诸多质疑，甚至存在民主党派可有可无，民主党派只是花瓶一样的政治摆设之类的不当认识。这些情况有悖于中国新型政党制度的实际。目前，在某种程度上而言，协商民主能够有效地推动中国多党合作制度中政党间平等性，提升民主党派的参政地位。社会主义协商民主，一方面需要民主党派不断加强自身建设、不断提升参政能力；另一方面需要共产党与民主党派在协商中居于平等的政党地位。在民主党派自身建设方面，共产党已经做出了许多有益的工作，接下来，我们要在推动共产党与民主党派在协商民主中平等的政党地位上迈出坚定的步伐。

第二，协商民主能够使中国多党合作制度中政治协商逐步程序化。自从1949年中国共产党领导的多党合作和政治协商制度成立以来，协商政治就存在于中国多党合作制度之中。但是，这种协商政治还有待于进一步程序化。我们可以有效地借鉴西方协商民主理论的有益之处，通过此来推动中国多党合作制度中政治协商更加可操作、可掌控。新时代以来，社会主义协商民主蓬勃发展。中共十八届三中全会把社会主义协商民主推到了一个新高度，"全会决定把推进协商民主广泛多层制度化发展作为政治体制改革的重要内容"②。2015年中共中央印发的《关于加强社会主义协商民主建设的意见》成为协商民主制度化、程序化发展的纲领性文件。随后相继颁布的《关于加强人民政协协商民主建设的实施意见》、《关于加强城乡社区协商的意见》、《关于加强政党协商的实施意见》、《新时代加强和改进人民政协工作的意见》等文件，奠定了各领域协商民主制度化、程序化的基础。习近平总书记在十九届四中全会上更是从国家制度和国家治理体系的层面提出"构建

---

① 中华人民共和国国务院新闻办公室：《中国新型政党制度》，人民出版社2021年版，第15—16页。

② 《习近平谈治国理政》第1卷，外文出版社2018年版，第82页。

程序合理、环节完整的协商民主体系"①。通过不断规范协商民主程序化，可以更好发挥民主党派的作用，借助于有效地协商来真正做到仗义执言、各抒己见、科学决策，从而促进和谐政党关系发展。

第三，协商民主能够在中国多党合作制度中形成和而不同的政党文化。和而不同作为中华民族传统文化的精华所在，深刻地揭示了在一个统一体中，不同方面、不同要素相互依存、相互影响，相异相合、相异而生。恰好，协商民主的本质在于把多种因素的差异进行协调，从而实现差异基础上的一致性。可见，在某种意义上而言，协商民主与和而不同的文化有着内在联系。也就是说，推进协商民主的过程就是在中国多党合作制度中培育和而不同的政党文化的过程。具体而言，在中国多党合作制度中，一方面是因为共产党与民主党派之间始终保持根本利益一致、政治目标一致、政治基础一致，互相支持、互相帮助、互相监督，因而也就从根本上保障协商民主最终能够达成一致意见。就此，恩格斯指出："没有共同的利益，也就不会有统一的目的，更谈不上统一的行动。"②由于共产党与民主党派的性质都要求他们把人民群众利益作为自己的根本利益。正是有了一致的根本利益，共产党与民主党派才具有统一的目的和行动，在多党合作过程中双方才能真正实现协商民主。另一方面是因为共产党与民主党派有着各自的性质与地位，代表了不同群体或阶层利益要求，发挥着各自不同的作用。正是因为共产党与民主党派的差异性，才为协商民主的运行搭建了平台。对此，周恩来明确指出："每个党派都有自己的历史，都代表着各自方面的群众。有人要求各民主党派都和共产党一样，如果一样了，则共产党和民主党派又何必联合呢？正因为有所不同，才需要联合。"③正是由于民主党派保持了与共产党不同而独有的党派职能，才为通过协商民主促进和谐政党关系发展创造了前提条件。实际上，在中国多党合作制度中，共产党与民主党派间实现协商民主过

---

① 《中共中央关于坚持和完善中国特色社会主义制度推进国家治理体系和治理能力现代化若干重大问题的决定》，人民出版社 2019 年版，第 11 页。

② 《马克思恩格斯选集》第 1 卷，人民出版社 2012 年版，第 573 页。

③ 《周恩来统一战线文选》，人民出版社 1984 年版，第 163 页。

程就是达到"共产党领导、多党派合作，共产党执政、多党派参政"这种政党间和而不同的过程。

简言之，增进协商民主的过程就是推动中国多党合作制度发展的过程，二者相辅相成、互相促进。同时，这一过程也客观上促进和谐政党关系发展。

三、和谐政党关系的孕育与独特政党协商的生成

得益于中国特有的和谐政党关系，孕育而生了独特的政党协商。政党协商是中国共产党探索和发展社会主义协商民主中最早的协商民主形式。正是具备了中国共产党与各民主党派和谐政党关系下，才孕育和生成了独特政党协商，借助于政党协商为促进和谐政党关系的发展提供了重要手段。

（一）政党协商的提出与内涵

自从中国共产党领导的多党合作和政治协商制度确立以来，中国协商民主就一直运用和实践于多党合作制度中。以往我们更多地称之为"民主协商"、"政治协商"、"党派协商"、"党际协商"等称谓，相对于中国政党协商长期而丰富的实践而言，在理论概括和总结上还相对不足。随着中共十八大以来，社会主义协商民主理论和实践的大繁荣大发展，作为社会主义协商民主重要渠道的政党协商也在理论上不断地升华，逐步形成了一个完整的中国政党协商理论体系。

在中共十八大报告对社会主义协商民主系统而权威的阐释中，对政党协商也进行了重要的界定。此时，尽管对于政党协商还仅仅是概括为"党派协商"，但是毕竟是以党的代表大会报告的高度肯定了政党协商的成就，并为政党协商进一步发展指明了前进的方向。时隔一年之后的中共十八届三中全会，对于政党协商的理论认识进一步向前推进。在《中共中央关于全面深化

改革若干重大问题的决定》中明确强调了要拓展"党派团体"等协商渠道，深入开展"民主协商、参政协商"等。之后，又专门指出："完善中国共产党同各民主党派的政治协商，认真听取各民主党派和无党派人士意见。中共中央根据年度工作重点提出规划，采取协商会、谈心会、座谈会等进行协商。完善民主党派中央直接向中共中央提出建议制度。"[1]这就对政党协商的形式进行了初步的理论概括和发展规划，使政党协商进一步完善和发展有的放矢。

正是伴随着社会主义协商民主不断发展，政党协商在理论上和实践中不断取得显著成就。在此背景下，习近平总书记在庆祝中国人民政治协商会议成立65周年大会上发表了重要讲话，全面而系统地解读了中国社会主义协商民主，其中在论及协商渠道时，习近平总书记强调，"要拓宽中国共产党、人民代表大会、人民政府、人民政协、民主党派、人民团体、基层组织、企事业单位、社会组织、各类智库等的协商渠道，深入开展政治协商、立法协商、行政协商、民主协商、社会协商、基层协商等多种协商"[2]。在这里，习近平总书记所提到的"中国共产党"、"民主党派"等"协商渠道"，深入开展"政治协商"、"民主协商"等多种协商形式，这一内容都是对政党协商的高度概括和理论指导。

在中共十八大、十八届三中全会对社会主义协商民主理论概括的基础上，更兼有习近平总书记对社会主义协商民主发展高屋建瓴的理论指导，中国社会主义协商民主理论和实践也迎来大繁荣大发展的美好时期。理论是时代的呼声。鉴于中共十八大以来，社会主义协商民主实践在纵向上已经涵盖国家层面协商、社会层面协商、基层层面协商、公民层面协商，在横向上已经包括政党协商、政府协商、人大协商、政协协商、社会组织协商、基层协商、人民团体协商。与此同时，社会主义协商民主理论概括和总结也层出不穷，社会主义协商民主学术研究也呈现出欣欣向荣的繁荣景象。伟大的实践

---

[1] 《十八大以来重要文献选编》（上），中央文献出版社2014年版，第528页。

[2] 习近平：《在庆祝中国人民政治协商会议成立65周年大会上的讲话》，人民出版社2014年版，第20页。

需要与之相配套的伟大的理论。为了更好地顺应社会主义协商民主大发展的时代要求，中共中央审时度势，于 2015 年 2 月 9 日印发了《关于加强社会主义协商民主建设的意见》，成为了指导社会主义协商民主建设的纲领性文件。在这一纲领性文件中，首次旗帜鲜明地提出了"政党协商"的概念。纵观这一社会主义协商民主建设的纲领文件，整个全文分成了九个部分，其中六个部分是分门别类对政党协商、人大协商、政府协商、政协协商、人民团体协商、基层协商六大协商渠道进行阐释，其中把"继续加强政党协商"放在六大比较成熟的协商渠道之首。在《关于加强社会主义协商民主建设的意见》正文中阐释"协商渠道"时，指出："继续重点加强政党协商、政府协商、政协协商，积极开展人大协商、人民团体协商、基层协商，逐步探索社会组织协商。"① 在这里也把政党协商放在了七大协商渠道的首位。随后，《关于加强社会主义协商民主建设的意见》专门以"继续加强政党协商"为题，对中国政党协商进行了全面而系统地规定。其中强调了中国政党协商的重要价值与作用，即："发挥中国特色社会主义政党制度优势，坚持长期共存、互相监督、肝胆相照、荣辱与共，加强中国共产党同民主党派的政治协商，搞好合作共事，巩固和发展和谐政党关系。"② 2020 年中共中央发布的《中国共产党统一战线工作条例》作为建党以来关于统战工作的第一部党内法规，专门对政党协商的总体要求、形式、内容做了详尽规定，而协商民主的其他六个渠道并未享此殊荣。可见，中国政党协商在整个社会主义协商民主建设中占据着举足轻重的重要地位和关键位置。

根据《关于加强社会主义协商民主建设的意见》这一社会主义协商民主建设的纲领性文件，鉴于中国政党协商在整个社会主义协商民主建设中重要地位和关键作用，为更好地贯彻落实中共中央印发的《关于加强社会主义协商民主建设的意见》，进一步加强中国政党协商，中共中央办公厅印发了《关于加强政党协商的实施意见》，这就为进一步加强中国政党协商建设

① 《关于加强社会主义协商民主建设的意见》，人民出版社 2015 年版，第 5 页。
② 《关于加强社会主义协商民主建设的意见》，人民出版社 2015 年版，第 5 页。

提供了更加明确、更加具体、更加实用的指导方案。在《关于加强政党协商的实施意见》中，首先开门见山地明确了中国政党协商的重要地位、内在本质、关键作用，即："政党协商是中国共产党领导的多党合作和政治协商制度的重要内容，是社会主义协商民主体系的重要组成部分，是中国共产党提高执政能力的重要途径。"① 随后，又首次一针见血地权威界定了政党协商的内涵，"政党协商是中国共产党同民主党派基于共同的政治目标，就党和国家重大方针政策和重要事务，在决策之前和决策实施之中，直接进行政治协商的重要民主形式。"② 在界定了政党协商的作用与内涵之后，《关于加强政党协商的实施意见》又对政党协商的内容、政党协商的形式、政党协商的程序、政党协商的保障机制、加强和完善党对政党协商的领导进行了分门别类地详细阐释。至此，这也就标志着中国政党协商的理论体系已经建立起来。作为协商民主的开路先锋，在后来陆续出台的一系列协商民主文件以及现今关于全过程人民民主的文件中不断得以制度化、规范化、程序化。

（二）政党协商的重要价值

中国政党协商在促进科学民主决策，尤其是推进国家治理体系和治理能力现代化中扮演着重要角色。在《关于加强政党协商的实施意见》中指出："政党协商在协调推进全面建成小康社会、全面深化改革、全面依法治国、全面从严治党战略布局中具有独特优势和作用。"③ 这就需要我们充分发挥政党协商的重要作用，从而通过政党协商有力推进五位一体的战略目标。

第一，解决发展不平衡、不协调问题从而实现科学发展。

发展是共产党执政兴国的第一要务，也是各民主党派参政议政的第一要务。这是共产党与民主党派的共同目标和任务。鉴于此，我国在取得了巨大的经济成就的同时，也造成了发展不平衡、不协调问题。针对此，通过和谐

---

① 《关于加强政党协商的实施意见》，载《人民日报》2015 年 12 月 11 日。

② 《关于加强政党协商的实施意见》，载《人民日报》2015 年 12 月 11 日。

③ 《关于加强政党协商的实施意见》，载《人民日报》2015 年 12 月 11 日。

政党关系可以有效地解决在发展过程中遇到的发展不平衡、不协调问题，一方面可以发挥共产党代表中国最广大人民的根本利益作用，统筹各方面财富与利益，真正解决地域、城乡、阶层间不平衡、不协调问题，实现科学发展；另一方面可以发挥民主党派参政议政、民主监督的职能，通过深入调查研究，为解决发展不平衡、不协调问题积极建言献策。可见，共产党与民主党派双向互动的和谐政党关系对于解决发展不平衡、不协调问题作用明显。

发展是共产党执政与民主党派参政的第一要务。当代中国和谐政党关系要把握发展这个根本任务，紧紧围绕经济建设这个中心，大力发展生产力，自觉服务于改革发展稳定的大局。可以说，能否促进社会生产力的持续发展既是和谐政党关系主要功能，也是衡量和谐政党关系首要标准。众所周知，共产党始终代表着中国先进生产力的发展要求，代表中国先进文化的前进方向，代表中国最广大人民的根本利益。因此，搞社会主义，一定要使生产力发达，贫穷不是社会主义，共产党就得有效解决中国的经济发展问题，始终坚持以经济建设为中心、大力发展生产力，鼓励一部分人、一部分地区先富起来，最终实现共同富裕。与此同时，各民主党派也务必坚持把促进发展作为团结奋斗的第一要务，紧紧围绕国家经济建设的中心工作，认真履行政治协商、参政议政、民主监督的职能，积极推进社会主义经济建设、政治建设、文化建设、社会建设、生态文明建设和党的建设。但是，在共产党与各民主党派共同努力取得巨大经济建设成就的同时，也造成了发展不平衡、不协调问题。这是我国经济发展过程中的副产品，如果这一不和谐因素处理不好，必然影响社会的稳定。

通过当代中国和谐政党关系解决发展不平衡、不协调问题。当前，面对发展不平衡、不协调问题，我们有必要充分发挥和谐政党关系的功能与优势，有力协调好地域、城乡、阶层间发展不均现状，从而通过和谐政党关系来带动整个经济社会协调发展。实际上，在经济发展到一定程度后，一定要充分重视缩小发展不协调现状，实现协调发展，这也是和谐政党关系发挥作用的着力点。和谐政党关系不仅能够推动经济快速发展，而且还能够促使地域、城乡、阶层间和谐共进。首先，作为工人阶级先锋队，同时也是中国人民与中华民族先锋队的共产党，务必要发挥和谐政党关系的独特优势，处理好日趋严重的发展不平衡、不协调问题，唯有做到此，才能真正代表中国最广大人民的根本利益，保持共产党的先进性。针对消除发展不平衡、不协调问题，共产党已经找到有效途径，那就是科学发展。通过科学发展可以有效地统筹城乡发展、区域发展、经济社会发展、人与自然和谐发展、国内发展和对外开放，统筹中央和地方关系，统筹个人利益和集体利益、局部利益和整体利益、当前利益和长远利益，充分调动各方面积极性。只有坚持科学发展、贯彻落实新发展理念，改革才能健康发展，发展不平衡、不协调问题才能得到有效地处理，这也是和谐政党关系的基本功能所在。

发挥民主党派在科学发展中的作用。在通过当代中国和谐政党关系来解决发展不平衡、不协调问题从而实现科学发展的过程中，民主党派与共产党在政治方向、根本利益、奋斗目标上具有一致性，同时，民主党派也有自己独特优势，这确保了其在解决贫富差距过大中独特的作用。主要表现在：一是深入调查研究，积极建言献策。各民主党派针对发展不平衡、不协调问题，开展考察调研，提出政策性建议。这些年来，先后就西部大开发、中部崛起、东北地区等老工业基地振兴，京津冀协调发展、长三角一体化、大湾区建设等区域协调发展战略，实施乡村振兴战略等问题进行考察调研，向中共中央、国务院提出意见建议，受到高度重视，许多意见和建议被采纳；二是打赢脱贫攻坚战，兴办公益事业。各民主党派充分发挥人才荟萃、智力密集的优势，为打赢脱贫攻坚战而积极开展各项活动。具体而言，各民主党派大力推动和实施定点扶贫、智力支边、光彩事业和"温暖工程"等活动，开展兴教办学、捐资救灾、扶危济困等公益事业，产生了良好的经济效益和社会效益；三是积极参与政治协商。近年来，围绕脱贫攻坚、共同富裕等议题，各民主党派积极参加人民政协同政府有关部门进行的专题协商会。比如，以推进脱贫攻坚与乡村振兴有效衔接等战略举措为主要议题的专题协商会，广开言路，集思广益，有力地促进了地域、城乡、阶层间贫富差距过大问题的解决。

第二，扩展有效政治参与渠道从而维护政治稳定。

通过当代中国和谐政党关系能够为新阶层提供政治参与的有效渠道和平台，从而疏导新兴阶层的政治参与热情。这就避免了无序政治参与可能造成的政治内耗与政局动荡。此外，当代中国和谐政党关系也能够在充分发挥民主党派作用基础上进一步巩固中国多党合作制度，从而避免政党相互倾轧造成政局不稳。

为新阶层提供政治参与渠道。改革开放以来，尤其是社会主义市场经济建立以后，我国基本经济制度、经济体制和产业结构发生了重大变化，从工人、农民、知识分子等各种群体中分化出来新兴社会阶层大量涌现。伴随着这些新阶层人士经济地位提高，他们政治参与热情也日益高涨。倘若这股政治参与热情得不到有效的疏导，就会影响到政治稳定。然而，和谐政党关系能够有效地疏导和利用新阶层的这股政治参与热情，从而确保政局稳定。这种和谐政党关系离不开共产党与民主党派内部和谐的巨大作用。一方面，通过共产党内部和谐来提供新阶层政治参与渠道。为了充分体现共产党的先进性与维护政局的稳定，我们寻求把新阶层吸收到共产党内部，让他们同工人阶级一道成为统治阶级，这样既解决了新阶层政治参与热情高涨问题，又为共产党内部注入了新的活力。这主要体现在党章中对共产党性质的修改，由以前"中国共产党是中国工人阶级的先锋队"修改为"中国共产党是中国工人阶级的先锋队，同时是中国人民和中华民族的先锋队，是中国特色社会主义事业的领导核心"。至此，共产党开启新阶层中先进分子加入共产党的大门。允许新阶层中先进分子加入共产党，既能使共产党具有更加广泛的代表性，实现共产党内部和谐，又能行之有效疏通新阶层政治参与热情，达到政治稳定。另一方面，民主党派内部和谐在扩展新阶层政治参与渠道方面也是至关重要的。仅从民主党派性质来看，民主党派是各自所联系的一部分社会主义劳动者、社会主义事业建设者和拥护社会主义爱国者的政治联盟，就可以知道，民主党派是新阶层利益的代言人和代表者。因此，我们可以充分利用民主党派独特优势，通过民主党派参政议政的渠道来反映和代表新阶层的利益要求，也可以直接把新阶层中的优秀分子发展到民主党派内部，通过人民代表大会或者人民政协等形式直接参与政权。如此一来，既可以满足了新兴阶层政治参与的愿望，充分发挥他们的积极作用，把他们引导到社会主义现代化的方向上来，又可以避免各种无序表达、强制表达等在体制外寻求支持而引起的政局动荡。这样也就畅通了利益表达渠道、扩大了政治参与方式、消除了影响政治稳定的不利因素，从而创造一个生动活泼、安定团结的政治局面。

为各民主党派提供政治参与的场所。当代中国和谐政党关系为民主党派提供了政治参与的场所，因而能够充分确保民主党派作用的发挥。这样一来，可以有效地提升民主党派参政能力，增强其政治参与成效。一是人民政协是各民主党派政治参与的重要机构。在人民政协的组织构成中，民主党派成员在各级政协委员、常务委员和政协领导成员中占有较大比例。各民主党派在政协的各种会议上以本党派名义发表意见，开展视察、提出提案、举报、反映社情民意以及参与调查和检查活动的权利得到充分尊重和保障。由此可见，人民政协为各民主党派提供了政治参与固定场所和渠道，通过人民政协可以充分发挥其参政议政、民主监督的作用；二是人民代表大会也是民主党派成员发挥作用的又一重要机构。民主党派成员在各级人大代表、人大常委会委员及专门委员会委员中，均占有一定数量。他们履行人民代表的职责，参与宪法、法律和地方性法规的制定和修改，参与选举、决定和罢免国家和政府领导人，参与审查和批准国民经济和社会发展计划和计划执行情况的报告、国家预算和预算执行情况的报告，反映人民意愿，提出议案和质询案，参与视察和执法检查工作，发挥了重要作用；三是民主党派成员担任政府和司法机关领导职务，可见，各级行政机关也是各民主党派政治参与重要内容。比如，"目前在最高人民法院、最高人民检察院和国务院部委办、直属局担任领导职务 14 人；全国 31 个省（自治区、直辖市）中，担任副省长（副主席、副市长）29 人，担任副市（州、盟、区）长 380 人"①。这些党外干部在各自岗位上尽职尽责、担当作为。

---

① 中华人民共和国国务院新闻办公室：《中国新型政党制度》，人民出版社 2021 年版，第 27 页。

避免政党相互倾轧造成政局不稳。中国共产党领导的多党合作和政治协商制度，既不同于西方两党制和多党制那种你上我下的权力争夺型的政党关系，也不同于一党制那种排除异己的权力垄断型的政党关系，而是一种通力合作、团结和谐的新型政党关系。各民主党派和无党派人士自觉接受中国共产党领导，与中国共产党亲密合作，共同致力于中国的革命、建设和改革事业，故此，形成了"共产党领导、多党派合作，共产党执政、多党派参政"基本特征。《中国新型政党制度》白皮书指出："这一政党制度把各个政党和无党派人士紧密团结起来、为着共同目标而奋斗，有效避免了一党缺乏监督或者多党轮流坐庄、恶性竞争的弊端。"① 所以，我们应该充分发挥和谐政党关系作用，巩固中国多党合作制度。在此基础上，共产党真诚同党外人士合作共事，努力实现科学执政、民主执政、依法执政。同时，各民主党派积极参加国家政权，参与国家大政方针和国家领导人选的协商，参与国家事务的管理，参与国家方针政策、法律法规的制定和执行，在国家社会政治生活中发挥着重要作用。

第三，化解社会利益矛盾冲突从而达到社会整合。

当代中国和谐政党关系是在顺应建设社会主义现代化强国要求下融入和谐理念的新型政党关系。这种和谐政党关系为多元利益诉求搭建了平台，从而有效把全体劳动人民的根本利益同一部分人的特殊利益相整合起来，既照顾到大多数人的利益，也反应少数人的特殊要求，使社会成员各得其所、各尽其才、各有其用，最终化解各种利益矛盾与冲突，实现社会整合。主要表现在以下两个方面：

为多元利益诉求搭建了平台从而化解利益矛盾与冲突。政党代表某个阶级、阶层或集团利益并为实现其利益而进行斗争的政治组织，是联系社会的纽带，是利益诉求和表达的渠道。与此同时，我们也可以通过政党来调节其所代表阶级、阶层或集团的利益诉求和矛盾，从而有效化解利益摩擦与冲

---

① 中华人民共和国国务院新闻办公室：《中国新型政党制度》，人民出版社2021年版，第19页。

突。针对当前中国社会所面临的各种各样利益矛盾与冲突，和谐政党关系可以有效地发挥其功能与优势，协调好各阶级、阶层或集团的利益矛盾与冲突，从而实现社会整合。随着改革开放日趋拓展和社会主义市场经济逐步完善，导致了社会利益格局的深刻调整，我国正处于矛盾凸显期，利益主体多元化，利益阶层复杂化，利益分配多样化，由此引发了许多利益矛盾与冲突。究其原因，利益矛盾乃至利益冲突的出现大多源于利益表达不畅与不公。因此，和谐政党关系为多元利益诉求搭建了平台，从而化解利益矛盾与冲突。首先要求共产党从代表最广大人民的根本利益出发，权为民所用、利为民所谋、情为民所系，加大利益整合力度，化解利益矛盾与冲突，做真正的社会利益整合者。针对当今社会利益分化状况，尤其是共产党内部利益变化这一现实，有必要发挥执政党内部和谐的功效，处理好日渐突出的社会矛盾与冲突。可以说，实现和谐政党关系的过程最主要就是共产党不断处理和解决利益矛盾与冲突的过程。此外，民主党派在实现和谐政党关系的过程中要与共产党保持一致，发挥其利益协调的安全阀功能，充分反映多元化利益主体要求，又为新兴阶层提供政治参与的有效渠道，通过民主党派自身特点和优势来解决利益矛盾，整合社会利益。

能够实现共同利益与特殊利益有效整合。面对共同利益与特殊利益矛盾时，我们应该坚持维护国家和人民的根本利益，同时还要照顾各个利益阶层与利益集团的具体利益。和谐政党关系的一个重要功能，就是反映、协调和整合利益诉求，化解各种利益矛盾与冲突，从而实现共同利益与特殊利益有效整合。这种整合包括两个层次：第一个层次是代表最广大人民利益的共产党与代表一部分特殊利益的各民主党派间有效整合。实行两党制和多党制的国家，由于各党派不可调和的利益冲突，无论哪个政党上台执政，都不可能代表全体人民的意愿和利益。在我国，中国共产党始终代表最广大人民的根本利益，民主党派反映和代表各自所联系群众的具体利益和要求，都把建设富强民主文明和谐美丽的社会主义现代化强国作为最大政治共识。另外，在同民主党派合作中，共产党始终坚持照顾同盟者的具体利益，通过制定方针政策、法律法规和相应措施，保障他们及所联系群众的权益，并通过民主协商的形式最广泛地听取社会各方面的意见愿望，最大限度地满足社会各方面的利益诉求；第二个层次是实现整体利益与特殊利益群体间有效整合。当前，无论是个人还是各个阶层的利益诉求变得日趋多样化，这些多元化的特殊利益群体同人民群众的整体利益之间的纽带变得日渐多层次化，而且人民群众的整体利益也变得错综复杂起来。这就使个人利益、局部利益与人民群众的整体利益经常涌现出不和谐音符。倘若这种整体利益与特殊利益处理不好，就必定会导致利益矛盾与冲突。当代中国和谐政党关系可以为整体利益与特殊利益架起沟通的桥梁，尤其是通过民主党派重要作用的发挥，有效地化解利益矛盾与冲突，实现利益的整合。如果各种不同利益群体没有通畅的表达渠道，没有反映、代表和表达他们利益的政治措施，就可能导致各种利益自发表达和无序表达，甚至是强制表达，从而埋下社会不稳定因素，倘若处理不当将有可能酿成社会动乱。就如洪水来临，唯有开闸泄水，才能标本兼治。通过和谐政党关系，实际上就起到了开闸泄水的作用，最终实现共同整体利益与特殊利益群体间有效整合。一言以蔽之，当代中国和谐政党关系是化解利益矛盾与冲突，实现社会整合的一把金钥匙。

第四，发挥民主党派监督作用从而遏制腐败现象。

绝对的权力导致绝对腐败，"一切有权力的人都容易滥用权力，这是万古不易的一条经验"[1]，欲杜绝权力腐败的最可行办法就是监督和制约权力，给权力戴上紧箍咒。同样，执政党权力也必须受到监督，否则不受监督的执政党权力必将走向腐败。在中国，共产党是我国的执政党，永久地掌握国家权力，所以权力监督主要是监督共产党权力。只有充分监督共产党权力，才能消除共产党自身腐败问题。在这一过程中，和谐政党关系发挥着不可或缺的作用。当前，共产党内部确实存在着不可小视的贪污腐败现象，这严重损害了人民群众的根本利益，倘若处理不善，可能会激化社会矛盾，给社会和谐带来消极影响，甚至可能危害到政局稳定。面对这种情况，通过共产党与各民主党派互相监督，主要是通过民主党派监督共产

---

[1] ［法］孟德斯鸠：《论法的精神》（上），张雁深译，商务印书馆 2005 年版，第 184 页。

党权力，可以避免由于缺乏监督而导致的种种弊端。各民主党派反映和代表着各自所联系群众的具体利益和要求，能够反映社会上多方面的意见和建议，能够提供一种共产党自身监督之外的监督，这有利于共产党决策的科学化、民主化，更加自觉地抵制和克服官僚主义和各种消极腐败现象，加强和改进共产党的工作。

确立民主党派参政的合法性进而监督共产党权力运行。共产党执政具有充分合法性，同时，各民主党派参政也具有充分合法性，这是民主党派监督共产党权力运行的前提。实际上，民主党派参政地位合法性主要基于两个层面：一方面源于自身历史贡献所得人民群众的支持与认可。早在抗日战争时期，民主党派就作出了重要历史贡献。尤其在中共中央发出"纪念五一节口号"之后，各民主党派积极响应，为新中国成立作出不可磨灭的历史贡献。因此，民主党派取得应有的参政地位。新中国成立七十多年来，民主党派作为参政党存在，参加国家政权，参与国家大政方针和国家领导人选的协商，参与国家事务的管理，参与国家方针、政策、法律、法规的制定执行，与共产党一道风雨同舟、荣辱与共，取得举世公认的成就。历史铭记了民主党派的贡献，人民见证了民主党派的贡献，可以断定，民主党派的参政党地位当之无愧。另一方面来自正式的法律文本的规定。1989 年 12 月，中共中央颁布了《关于坚持和完善中国共产党领导的多党合作和政治协商制度的意见》，标志着多党合作进入程序化、规范化和制度化的发展阶段，开始提出民主党派参政的合法性问题。之后，1993 年 3 月第八届全国人民代表大会第一次会议通过《中华人民共和国宪法修正案》，就把"中国共产党领导的多党合作和政治协商制度将长期存在和发展"写入序言，以宪法的高度规定了多党合作，规定了民主党派参政的合法性。在此基础上，《关于进一步加强中国共产党领导的多党合作和政治协商制度的意见》的颁布和《中国新型政党制度》白皮书的发表，更是进一步巩固了民主党派参政的合法性。可见，民主党派参政具有充分的合法性，这就从法制的层面保证了民主党派对共产党权力运行的监督。

强化民主党派的监督力度进而钳制共产党腐败现象。政党间的监督和制约是政党功能中一个不可或缺的方面，无论哪一种类型下的政党关系，都离不开权力的监督和制约问题。政党间监督和制约权力的方式各有不同：一种是对抗型权力监督。这是一种刚性监督机制，政党间关系是竞争性的；另一种是合作型权力监督。这是一种柔性监督机制，政党间关系是协商性的。在和谐政党关系下的政党监督就是一种柔性监督机制，这种监督既能提供单靠共产党自身难以提供的监督，又是人民监督的深度拓展。民主党派对共产党的监督是一种协商式监督。它是建立在通力合作、团结和谐的新型政党关系上，通过对共产党提意见和建议的方式实行的一种柔性监督。通过强化各民主党派的监督能够有效钳制和克服官僚主义及其各种消极腐败现象，从而保证共产党权力的合理运行，遏制共产党内部腐败问题，防范共产党滥用权力，做到执政为民。

拓展民主党派监督领域进而克服共产党不良作风。由于我国特殊国情决定了政党监督主要是民主党派监督共产党。因为共产党是执政党，最有可能产生权力腐败，加强监督是避免腐败的一项重要保证。实际上，民主党派的民主监督是一种党派性的异体监督，具有较强的科学性、客观性、广泛性以及一定的权威性。在共产党的整个监督体系中，民主党派的监督对于加强和改善共产党的领导，健全社会主义监督体系，惩治腐败，克服不良作风都有着重要而独特的作用。民主党派的监督是通过提出意见、批评、建议的方式进行的政治监督，是我国社会主义监督体系的重要组成部分。其中，民主党派民主监督的内容是：国家宪法和法律法规的实施情况；中国共产党和政府重要方针政策的制定和贯彻执行情况；中国共产党各级党委的工作和中共党员领导干部履行职责、为政清廉等方面的情况。可以说，通过拓展民主党派监督领域，对于克服不良作风有着重要而独特的作用。

（三）政党协商的运行机制

中国政党协商是中国协商民主里面实践最为久远的协商渠道。早在中国共产党领导的多党合作和政治协商制度建立之前，政党间的协商就已经存在。中国政党协商在长期的实践过程中积累了丰富的经验，经过历史的选择逐渐形成了固定的协商形式，同时这些协商形式在运行过程中也形成了规范有序的机制。

第一，会议协商的形式与程序。

中国共产党和各民主党派在多党合作的长期过程中，形成了一系列政党协商的形式，其中最为主要的形式就是会议协商。通过会议为代表最广大人民群众根本利益的中国共产党同代表部分特殊阶层和群体利益的各民主党派间搭建起平等、公开、理性协商的平台，从而最大程度上确保党和国家重大方针政策既能代表人民群众的根本利益，同时能够考虑全社会各个层面的利益要求，找到最大公约数。

中国共产党和各民主党派之间的会议协商形式主要包括以下几类：一是专题协商座谈会。由中共中央主要负责同志主持召开，就党和国家重要方针政策、事关全局的重大问题进行协商。二是人事协商座谈会。由中共中央负责同志主持召开，就重要人事安排在酝酿阶段进行协商。三是调研协商座谈会。由中共中央负责同志主持召开，主要就民主党派中央的重点考察调研成果及建议进行协商，邀请有关部门参加。四是其他协商座谈会。由中共中央负责同志或委托中共中央统战部主持召开，通报重要情况，听取意见建议。①

中国政党之间长期的会议协商过程，逐步形成了固定的会议协商程序。一是在协商会议前，做好充分的议题准备，做到有的放矢。每年年初，中共中央办公厅会同中共中央统战部等部门，在广泛听取民主党派中央意见建议的基础上，研究提出全年会议协商计划，确定议题、时间、参加范围等，报中共中央政治局常委会审议通过后，通报民主党派中央。二是会议协商前，中国共产党和各民主党派都就拟定议题进行认真的调研和系统的准备。中共中央办公厅会同中共中央统战部，根据全年协商计划制定具体工作方案并组织实施。每次会前，一般提前告知民主党派中央；有关部门一般提供文件

---

① 《关于加强政党协商的实施意见》，载《人民日报》2015 年 12 月 11 日。

稿；民主党派中央集体研究准备意见建议。三是会议协商过程按照严格的协商程序按部就班进行，各民主党派都要真正做到知无不言、言无不尽，中共中央负责同志就有关议题也要做出正面回应和说明，并同各民主党派负责人进行交流讨论，就相关会议协商议题达成最大共识①。

第二，约谈协商的形式与程序。

除了会议协商这一主要政党协商形式之外，中国共产党和各民主党派在长期合作过程中也形成了约谈协商的又一行之有效的政党协商形式。当然，相对于会议协商这种比较正式的政党协商形式而言，约谈协商显得更加柔性、更加随机。

在约谈协商长期发展过程中，逐步形成了以下两种形式：一是中共中央负责同志或委托中共中央统战部，不定期邀请民主党派中央负责同志就共同关心的问题开展小范围谈心活动，沟通情况、交换意见；二是民主党派中央主要负责同志可约请中共中央负责同志个别交谈，就经济社会发展以及参政党自身建设等重要问题反映情况、沟通思想。经过约谈协商经验的逐步积累，当前形成的约谈协商的程序主要有：一方面中共中央负责同志提出的约谈，应将相关信息提前告知有关民主党派中央主要负责同志，可根据需要由中共中央办公厅或中共中央统战部负责落实；另一方面民主党派中央主要负责同志提出的约谈，可由中共中央统战部报中共中央，并协助中共中央办公厅落实。②

正是政党协商里面的这种柔性约谈协商形式，更加丰富了政党协商的手段和途径，让中国共产党和各民主党派之间协商更加灵活而多样。

第三，书面协商的形式与程序。

在长期而丰富的政党协商实践中，积累了多种多样的协商形式，除了会议协商和约谈协商这种面对面的协商形式外，中国共产党和各民主党派还探索除了书面协商这一不用面对面就能完成的政党协商新创举。书面协商进一

① 《关于加强政党协商的实施意见》，载《人民日报》2015年12月11日。
② 《关于加强政党协商的实施意见》，载《人民日报》2015年12月11日。

步丰富了政党协商的形式，超出了协商场所、协商时间、协商主体等方面的限制，让协商民主的形式更加宽泛和无所不包。在中国共产党与各民主党派长期书面协商实践中，形成了以下两种比较成熟的做法：一是中共中央就有关重要文件、重要事项书面征求民主党派中央的意见建议，民主党派中央以书面形式反馈；二是民主党派中央以调研报告、建议等形式直接向中共中央提出意见和建议。民主党派中央负责同志可以个人名义向中共中央和国务院直接反映情况、提出建议。

如此一来，借助于中国共产党与各民主党派之间的书面协商，让协商民主可以打破时空限制，充分拓展了协商民主时间和空间，从而使协商民主无处不在、无时不有成为了可能。

（四）加强政党协商机制建设

中国政党协商经历了长期而丰富的实践发展，在提升执政党决策科学性、推进国家治理现代化、实现社会和谐稳定方面都展现出了重要的内在价值。中国政党协商也形成了一些行之有效的运行形势并且在中国民主政治生活中扮演越来越重要的角色。时代的发展和形势的要求，让我们看到中国政党协商取得的成绩的同时，还迫切需要进一步加强政党协商保障机制建设，为中国政党协商大发展大繁荣保驾护航。

第一，加强和完善党对政党协商的领导。

中国共产党是执政党，中国共产党带领广大人民群众取得了革命、建设、改革的伟大胜利，人民衷心拥护中国共产党的执政地位，这一执政地位是历史的选择、人民的选择。中国政党制度也是中国共产党领导的多党合作和政治协商制度，也就是说无论是多党合作还是政治协商，这两个制度的首要前提就是中国共产党的领导。共产党领导、多党派合作，共产党执政、多党派参政构成了中国政党制度的显著特征。故此，中国共产党与各民主党派长期合作过程中所形成的政党协商也要始终坚持中国共产党的领导。"坚持中国共产党的领导是中国新型政党制度的鲜明特征和重要内容，也是多党合作事业健康发展的首要前提和根本保证。"① 这就为中国政党协商指明了正确发展方向，唯有沿着中国共产党制定的道路发展，中国政党协商才能有前途。

当然，在发展中国政党协商过程中始终坚持中国共产党领导的前提下，中国共产党还要肩负起不断加强和完善政党协商的领导责任。《关于加强政党协商的实施意见》强调："各级党委要切实加强领导，把握正确方向，充分发扬民主，广泛集智聚力，确保政党协商规范有序、务实高效、充满活力。"② 这就要求作为执政党的中国共产党高度重视政党协商的建设工作，引领政党协商的前进方向。同时，各级党委要把政党协商放入重要的议事日程，在决策前和决策过程中，高度重视通过政党协商所提供的协商渠道，让各项决策更加科学化民主化。此外，中国共产党还要从制度上充分保证政治协商所取得的成果能够落地，不断推进政党协商朝着制度化法制化发展。

第二，加强政党协商保障机制建设，营造宽松和谐协商氛围。

中国政党协商作用持续发挥，需要加强政党协商保障机制建设，从制度上保证政党协商长期有效地运行。经过中国政党协商长期的实践发展，我们需要在以下三个方面着手加强政党协商保障机制建设：一是健全知情明政机制，有关部门定期提供相关材料，组织专题报告会，协助民主党派优化考察调研选题；二是加强政府有关部门、司法机关与民主党派的联系，视情邀请民主党派列席有关会议、参加专项调研和检查督导工作；三是完善协商反馈机制，中共中央将协商意见交付有关部门办理，有关部门及时反馈落实情况。③ 唯有建立起政党协商有效保障机制，才能使政党协商更加制度化规范化程序化，从而使政党协商的成果真正脚踏实地的落到实处。

在加强政党协商保障机制建设过程本身，也是营造宽松和谐协商氛围的过程。为了更好更大发挥政党协商作用与效果，处于执政党地位的中国共产党要模范带头，尤其是各级领导干部要带头发扬协商民主作风，真正让"有

---

① 《关于加强政党协商的实施意见》，载《人民日报》2015 年 12 月 11 日。

② 　国务院新闻办公室：《中国新型政党制度》，人民出版社 2021 年版，第 15—16 页。

③ 《关于加强社会主义协商民主建设的意见》，人民出版社 2015 年版，第 6—7 页。

事多协商、遇事多协商、做事多协商"蔚然成风。各级党委在决策过程中，不仅要在领导干部之间提倡在协商中交流沟通，允许各种不同意见在讨论与妥协中交融互鉴，从而使党的各项决策都能最大的凝聚共识，还要同党外人士，尤其是同各民主党派负责人始终坚持真诚和务实的协商，真正形成知无不言、言无不尽的协商氛围。

第三，加强协商能力建设。

政党协商的舞台搭建起来了，各方面的后勤保障也逐渐高枕无忧。接下来就需要参与政党协商的主体练好内功。"台上三分钟，台下十年功"。中国共产党和各民主党派需要不断加强协商能力建设，平时就要练好政党协商的硬功夫。具有先锋队性质的中国共产党要处处模范带头，在加强协商能力建设方面，中国共产党也要走在前列。各级党委要积极组织政党协商方法学习和培训，确保各级领导干部强化政党协商意识和习惯。与此同时，中国共产党还要大力"支持民主党派加强协商能力建设"①。发挥政党协商的最大优势，不是中国共产党的独角戏，而是中国共产党和各民主党派共同参与其中的对台戏。有了中国共产党的支持与帮助，各民主党派要练好政党协商的硬功夫，无愧于政党协商所提供的这一展身手的大舞台，为实现中华民族伟大复兴的中国梦而贡献智慧力量。

---

① 《关于加强社会主义协商民主建设的意见》，人民出版社 2015 年版，第 7 页。

第四章　人民政协在中国协商民主发展中的示范引领

人民政协是中国革命、建设和改革中逐步形成和不断发展的政治组织，既符合中国国情又独具中国特色。中国协商民主源自人民政协协商民主，人民政协协商民主发展过程也就是中国协商民主的形成过程。人民政协是社会主义协商民主的重要渠道和专门协商机构。人民政协协商民主在中国的协商民主中处于核心地位，构成了中国协商民主理论与实践的根基。因此，抓住了人民政协协商民主，就抓住了中国协商民主的灵魂。人民政协就是社会主义协商民主这一特有形式和独特优势的专门协商机构。正是有了人民政协协商民主的模式示范与制度引领，协商民主才不断拓展，逐步形成了独具中国特色的社会主义民主协商制度。

一、人民政协是中国协商民主的专门协商机构

人民政协是中国革命、建设和改革中逐步形成和不断发展的政治组织，既符合中国国情又独具中国特色。社会主义协商民主在某种意义上而言，主要指的是人民政协协商民主。随着中国经济社会逐步发展，人民政协协商民主广泛渗透到国家政治社会生活中，并且不断丰富和发展，在社会主义协商民主中发挥着重要渠道作用。2019 年，中共中央召开了中国共产党百年历史上首次中央政协工作会议，标志着中国共产党关于社会主义协商民主理论体系正式确立。2021 年 11 月 11 日，中国共产党第十九届中央委员会第六

次全体会议通过的《中共中央关于党的百年奋斗重大成就和历史经验的决议》指出："加强人民政协专门协商机构制度建设，推进社会主义协商民主广泛多层制度化发展，形成中国特色协商民主体系。"[①]社会主义协商民主被载入历史决议，成为党的百年奋斗的重要民主成就。这就说明了，人民政协在社会主义协商民主中担当着至关重要的角色。所以，我们要高度重视人民政协在进一步健全社会主义协商民主制度过程中的重要作用。

（一）人民政协与中国协商民主的内在逻辑

众所周知，人民政协是中国革命、建设和改革中逐步形成和不断发展的政治组织，既符合中国国情又独具中国特色。当然，人民政协不是国家权力机关，因而不具有人民代表大会那样的立法权、任命权和监督权；人民政协也不是国家行政机关，因而不负责管理国家的具体事务。人民政协作为统一战线的组织、多党合作和政治协商的机构、人民民主的重要实现形式，是社会主义协商民主的重要渠道和专门协商机构，是国家治理体系的重要组成部分，是具有中国特色的制度安排。因此，"要发挥好人民政协专门协商机构作用，把协商民主贯穿履行职能全过程"[②]，人民政协具有履行政治协商、民主监督、参政议政、凝聚共识的职能，故此，人民政协能够在政治上拥有最广泛的包容性，这样一来，就有利于反映社会各阶层和群体的利益诉求，也有利于体察民情、汇集民意、有效协商、科学决策，进而实现政局稳定、社会整合。习近平总书记在庆祝中国人民政治协商会议成立65周年大会上的讲话中指出："社会主义协商民主，应该是实实在在的、而不是做样子的，应该是全方位的、而不是局限在某个方面的，应该是全国上上下下都要做

---

① 《中共中央关于党的百年奋斗重大成就和历史经验的决议》，人民出版社2021年版，第40页。

② 《习近平谈治国理政》第3卷，外文出版社2020年版，第293页。

的、而不是局限在某一级的。"①这就充分说明了，人民政协在当代中国政治体制中占据着重要地位。

关于社会主义协商民主的定义，按照官方对于中共十八大报告所提出的"健全社会主义协商民主制度"的译法为"improving the system of socialist consultative democracy"。由此可见，社会主义协商民主强调的是"consultative democracy"，而就西方协商民主而言，对"协商民主"的英文表述为"deliberative democracy"。这就充分说明了，社会主义协商民主与西方协商民主是两个本质不同的民主形式。毋庸置疑，社会主义协商民主是植根于中国国情而又独具中国特色的最初依托人民政协存在，并且在政治实践中不断丰富拓展的社会主义民主的重要形式。社会主义协商民主主要包括两个层面：一方面，社会主义协商民主是我国人民民主的重要形式。在中国，人民代表大会制度与中国共产党领导的多党合作和政治协商制度，有着相辅相成的作用。人民通过选举、投票行使权利和人民内部各方面在作出重大决策之前进行充分协商，尽可能取得一致意见，是社会主义民主的两种重要形式。选举民主与协商民主相结合，拓展了社会主义民主的深度和广度。另一方面，人民政协构成了社会主义协商民主的重要渠道。当前，人民政协的协商民主形式已经广泛渗透到国家政治社会生活中，而且在不断丰富和发展，其中，比较有代表性的就是形成了国家政权机关协商民主、党派团体协商民主、基层民主协商的社会主义协商民主的新形式。习近平总书记在中央政协工作会议上指出："人民政协在协商中促进广泛团结、推进多党合作、实践人民民主，既秉承历史传统，又反映时代特征，充分体现了我国社会主义民主有事多商量、遇事多商量、做事多商量的特点和优势。"②也就是说，人民政协已经融入中国协商民主的发展大局，其人民民主的性质定位可以在协商民主中得以顺利体现，从而在一定程度上扩充了人民政协作为专门协商机构的总体内涵。

---

① 习近平：《在庆祝中国人民政治协商会议成立 65 周年大会上的讲话》，人民出版社 2014 年版，第 19 页。

② 《习近平谈治国理政》第 3 卷，外文出版社 2020 年版，第 295 页。

显然，社会主义协商民主从某种意义上而言，主要指人民政协协商民主。进一步讲，协商民主随着中国社会的不断发展也在不断丰富和发展。其中比较有代表性的就是形成了基层民主协商的社会主义协商民主新形式。根据社会主义协商民主这一界定可知，人民政协协商民主构成了社会主义协商民主的核心。理所当然，人民政协不仅是专门协商机构，也构成了社会主义协商民主的重要渠道。

（二）人民政协是中国协商民主的独特优势

人民政协与社会主义协商民主是紧密相连、命运与共的，讲社会主义协商民主不能不讲人民政协，一部人民政协发展的历史就是一部不断推进社会主义协商民主发展的历史，人民政协承载和展示了社会主义协商民主，人民政协是我国社会主义协商民主的重要渠道和专门协商机构，在推进我国社会主义协商民主建设中具有独特优势。

人民政协是我国社会主义协商民主的重要渠道。这句话有两层重要含义，一是人民政协是我国社会主义协商民主的重要渠道。人民政协是最广泛的爱国统一战线的组织，根据实际需要设若干界别，能广泛反映社会各界群众的意见，同时人民政协属于中国共产党领导的多党合作和政治协商这一基本政治制度的范畴，具有政治上的巨大包容性，所以能够实现最广泛的大团结、大联合。二是人民政协不是我国社会主义协商民主的唯一渠道，社会主义协商民主的渠道是多种多样的。社会主义协商民主横向上不断朝着党委协商、人大协商、政府协商、政协协商拓展，纵向上不断朝着社会协商、人民团体协商、基层协商、公民协商拓展，社会主义协商民主体系将会更加合理完整，向着广泛多层制度化方向发展，同时，人民政协作为我国社会主义协商民主体系中的重要组成部分和重要渠道将发挥着更加重要的作用。

人民政协是我国社会主义协商民主的专门协商机构。这句话也有两层重要含义，一是人民政协是我国社会主义协商民主的专门机构，"专门"指的是特有的或独有的，我国政治架构的四大班子中，只有人民政协是专事社会主义协商民主的专门协商机构，并且社会主义协商民主是中国社会主义民主政治的特有形式和独特优势，那么，人民政协就是中国社会主义民主政治中社会主义协商民主这一特有形式和独特优势的特有的和独特的协商机构。二是人民政协是我国社会主义协商民主的协商机构。四大班子中，中国共产党是领导核心，人民代表大会是权力机构，政府是国家权力机关的执行机关，而人民政协是专门的协商机构，不是权力机关，不是决策机关，只是行使政治协商、民主监督、参政议政主要职能的专门协商机构。

人民政协是我国社会主义协商民主的独特优势。这句话同样有两层重要含义，一是人民政协具有我国其他协商民主形式所不具有的独特优势。人民政协具有参与主体优势，人民政协是最广泛的爱国统一战线的组织，现有 34 个界别，每一个界别联系着一个群体，能够广泛反映社会各界群众的意见，保证人民当家作主的真实性和广泛性。人民政协具有制度优势，中国共产党领导的多党合作和政治协商制度是被我国写入宪法的一项基本政治制度，这为人民政协更好地履行政治协商、民主监督、参政议政的职能提供了宪法和制度保障。人民政协具有专门协商机构优势，我国政治架构中的四大班子（党委、人大、政府、政协）都将协商民主贯穿其中，唯独政协协商具有人民政协这一专门协商机构，有其自身运行的一套完善组织架构与机制，并且将人民政协定位为专门协商机构，标志着新时代人民政协制度更加定型、更加成熟。二是人民政协具有西方协商民主所不具有的独特优势。政协协商民主与人大选举民主协同发展，二者相互补充，在一定程度上可以弥补选举民主只能在决策之前对不同意见进行选择而无法参与决策全过程的不足，也可以在一定程度上弥补西方选举民主忽视少数特殊群体利益诉求的弊端，更好地统筹兼顾人民群众多方利益诉求，真正实现其内在价值追求。

（三）人民政协专门协商机构在中国协商民主中的独特作用

人民政协作为专门协商机构，也有着无与伦比的独特优势，在社会主义协商民主体系中，拥有专门协商机构保驾护航的政协协商，是最有代表性、最具内在优势的协商渠道。正是有了人民政协为社会主义协商民主提供专门场所,才能从根本上为社会主义协商民主有效运行提供可靠的组织保障。倘若离开了人民政协,社会主义协商民主也就无从谈起。

第一,人民政协为共产党与民主党派间协商搭建了桥梁。人民政协作为共产党领导的各个党派、团体、各民族、各个阶层以及社会各界人士代表的大团结和大联合的组织,充分提供了共产党与民主党派间协商的渠道。鉴于此,我们对人民政协历届全国政协委员进行了统计,如下表4—1所示:

表4—1 历届全国政协委员统计表

届别	总人数	中国共产党		党外人士	
		人数	比例(%)	人数	比例(%)
一届	180	59	32.8	121	67.2
二届	559	150	26.8	409	73.2
三届	1071	378	35.3	693	64.7
四届	1199	502	41.9	697	58.1
五届	1988	972	48.9	1016	51.1
六届	2039	817	40.0	1223	60.0
七届	2083	834	40.0	1249	60.0
八届	2093	833	39.8	1260	60.2
九届	2196	877	39.9	1319	60.1
十届	2238	895	40.0	1343	60.0
十一届	2237	892	39.9	1345	60.1
十二届	2237	892	39.9	1345	60.1
十三届	2158	859	39.8	1299	60.2

资料来源:根据《人民日报》、《新华网》相关资料整理而成。

从表4—1中可以清楚地看到,共产党与党外人士(由各民主党派与无党派组成)在人民政协中分别占据着重要数量,尤其是由以民主党派为主构成的党外人士在人民政协中占据了多数。当然,这为共产党与民主党派间进行充分政治协商搭建了良好的协商桥梁。可以说,在人民政协中民主党派具有无可比拟的重要地位。对此,《中共中央关于进一步加强中国共产党领导的多党合作和政治协商制度建设的意见》作出了明确的规定:"充分发挥民主党派和无党派人士在人民政协中的作用。要保证民主党派可以以本党派的名义在政协大会上发表意见和主张，可以提出代表本党派组织的提案，可以自主开展调查研究等活动。要保证民主党派成员和无党派人士等在各级政协中占有较大比例。"① 这充分说明了民主党派在人民政协中举足轻重的位置。

人民政协为共产党与民主党派间有效协商提供了有利场所。人民政协高举爱国主义的旗帜，围绕团结和民主两大主题，切实履行政治协商、民主监督、参政议政的职能。毋庸置疑，在我国唯有人民政协为共产党与民主党派间有效政治协商提供了重要的组织保障。对此，《中共中央关于加强人民政协工作的意见》中指出："人民政协是中国共产党领导的各党派、各团体、各民族、各阶层大团结大联合的组织。"② 显而易见，人民政协为共产党与民主党派间高效政治协商搭建了桥梁，是实现社会主义协商民主制度有效运行的必不可少的机构。所以，在健全社会主义协商民主制度过程中，我们应该高度重视人民政协不仅是共产党与民主党派间协商的重要桥梁，而且还是整个社会主义协商民主的重要渠道。

第二，人民政协为人民群众根本利益与社会各阶层特殊利益协商提供了平台。人民政协就人民群众最关心的问题，能够上达中央，下通各界，反映民情，表达民意，同中国共产党进行有效利益协商。

中国共产党是中国特色社会主义事业的领导核心，自始至终都代表着中国先进生产力的发展要求和中国最广大人民的根本利益，并且以全心全意为人民服务为根本宗旨。这就足以说明，共产党具有无与伦比的先进性与十分广泛的社会基础，从而在本质上能始终充分地代表广大人民群众的根本利益。显然，共产党的本质就是要坚持把人民群众的根本利益作为出发点和最终归宿，充分发挥人民群众的积极性与创造性。不仅如此，中国共产党始终把人民群众的利益作为最高利益，而且共产党自身没有特殊的利益。由于共

---

① 《人民政协重要文献选编》（下），中国文史出版社、中央文献出版社 2009 年版，第 764 页。

② 《人民政协重要文献选编》（下），中国文史出版社、中央文献出版社 2009 年版，第 793—794 页。

产党自身性质的先进性,加之共产党在长期革命、建设和改革中形成的一切为了群众、一切依靠群众,从群众中来、到群众中去的群众路线。与此同时,民主党派与所代表社会阶层和群体之间也进行了良好的沟通。人民政协作为共产党和各民主党派、无党派人士以及社会各界所联系的一部分社会主义劳动者、社会主义事业建设者和拥护社会主义爱国者的广泛政治联盟,具备进步性与广泛性相统一的优越特点,同中国共产党通力合作,参政议政,并致力于中国特色社会主义事业。这一性质决定了民主党派、无党派人士以及社会各个阶层能够同其代表社会阶层与群体之间实现良好的信息沟通与政治协商。实际上,我国的八大民主党派,每个民主党派都能够反映和代表特定社会阶层与群体的建议意见和利益诉求。正因为人民政协广泛的社会基础,代表各方面社会阶层和群体的意见和利益。也正是因为人民政协自身的进步性与广泛性相统一,才能保证为人民群众根本利益和社会各阶层特殊利益提供良好渠道。

人民政协为共产党与民主党派、无党派人士以及社会各界所代表的社会各阶层和群体间利益协调提供了良好的协商平台。这样,共产党与民主党派和各方面人民团体都能够与其所代表的阶层实现高效的政治协商。当然,共产党与民主党派间也要建立良好信息沟通机制,唯有做到此,才能最终实现进而协调更多利益诉求。因为,共产党与民主党派以及各人民团体之间良好的信息沟通机制是通过人民政协所提供的政治协商来实现的。关于共产党与民主党派之间的政治协商,在《中国人民政治协商会议章程》、《中共中央关于进一步加强中国共产党领导的多党合作和政治协商制度建设的意见》、《中国的政党制度》白皮书、《中国新型政党制度》中,都进行了明晰的规定。具体而言,共产党同各民主党派进行政治协商,主要采取民主协商会、小范围谈心会、座谈会等形式。除会议协商外,民主党派可向中共中央提出书面建议。不仅如此,对于共产党与民主党派政治协商的具体内容、主要程序、主要形式都有明确而详细的规定。这就确保了共产党与民主党派之间能够形成良好信息沟通机制。

正是通过人民政协所提供的优越平台为共产党与民主党派间实现高效的

政治协商，从而实现人民群众根本利益与社会各阶层特殊利益的协调。伴随着社会主义市场经济的深入发展与中国社会的不断转型，导致社会生活方式和经济利益多样化，大量新阶层不断涌现，利益表达要求日趋增多。如何统筹兼顾、积极稳妥地处理好各方面的利益诉求，这就对社会主义协商民主提出了更高的要求。当然，如果处理不好这些利益诉求势必影响中国社会发展的稳定大局。正是因为人民政协通过这种协商民主所提供的信息沟通机制，从而实现了共产党与民主党派同各自所代表阶层的多种利益得到协调。由此可见，人民政协为共产党与民主党派间相互协商所提供的平台对于中国社会全方位发展发挥着积极作用。正是有了协商民主这种共产党与民主党派以及各人民团体间的良好沟通机制，才能把不同利益群体的利益诉求导向正确表达渠道，解决新时期由于社会结构转型所引起的各个不同社会阶层的利益差别，实现这些社会阶层与人民群众的根本利益相互一致，进而保证了社会整合与政局稳定。

第三，人民政协协商民主为党和国家科学民主决策提供了场所，这是作为社会主义协商民主重要渠道的人民政协作用的重要体现。人民政协为中国民主政治发展提供了科学的协商民主形式，其最终目的还是实现党和国家科学民主决策。对此，《中共中央关于进一步加强中国共产党领导的多党合作和政治协商制度建设的意见》，就对人民政协协商民主在科学民主决策中的重要作用进行了阐述："政治协商是中国共产党领导的多党合作和政治协商制度的重要组成部分，是实行科学民主决策的重要环节，是中国共产党提高执政能力的重要途径。把政治协商纳入决策程序，就重大问题在决策前和决策执行中进行协商，是政治协商的重要原则。"① 这充分说明了人民政协协商民主在科学民主决策中的重要地位和独特作用。

当然，通过人民政协协商民主可以弥补单一多数通过的决策机制所具有的缺陷，从而实现多数人的意愿与少数人的合理要求的共赢。故此，这种民

---

① 《人民政协重要文献选编》（下），中国文史出版社、中央文献出版社2009年版，第762页。

主形式不仅实现多数人民主的权利，而且还使少数人的意见和利益得以表达和提出诉求。"人民在通过选举、投票行使权利的同时，在重大决策前和决策过程中进行充分协商，尽可能就共同性问题取得一致意见。"①这里有一点需要强调，民主党派在通过人民政协协商民主实现科学民主决策的过程中发挥着重要的积极作用。因为，这是由民主党派自身的优越性质决定的。民主党派是接受中国共产党领导、同中国共产党通力合作的亲密友党，是进步性与广泛性相统一，并致力于中国特色社会主义事业的参政党。恰好因为这一性质决定了民主党派具有体察民情、了解民意，具备比较完善的信息收集、信息反映、信息反馈渠道的独特优势，这就为部分社会阶层和群体提供了流畅的信息输出渠道。一言以蔽之，通过人民政协协商民主的良好平台，民主党派以及社会各界代表人士同共产党进行广泛交流与沟通，不仅能够保障决策的科学民主性，而且可以实现人民群众根本利益与部分社会阶层和群体特殊利益的有效整合。

二、从"政治协商"到"协商民主"的理论拓展

人民政协的政治协商是中国协商民主的根基，掌握了人民政协的政治协商，就抓住了中国协商民主的灵魂。正是在政治协商的示范引领下，人民政协不断推进政治协商的制度创新和理论创新，政治协商也逐步朝着横向和纵向两个方面不断拓展。一方面政治协商从横向层面朝着政党协商、人大协商、政府协商逐步拓展，从而使政治协商远远超出了人民政协的范畴，党委、政府、人大和政协中协商民主已经蔚然成风；另一方面政治协商从纵向层面朝着社会协商、基层协商、公民协商逐步拓展。社会主义协商民主体系不断健全，推动协商民主广泛多层制度化发展。当然，社会主义协商民主纵向横向拓展推动了统一战线和统战工作创新发展。

---

① 中华人民共和国国务院新闻办公室：《中国的民主》，人民出版社2021年版，第26页。

（一）"政治协商"与"协商民主"区别与联系

政治协商与协商民主紧密相连，但是内涵不同。在中国民主政治生活中，政治协商是一个专有的名词。一方面政治协商作为人民政协的重要职能之一，是人民政协的重要工作方法和运行方式；另一方面中国共产党可以通过各民主党派进行政治协商。"人民政协的政治协商是中国共产党领导的多党合作的重要体现，是党和国家实行科学民主决策的重要环节，是党提高执政能力的重要途径。"[①] 可见，在我国政治协商植根于人民政协或民主党派，是人民政协或民主党派独有的民主形式。而协商民主来源于政治协商，政治协商构成了协商民主的根基与灵魂。正如《关于加强人民政协协商民主建设的实施意见》中所指出："人民政协是社会主义协商民主的重要渠道和专门协商机构，是国家治理体系的重要组成部分。"[②] 但是不能把协商民主完全等同于政治协商。实际上，唯有在人民政协所开展的协商民主，或者是中国共产党与民主党派间进行协商民主，此时协商民主与政治协商之间可以互换。如果离开了这两个平台，协商民主与政治协商就不同了。

当然，中国协商民主脱胎于政治协商，没有政治协商的发展演进，就没有今天的社会主义协商民主。早在 1949 年 9 月中国人民政治协商会议全体会议的召开，就标志着中国协商民主在全国范围内的确立。自此，人民政协成为了开展协商民主的专门协商机构。此时中国协商民主也主要局限于人民政协来运行。在某种意义上而言，新中国成立初期人民政协所开展的协商民主可以等同于政治协商。在中国协商民主长期的历史发展进程中，协商民主最初是围绕人民政协而开展各项活动，这一阶段，协商民主没有超出政治协商的范畴。

改革开放以来，为了更好地顺应中国经济社会不断发展的时代要求，中国协商民主已经不能仅仅满足于人民政协政治协商的范围。协商民主开始逐

---

① 《人民政协重要文献选编》（下），中国文史出版社、中央文献出版社 2009 年版，第 794—795 页。

② 《关于加强人民政协协商民主建设的实施意见》，人民出版社 2015 年版，第 1 页。

渐超越了人民政协协商或政党协商的限制，不断向外进行理论拓展，体系不断健全。"中国不断完善协商民主的发展路径，探索形成了政党协商、人大协商、政府协商、政协协商、人民团体协商、基层协商、社会组织协商等协商渠道，推动协商民主广泛多层制度化发展。"①正是在此基础上，协商民主日益成为党委、政府、人大科学民主决策的重要方法和手段，并且协商民主从高高在上逐渐向下转移，拓展到了公民社会层面。上至党和国家的大政方针，下至涉及群众切身利益的民生问题，都需要协商民主。鉴于社会主义协商民主大繁荣大发展，中共中央印发了《关于加强社会主义协商民主建设的意见》，成为了指导社会主义协商民主建设的纲领性文件，其中明确指出："协商民主是在中国共产党领导下，人民内部各方面围绕改革发展稳定重大问题和涉及群众切身利益的实际问题，在决策之前和决策实施之中开展广泛协商，努力形成共识的重要民主形式。"②当前，有事协商、办事协商、遇事协商开始逐步成为全社会的共识。但是，无论中国协商民主怎么大发展大繁荣，始终都离不开政治协商这一内在灵魂。

可见，协商民主是由政治协商发展演进而来，最初阶段协商民主可以等同于政治协商，为了顺应时代要求，协商民主逐步超出了人民政协的限制，在人民政协政治协商的示范引领下，政治协商从横向和纵向两个层面向外不断拓展，最终形成了当前这样一个全方面、多层次社会主义协商民主体系。

（二）从"政治协商"到"协商民主"的横向拓展

最初，提及政治协商，往往首先想到的就是人民政协。因为政治协商是一个仅限于依托人民政协运行的特有称谓。但是，随着人民政协不断推动政治协商的制度创新和理论创新，人民政协充分利用自身政治协商的成功经验，使人民政协政治协商从横向层面朝着政党协商、人大协商、政府协商逐

---

① 中华人民共和国国务院新闻办公室：《中国的民主》，人民出版社 2021 年版，第 27 页。
② 《关于加强社会主义协商民主建设的意见》，人民出版社 2015 年版，第 2 页。

步拓展，从而使得政治协商内涵不断拓展，远远超出了人民政协的范畴，在此基础上，协商民主也就水到渠成的被提出来了。在中国政治体制中，我们习惯于把党委、政府、人大、政协称之为四大班子。回头看，鉴于当前的中国协商民主是由人民政协政治协商逐步拓展而来，那么，作为中国协商民主前身的人民政协政治协商在推动中国协商民主发展过程起到了重要的示范引领作用。理所当然，在四大班子中人民政协是把协商民主运用于实际工作中成绩最为显著的。当前，伴随着依托人民政协推动的中国协商民主如火如荼的大繁荣大发展，党委、人大、政府也需要十分重视总结自身协商民主经验，或者把人民政协协商民主成功经验运用到自身政治运行中。

第一，政治协商向政党协商拓展。

政党协商包括两个层面：一方面指以党委科学民主决策为核心的党内协商；另一方面指中国共产党与民主党派间的党派协商。实际上，自从中国共产党成立，党内协商就始终存在于中国共产党决策过程中。但是中国共产党没有及时把这种党内协商的长期而丰富的实践提升为协商民主的理论。

由于人民政协政治协商取得的实践成绩，尤其是取得理论成就，倒逼着中国共产党在一如既往地重视党内协商的实践的同时，也开始注重把中国共产党党内协商实践经验进行理论总结。在人民政协政治协商理论升华为中国协商民主理论，并且在人民政协协商民主的不断引领和推动下，中国共产党开始系统总结自身党内协商民主的长期而丰富的实践，同时把人民政协协商民主的有益经验运用到党内协商民主运行过程中。当前，党内协商民主在中国共产党科学执政、民主执政中发挥着举足轻重的重要作用。故此，中国共产党科学民主决策过程，"在党的领导下，以经济社会发展重大问题和涉及群众切身利益的实际问题为内容，在全社会开展广泛协商，坚持协商于决策之前和决策实施之中"[1]，从而尽最大可能找到全社会意愿和要求的最大公约数。

不仅党内协商民主实践经验丰富，同时地位至关重要，而且中国共产党

---

[1] 《习近平谈治国理政》第 1 卷，外文出版社 2018 年版，第 82 页。

同各民主党派之间的党派协商仍然有着长期而丰富的实践经验。早在抗日战争时期，中国共产党建立的"三三制"政权中，就开始通过民主人士进行协商。对此，毛泽东在《抗日根据地的政权问题》中就告诫全党，要"提倡民主作风，遇事先和党外人士商量，取得多数同意，然后去做。同时，尽量地鼓励党外人士对各种问题提出意见，并倾听他们的意见"①。可见，在革命时期中国共产党就同党外人士进行广泛协商。中国共产党重视同各民主党派协商的优良传统传承至今，可以说党派协商在中国有着更加悠久的传统和更加长期而丰富的实践。但是，相比于党派协商优良传统和长期实践，无论是中国共产党还是民主党派对党派协商的理论总结还相对滞后。同样是在人民政协政治协商拓展成为中国协商民主理论之后，在人民政协协商民主的引领下，党派协商民主的理论研究和经验总结也取得不少成就。

第二，政治协商向人大协商拓展。

人民代表大会制度是我国的根本政治制度。《中华人民共和国宪法》第二条明确规定："中华人民共和国的一切权力属于人民。人民行使国家权力的机关是全国人民代表大会和地方各级人民代表大会。"②显然，人民代表大会是人民当家作主的根本保障。

实际上，早在人民政协成立之初，鉴于国内特殊形势，出现了人民政协代行全国人大职权的特殊历史时期。对此，具有宪法性质的《中国人民政治协商会议共同纲领》明确规定："在普选的全国人民代表大会召开以前，由中国人民政治协商会议的全体会议执行全国人民代表大会的职权，制定中华人民共和国中央人民政府组织法，选举中华人民共和国中央人民政府委员会，并付之以行使国家权力的职权。"③直到1954年全国人民代表大会召开，人民政协完成了代行全国人大职权的历史使命，全国人民代表大会正式行使国家权力的职权。此时，以人民政协政治协商为标志的协商民主同人民代表大会的选举民主协同发展、相得益彰，充分彰显了中国特色社会主义民主形

① 《毛泽东选集》第2卷，人民出版社1991年版，第742—743页。
② 《中华人民共和国宪法》，人民出版社2018年版，第8页。
③ 《建国以来重要文献选编》第1册，中央文献出版社2011年版，第4页。

式的中国特色和内在优势。当然，正是曾经人民政协代行全国人大职权的特殊历史以及政协协商民主与人大选举民主协同发展的特殊民主形式，人民政协所特有的政治协商长期向人民代表大会渗透和拓展，同时，人民代表大会也不断汲取和借鉴人民政协政治协商的有益经验，推进人民代表大会制度的发展。正是在此基础上，逐步实现了人民政协政治协商向人民代表大会协商的理论拓展。

当前，人大协商主要体现立法协商和人大决策协商两个方面。具体而言，通过借鉴人民政协政治协商，人大也把协商广泛运用于立法过程中。在立法过程中，通过协商民主所搭建的沟通平台，人大可以同上上下下、方方面面的群众在立法之前进行广泛的协商，使人大所通过的法律能够全面代表广大人民群众的根本利益的同时，也能够反映社会各个阶层和部分群体的特殊利益要求，从而找到全社会意愿和要求的最大公约数，使人大在达成全社会的最大共识的基础上出台各项法律。除了立法协商之外，协商民主还广泛运用于人大决策过程。各级人大在重大决策之前和决策之中，都要根据需要进行广泛协商，更好汇聚民智、听取民意，通过协商民主找到全社会最大共识，从而更好地支持和保证人民通过人民代表大会行使国家权力。既然协商民主是"党的群众路线在政治领域的重要体现"，[1] 那么，各级人大代表就应该借助于协商民主这一重要渠道，广泛而密切地联系群众，同群众打成一片，真正地植根于人民群众之中，代表人民群众的利益要求，打造各级人大代表通过协商民主广泛而密切联系群众的新常态，进一步彰显选举民主和协商民主相结合所展现出来的无与伦比的内在优势。

第三，政治协商向政府协商拓展。

以前，政治协商是仅仅依托于人民政协的特定民主形式，尽管独具中国特色又优势明显，但是发挥作用的限度受到了限制。当前，政治协商不再拘泥于人民政协，已经超出了人民政协政治协商的范畴而不断向外拓展，逐步形成了协商民主。这种协商民主的理论拓展，尤其是遇到政府时得以迅速地

---

[1] 《十八大以来重要文献选编》（上），中央文献出版社 2014 年版，第 504 页。

发展完善。这得益于政府迫切需要一种实现科学民主决策的手段以及连接政府机关和人民群众上通下达与下通上达的渠道，脱胎于人民政协政治协商的协商民主恰好符合政府决策和联系群众的要求。正是政府与协商民主之间这种内在的契合性，助推了中国协商民主的快速发展。

一方面通过政府协商有效推进政府科学民主决策。人民政府为人民，政府任何决策都应该站在人民的立场上，为人民谋利。"好的决策，反映人民意愿，保障人民权益，增进人民福祉。"①使政府出台每一项决策都反映人民呼声，得到人民群众的广泛支持。尽管改革开放以来，中国取得了举世瞩目的经济建设成就，成为了世界上仅次于美国的第二大经济体。但是中国仍然处于社会主义初级阶段，发展仍然是社会主义根本任务，我们要在发展中不断解决各种问题。尤其近年来，区域间、城乡间、阶层间贫富差距过大而导致的社会利益矛盾问题突出。在此背景下，政府每一项决策的出台，都要顾及和反映区域间、城乡间、阶层间的利益要求。民生无小事，要充分发挥协商民主在政府科学民主决策中的作用，通过政府协商，使政府在决策前要广泛征求上上下下、方方面面的利益要求，在决策过程中进行广泛协商使各方面利益得到充分表达从而达成最大共识，在决策实施过程中也要广泛听取各个层面群众反馈意见从而及时调整政府政策，最终"让发展成果更多更公平惠及全体人民"②。

另一方面通过政府协商为政府机关和人民群众提供畅通的连接渠道。政府凡是涉及经济社会发展的重大公共利益问题或者是涉及人民群众切身利益的重大民生问题，都要重视听取社会各方面的意见和建议，最大限度地吸纳社会公众特别是利益相关方参与政府协商。同时，政府还要为社会各方面参与政府协商提供平台、创造条件。譬如，听证会机制就是政府协商的新常态。通过听证会机制，政府在涉及到重大公共利益问题的政策出台前，必须率先听取并征求方方面面的意见和建议，唯有在听证会上取得各方面社会公

---

① 中华人民共和国国务院新闻办公室：《中国的民主》，人民出版社 2021 年版，第 29 页。
② 《十八大以来重要文献选编》（上），中央文献出版社 2014 年版，第 512 页。

众广泛共识的政策才能出台，如果在听证会上就遭到各方面社会公众一致反对和普遍抵制的政策，就需要重新制定直到得到大多数人的认可，才能正式实施。当然，听证会机制在实际运行中还存在许多值得完善的地方。正是有了政府协商这个平台，才为政府机关和人民群众之间上通下达、下通上达提供畅通的连接渠道。

（三）从"政治协商"到"协商民主"的纵向拓展

在人民政协政治协商的示范引领下，人民政协充分利用自身组织平台推动从政治协商到协商民主发展的成功经验，使协商民主不仅朝着党委、政府、人大横向拓展，而且还从国家政权机关、政协组织、党派团体的层面向社会组织、基层组织、公民社会实现了自上而下的纵向拓展，逐步形成了社会协商、基层协商、网络协商这些由政治协商拓展而来的协商民主的新形态。当今中国，无论是庙堂之高，还是江湖之远，协商民主都已蔚然成风。

第一，政治协商向社会协商拓展。

政治协商之所以从国家层面向社会层面拓展，主要源于改革开放以来社会矛盾和利益冲突日趋严重，而广泛协商恰好为缓解社会矛盾和利益冲突提供一条畅通渠道。可以说，政治协商向协商民主的拓展过程也是政治协商自上而下的拓展过程。

贫穷不是社会主义，社会主义就是要展现出比资本主义更快的发展优势，所以，发展才是硬道理，是解决中国所有问题的关键所在。同时，鉴于我国特殊国情，富裕不是同时富裕同步富裕，要全国一盘棋，在一部分地区和一部分人先富起来，先富带后富，最终实现共同富裕。我们要在发展中解决遇到的任何问题。正在这一过程中，一部分地区和一部分人先富起来了，这就在发展过程中暂时出现了区域间、城乡间、阶层间贫富差距日益拉大，从而导致了区域间、城乡间、阶层间社会矛盾和利益冲突日趋严重。面对此，我们需要在发展中行之有效地处理和协调不同的社会矛盾和利益冲突。恰好，协商民主为我国在发展中解决社会矛盾和利益冲突提供了有效手段。

正是在这一背景下，协商民主不断拓展，从国家政治层面引进到社会层面。这就使得协商民主不仅在党委、政府、人大、政协这些政治层面发挥重要作用，同时，通过协商民主在人民政协的政治协商过程中提供示范引领效用，这就推动协商民主运用到社会层面，通过协商民主的途径来解决发展过程中所遇到社会矛盾和利益冲突，从而真正实现社会和谐共进。

实际上，早在政治协商拓展到协商民主之前，中国共产党就把协商理念运用到了处理社会矛盾和利益冲突之中，这就是社会协商对话制度。正是基于广泛协商在处理社会矛盾和利益冲突的成功实践，在 1987 年中共十三大报告中提出了协商民主运用于社会层面的理论，即"建立社会协商对话制度"，这也就是社会协商的最初形态。正是针对发展过程日趋涌现出来的社会矛盾和利益冲突问题，"群众的要求和呼声，必须有渠道经常地顺畅地反映上来，建议有地方提，委屈有地方说。这部分群众同那部分群众之间，具体利益和具体意见不尽相同，也需要有互相沟通的机会和渠道。因此，必须使社会协商对话形成制度，及时地、畅通地、准确地做到下情上达，上情下达，彼此沟通，互相理解。"① 如此一来，协商民主从政治层面拓展到了社会层面，通过社会协商能够为不同层面群众之间的社会矛盾和利益冲突提供一个畅通渠道。正是有了社会协商，这就使得各个层面和阶层群众的利益诉求得到畅通有效的表达，进而使党和国家能够及时了解群众利益要求并且行之有效地解决社会利益矛盾与冲突，从而有效地避免了由于社会矛盾和利益冲突处理不善而引发的利益矛盾过激表达。

第二，政治协商向基层协商拓展。

在政治协商向协商民主纵向拓展过程中，把协商民主率先运用于社会领域，在社会协商处理社会矛盾和利益冲突展现应有的优势后，协商民主又拓展到了基层。在广大的乡镇、街道、农村、社区和企事业单位有着涉及人民群众公共利益和切身利益的大量决策和具体工作，所以，协商民主在广大基层有着巨大的应用空间和广泛需求。对此，中共中央印发的《关于加强社会

---

① 《十三大以来重要文献选编》（上），中央文献出版社 1991 年版，第 43 页。

主义协商民主建设的意见》中强调了"稳步推进基层协商"的重要性，其中明确规定："要按照协商于民、协商为民的要求，建立健全基层协商民主建设协调联动机制，稳步开展基层协商，更好解决人民群众的实际困难和问题，及时化解矛盾纠纷，促进社会和谐稳定。"[1]可见，基层协商在广泛基层所发挥的至关重要的作用。

此外，我国基层社会亟需协商民主，这是因为协商民主并非像选举民主那样是一种刚性民主，协商民主是一种柔性民主，以平等对话、理性商谈、形成共识的方式化解分歧、消除误解、增进共识，从而能够有效地找到全社会意愿和要求的最大公约数，这种民主形式在基层广受欢迎。如今协商民主已经走进并扎根于广大基层，"基层党组织、基层政府、基层群众性自治组织、经济社会组织和群众等，就基层社会发展及事关群众切身利益的问题开展协商"[2]。从中可以看出，基层协商是基层科学民主决策的重要方式和密切联系群众的重要手段。

当前，在中国协商民主大繁荣大发展的背景下，稳步推进基层协商不断发展，需要做好以下三方面工作：一是不断推进乡镇、街道的协商。乡镇、街道围绕群众普遍关注和反映强烈的重大民生问题，组织各方面进行广泛协商，通过广泛的协商使涉及群众公共利益和切身利益的民生问题能够在乡镇、街道层面消除分歧、达成最大共识，避免因为利益矛盾处理不善而导致的过激行为。此外，乡镇、街道还要承担起对农村、社区长期有序开展协商活动进行指导和监督。二是不断推进农村、社区的协商。不断对各个农村、社区进行民主协商的有益实践进行理论总结。对那些在基层协商民主实践中成绩突出的农村、社区，要加以理论升华和宣传报道。同时，鼓励和支持农村、社区积极探索基层协商民主的新形式。三是进一步推进企事业单位的协商。通过协商民主为广大职工合理的利益诉求提供畅通渠道。同时，不断推动职工代表和企业代表就劳动关系、工资待遇、利益分配等重要决策事项进

---

[1]　《关于加强社会主义协商民主建设的意见》，人民出版社2015年版，第13页。

[2]　中华人民共和国国务院新闻办公室：《中国的民主》，人民出版社2021年版，第28页。

行集体协商。

第三，政治协商向公民协商拓展。

随着改革开放不断深入和我国经济社会快速发展，促使社会新阶层的不断涌现，同时，公民有序政治参与的热情日趋增长。鉴于此，作为密切联系党群关系、干群关系重要纽带的协商民主，从最初依托于人民政协的政治层面不仅向社会层面拓展，而且还朝着公民社会层面拓展。通过公民协商为实现广大公民有序政治参与提供了重要渠道。这就意味着，协商民主不仅是党委、政府、人大、政协这四大政治领域的专属，也超出了社会协商、基层协商这些由官方组织和参与协商民主层次，而是以公民个体的形式就涉及自身的重大公共利益和切身实际利益的问题展开广泛的协商。当前，公民协商最典型的形式就是网络协商民主。

随着人类进入网络时代，协商民主也借助于网络的发展而插上了一双展翅飞翔的翅膀，网络协商民主日趋融入广大人民群众的政治生活之中。正是因为网络协商民主自身的优越性，才能为公民协商搭建网络平台，从而推动中国协商民主公民协商的不断发展。网络协商民主这种优越性主要体现在参与主体地位的开放性与平等性。在网络协商民主中，任何主体地位都是平等的，没有高低贵贱之分。在网络协商民主语境下，就某一主题商谈过程中，没有任何人掌握协商的话语权，每一个政治参与主体的地位平等、表达机会平等，话语权也是平等的。可以说，在网络协商民主中，打破了居庙堂之高与处江湖之远的区别，没有精英和草根的差别，任何主体都是地位平等、机会均等地进行协商对话，从而实践了直接的协商民主，也就是公民协商。此外，网络协商民主议题具有开放性。在网络协商民主这种虚拟社区中，大多数人都是通过虚拟的网络商讨议题，这就确保了参与者更加自由的表达、公开的交流、深入的讨论，畅所欲言、针砭时弊，从而为协商民主创造出最好的氛围。可见，党政机关可以借助于网络平台，同广大普普通通的公民展开广泛的互动，就经济社会发展中重大问题、关系到重大公共利益的公众问题、涉及公民切身利益的民生问题等同广大公民进行深入和广泛的交流讨论。这也就为推动中国协商民主注入了新鲜血液。

借助于网络协商民主发展，公民协商日趋活跃，这也充分唤醒广大人民群众的公民意识和民主意识，使公民不仅真正关心上至国家大政方针、中至重大公共利益的民生问题、下至涉及切身利益的实际问题，并且切身参与其中。这样一来，协商民主不仅停留在政治组织、社会组织之中，而且协商民主还广泛而深入植根于公民社会之中。

三、人民政协协商民主的模式示范与制度引领

人民政协是中国人民在中国共产党的领导下，既顺应时代潮流又符合中国国情的伟大创造，是独具中国特色的政治组织。自从 1949 年 9 月人民政协成立以来，协商民主就融入于人民政协之中并且伴随着人民政协的壮大而不断发展。人民政协协商民主在整个中国社会主义协商民主中处于核心地位，抓住了人民政协协商民主也就抓住了中国社会主义协商民主的本质和灵魂。因此，推进协商民主广泛多层制度化发展，就需要"发挥好人民政协专门协商机构作用，把协商民主贯穿履行职能全过程"[1]，实际上，在人民政协协商民主长期实践和不断拓展的过程中，正是有了人民政协协商民主的示范引领作用，致使人民政协协商民主不断向外拓展。中国社会主义协商民主不断超出了人民政协的范围，进而广泛拓展并应用到国家政权机关、政党组织、社会组织、基层组织之中。一方面人民政协协商民主在推动中国协商民主广泛多层制度化发展中起到了示范作用。在构建程序合理、环节完整的协商民主体系中，人民政协协商民主是历史最悠久、影响最广泛、制度化规范化程序化水平最高的协商民主形式。在人民政协协商民主长期实践中，人民政协逐步形成了民主党派通过人民政协同共产党之间的参政协商、人民政协同政府机关之间的咨政协商、人民政协内部各界别尤其是党派间的议政协商、人民政协同人民群众之间的问政协商四种类型。另一方面人民政协协商

---

[1] 《习近平谈治国理政》第 3 卷，外文出版社 2020 年版，第 293 页。

民主在推动中国协商民主广泛多层制度化发展中起到了引领作用。人民政协历来把协商民主作为自身发展的重要途径，在整个协商民主发展历程中时时处处起到了模范带头作用，引领着中国协商民主前进的方向。这主要得益于人民政协协商民主依托于人民政协这一重要组织机构保障。不仅如此，人民政协在推动协商民主制度化规范化程序化发展中走到了前列，而且人民政协善于对协商民主实践经验进行理论总结。正是在人民政协协商民主的示范引领作用下，实现了中国协商民主不断向外拓展，上至国家中至社会下至公民都展开充分而广泛的协商，使协商民主蔚然成风，借助此找到全社会意愿和要求的最大公约数。

（一）人民政协协商民主构成了中国协商民主的根基

协商民主是中国社会主义民主政治所特有形式，既独具中国特色又符合中国国情。通过协商民主，可以有效地实现人民当家作主的地位，找到全社会意愿和要求的最大公约数。中国协商民主源自人民政协协商民主，人民政协协商民主发展过程也就是中国协商民主的形成过程。因此，人民政协协商民主是中国协商民主的根基，抓住了人民政协的政治协商，就抓住了中国协商民主的灵魂。早在 1949 年 9 月中国人民政治协商会议召开，中国协商民主就依托于人民政协在全国范围内实施。正是有了人民政协这一专门协商机构的组织保证，协商民主在中国民主政治生活中发挥了重要作用。至今，人民政协协商民主已经有七十多年的丰富实践，当前协商民主早已超出了仅限于人民政协的范畴，外延不断扩大。这主要得益于人民政协协商民主在长期民主政治实践中所展现出来的示范引领作用，既带动了中国民主不断发展，又体现出无与伦比的内在优势。

中国协商民主是从人民政协协商民主发展演化而来，人民政协协商民主构成了中国协商民主的根基。因此，推进中国协商民主广泛多层制度化发展，始终离不开人民政协这一重要渠道，尤其是离不开人民政协协商民主这一根基。

那么，人民政协协商民主的基本内涵是什么呢？对此，在《中共中央关于加强人民政协工作的意见》中，明确指出："人民政协的政治协商是中国共产党领导的多党合作的重要体现，是党和国家实行科学民主决策的重要环节，是党提高执政能力的重要途径。"[①]这就把人民政协的政治协商从三个层面进行了理论界定。一是人民政协协商民主是中国多党合作制度的重要体现。通过人民政协协商民主可以为中国共产党和各民主党派提供民主协商的平台，使代表中国最广大人民的根本利益的共产党同代表中国社会部分群体和阶层的特殊利益的民主党派进行广泛协商，确保真正找到全社会意愿和要求的最大公约数；二是人民政协协商民主是党和国家实行科学民主决策的重要环节。中国共产党始终高度重视协商民主在科学决策中的重要作用，就经济社会发展中的重大问题、涉及人民群众的重大民生问题或切身利益的实际问题，在决策前和决策中都进行广泛协商，从而使党的各项政策找到最大的社会共识。显然，中国共产党已经打破了人民政协协商民主仅限于人民政协的局限，使得这种独具中国特色的民主形式更加广泛地运行到党和国家实行科学民主决策之中，并且取得有目共睹的重要成绩；三是人民政协协商民主成为了党提高执政能力的重要途径。中国共产党执政能力的提升，离不开执政基础的不断夯实。而人民政协协商民主为中国共产党更加广泛密切联系群众提供了一种重要媒介。人民政协有 34 个界别构成，包罗万象、群英荟萃，中国共产党可以借助于人民政协协商民主，更加广泛密切联系中国社会各个层面的群众，不断夯实党的执政基础，提升党的执政能力。

正是在人民政协协商民主的模式示范和制度引领下，随着人民政协不断推动协商民主的制度创新和理论创新，人民政协协商民主不断地向外进行拓展。在此基础上，中共十八大提出"社会主义协商民主是我国人民民主的重要形式"，此后，中共十八届三中全会进一步提出"协商民主是我国社会主义民主政治的特有形式和独特优势，是党的群众路线在政治领域的重要体

[①]　《人民政协重要文献选编》(下)，中国文史出版社、中央文献出版社 2009 年版，第794—795 页。

现"。有了中共十八大精神和十八届三中全会精神的指引，中共中央通过并印发了《关于加强社会主义协商民主建设的意见》，这成为了中国协商民主建设的纲领性文件，对于中国协商民主发展具有里程碑的意义。在《关于加强社会主义协商民主建设的意见》中，系统而明确地界定了协商民主的内涵，即："协商民主是在中国共产党领导下，人民内部各方面围绕改革发展稳定重大问题和涉及群众切身利益的实际问题，在决策之前和决策实施之中开展广泛协商，努力形成共识的重要民主形式。"[①] 从中国协商民主的内涵中可以明显看出人民政协协商民主的印记。显然，人民政协协商民主构成了中国协商民主理论的根基。在某种意义上而言，抓住了人民政协协商民主，就抓住了中国协商民主的灵魂。

（二）人民政协协商民主的示范作用

人民政协协商民主在长期的实践中，逐步形成了参政协商、咨政协商、议政协商、问政协商四种具有重要示范作用的实现形式。正是通过人民政协协商民主的示范作用，不断彰显人民政协协商民主独具中国特色的内在优势，才推动了人民政协协商民主向外拓展，形成了中国社会主义协商民主制度。

第一，参政协商：人民政协为民主党派与共产党搭建的协商平台。

人民政协作为中国共产党领导的多党合作和政治协商的重要组织机构，为中国共产党和各民主党派进行充分的协商提供了重要平台。1948 年，中共中央发布了"纪念五一节口号"，此后，各民主党派相继认可并拥护中国共产党的领导地位。在此基础上，1949 年 9 月人民政协召开，中国共产党和民主党派通过人民政协而协商建国。新中国成立后，中国共产党成为了执政党，民主党派拥护中国共产党长期执政的地位，民主党派作为参政党而存在，中国共产党支持民主党派积极参政议政。所谓参政协商，就是指民主党

---

① 《关于加强社会主义协商民主建设的意见》，人民出版社 2015 年版，第 2 页。

派就改革发展稳定重大问题同共产党进行广泛协商，从而不断提升共产党执政的科学化和民主化水平。这其中，人民政协为民主党派与共产党之间开展协商提供了组织保障。自从人民政协成立以来，参政协商就贯穿于人民政协协商民主始终。参政协商是人民政协协商民主乃至中国社会主义协商民主中历史最为悠久，作用最为显著的协商形式。历史和实践已经证明，民主党派通过人民政协同共产党之间的参政协商无论是在人民政协协商民主中，还是整个社会主义协商民主中都起到了重要示范作用。

纵观整个中国社会主义协商民主的历史发展，1949 年 9 月召开的中国人民政治协商会议第一届全体会议，堪称民主党派通过人民政协同中国共产党进行参政协商的典范，时至今日仍然对推进中国社会主义协商民主的发展有着十分重要的示范作用。在协商建国的过程中，通过人民政协所搭建的平台，中国共产党和各民主党派进行了史无前例的广泛而具有建设性的政治协商。人民政协的这种协商民主既不同以往又独具特色，这主要体现在"会前经过多方协商和酝酿，使大家都对要讨论决定的东西事先有个认识和了解，然后再拿到会议上去讨论决定，达成共同的协议"①。在中国共产党与各民主党派通过人民政协共同完成的协商建国过程中，协商民主肩负着重要的历史使命。例如，在此次人民政协会议中，民主党派同中国共产党反复协商了新中国成立后的国家性质问题。在中国共产党内部一部分人提议，新中国是中国共产党领导建立下的国家，其性质理所当然就是社会主义国家。大部分民主人士提议新中国的性质应该是新民主主义社会。共产党人和民主人士经过反复磋商，最终就新中国的国家性质问题达成广泛共识，在人民政协通过的《中国人民政治协商会议共同纲领》中把即将建立的中华人民共和国的性质界定为新民主主义社会。当然，在人民政协长期的实践进程中，各民主党派通过人民政协同中国共产党进行了长期而富有成效的参政协商，为中国共产党科学执政与科学决策作出了彪炳史册的重要贡献。

正是有了人民政协所搭建的协商民主平台，作为参政党的民主党派才能

---

① 《建党以来重要文献选编》第 26 册，中央文献出版社 2011 年版，第 693 页。

就经济社会发展中重大问题或涉及重大公共利益的民生问题，在决策前和决策过程中同作为执政党的中国共产党进行广泛参政协商，从而确保各项大政方针既能够代表最广大人民群众的根本利益，又能够顾及部分群体的特殊利益，真正找到全社会意愿和要求的最大公约数。这是因为，一方面中国共产党是工人阶级的先锋队，同时是中国人民和中华民族的先锋队，是中国特色社会主义事业的领导核心，代表人民执掌国家政权，以全心全意为人民服务为根本宗旨，从而确保了共产党能够始终代表广大人民群众最根本的利益；另一方面各民主党派属于人民的范畴，在中国共产党的领导下参政，是人民民主的重要体现，与此同时，各民主党派是参政党，作为各自所联系的一部分社会主义劳动者、社会主义事业建设者和拥护社会主义爱国者的政治联盟，代表着部分特殊利益群体的要求。之所以说各民主党派代表了部分群体特殊利益要求，这是由各民主党派的构成决定的。具体而言，民革以同原中国国民党有关系的人士、同民革有历史联系和社会联系的人士、同台湾各界有联系的人士以及社会和法制、"三农"研究领域专业人士组成，着重吸收其中有代表性的中上层人士和中高级知识分子；民盟主要由从事文化教育以及科学技术工作的高中级知识分子组成；民建主要由经济界人士以及相关的专家学者组成；民进主要由从事教育文化出版传媒以及相关的科学技术领域高中级知识分子组成；农工党主要由医药卫生、人口资源和生态环境以及相关的科学技术、教育领域高中级知识分子组成；致公党主要由归侨、侨眷中的中上层人士和其他有海外关系的代表人士组成；九三学社主要由科学技术以及相关的高等教育、医药卫生领域高中级知识分子组成；台盟由居住在祖国大陆的台湾省人士以及从事台湾问题研究的高中级知识分子组成。[①] 正是民主党派自身联系的广泛性的特点，确保了民主党派能够代表中国社会部分特殊群体利益。借助于人民政协所搭建的参政协商的重要平台，民主党派能够与中国共产党就经济社会发展中重大问题或涉及重大公共利益的民生问题

[①] 中华人民共和国国务院新闻办公室：《中国新型政党制度》，人民出版社2021年版，第5—9页。

在决策前和决策中进行充分协商，在确保中国共产党所代表的广大人民群众根本利益的前提下，通过民主党派能够反映各个层面群众的特殊利益要求，从而使中国共产党出台的各项重大决策能够得到方方面面、上上下下人民群众的支持和拥护。

第二，资政协商：人民政协连接政府机关的重要纽带。

人民政协不仅为民主党派和中国共产党进行参政协商提供了重要舞台，而且在人民政协协商民主实践发展进程中，人民政协同政府机关就具体政策制定和实施也开展了广泛民主协商。人民政协由作为各方面精英或专家的政协委员所构成，政协委员可以通过人民政协搭建的平台同政府部门相关领导进行直接的对话协商，这种人民政协与政府机关之间的直接对话协商，也就是资政协商。在中国社会主义协商民主运行过程中，最让中国人民直接感觉到协商民主的独特价值与内在优势的就是人民政协与政府部门之间开展的资政协商。资政协商在中国社会主义协商民主运用体系中也颇具示范意义。

近年来，人民政协领导人或来自各领域专家的政协委员同政府机关相关领导实行的专题协商、对口协商、界别协商、提案办理协商就属于资政协商的范畴。"发挥人民政协作为协商民主重要渠道作用，完善人民政协制度体系，规范协商内容、协商程序，拓展协商民主形式，更加活跃有序地组织专题协商、对口协商、界别协商、提案办理协商，增加协商密度，提高协商成效。"[1]这就为人民政协进一步开展专题协商、对口协商、界别协商、提案办理协商指明了方向。详细言之，所谓专题协商，就是人民政协召集来自相关领域专家所构成政协委员队伍同政府机关相关领导就经济社会发展中某一专门问题展开直接面对面的协商，目标明确，主题集中，一事一议。在协商前，由相关领域专家组成的政协委员进行深入调查研究并且广泛吸纳各方面意见，在此基础上，一边是政协领导、民主党派负责人和由相关领域专家组成的政协委员，另一边是政府机关的负责人和相关领导，协商双方就某一专题进行直接的交流协商，为政府部门相关问题的科学决策提供政策咨询与智

力支持。通过人民政协和政府部门之间的专题协商，针对政府机关的具体问题，政协委员能够有针对性地提出务实而具体的对策建议，从而更好发挥人民政协的资政作用。所谓对口协商，就是由构成人民政协的9个专门委员会同相关或相近的政府部门进行协商。所谓界别协商，就是由组成人民政协的34个界别的某一个或某几个相关界别的政协委员同相关政府部门的负责人进行协商。所谓提案办理协商，就是政协委员为政府部门相关问题提出提案，到政府部门处理政协委员提案过程中，要加强政协委员和政府部门就相关提案的充分商谈与反复磋商，以便使提案形成最大的共识。

中共十八大以来，人民政协积极有序开展的双周协商座谈会也属于资政协商的典范。双周协商座谈会是人民政协推进协商民主制度化、常态化的重要体现。全国政协双周协商座谈会之所以冠以"双周"，这是因为这种协商座谈会以双周为间隔。人民政协负责一般每两个星期举行一次，每年大约举行20次左右。例如2014年全年，全国政协共举行19次双周协商座谈会。这就打破了主席会议每月召开一次、常委会议每季度召开一次、全体会议每年召开一次的"月主席、季常委、年委员"的格局，从而使人民政协协商民主的密度和效率得到有效提升，从而开创了人民政协协商民主的新阵地与新常态。双周协商座谈会是人民政协在继承专题协商、对口协商、界别协商、提案办理协商基础上，对其进行了四位一体的有效融合从而实现协商功能相互叠加的协商新形态。"全国政协双周协商座谈会是一种定期协商座谈会制度，是中国协商民主的重要创新实践之一。它以界别为基础、专题为内容、对口为纽带、座谈为主要方法，融专题协商、对口协商、界别协商、提案办理协商于一体，推动人民政协的四种重要协商形式集中呈现。"[①] 从而起到了既增加协商频率又增强协商成效的作用，成为了人民政协推动协商民主发展的重要创新。既然双周协商座谈会是对专题协商、对口协商、界别协商、提案办理协商融合和发展，那么，双周协商座谈会也为人民政协领导人或来自各领域专家的政协委员同政府机关相关领导进行面对面的直接协商提供了新

---

① 中华人民共和国国务院新闻办公室：《中国的民主》，人民出版社2021年版，第16页。

舞台。显然，双周协商座谈也属于咨政协商的一种新常态。鉴于此，我们应该积极把专题协商、对口协商、界别协商、提案办理协商同双周协商座谈会相互融合，充分发挥人民政协资政协商的最佳示范功效。

第三，议政协商：人民政协内部各界别尤其是党派间协商的重要形式。

人民政协作为中国社会主义协商民主的重要渠道和专门协商机构，为党和国家进行科学决策提供了必不可少的组织保障。通过人民政协所搭建的组织平台，构成人民政协的各界别尤其是各党派间就国家大政方针和国计民生的重大问题出台前或出台过程中进行广泛协商，这种协商也就是人民政协所提供的独具中国特色的议政协商。实际上，人民政协作为协商民主的重要渠道，也是专门协商机构，其中人民政协内部各界别间议政协商构成人民政协协商民主的中枢。议政协商就是代表了人民政协协商民主的典范和最高水准，议政协商在推进协商民主广泛多层制度化发展中具有重要示范意义。

之所以说议政协商在人民政协协商民主具有典范性，这是因为人民政协是由界别构成，并且以界别为单位展开相关政治活动。当前，人民政协由34个界别四大类组成，包括中共、民革、民盟、民建、民进、农工、致公、九三学社、台盟、无党派 10 个党派类；共青团、工会、妇联、青联、工商联、科协、台联、侨联 8 个团体类；文化艺术界、科学技术界、社会科学界、经济界、农业界、教育界、体育界、新闻出版界、医药卫生界、对外友好界、社会福利和社会保障界、少数民族界、宗教界 13 个界别类；特邀香港人士、特邀澳门人士、特别邀请人士 3 个特邀类。通过人民政协所搭建的平台，党和国家在进行重大决策过程中，可以通过人民政协各界别联系广泛的特点，在人民政协内部集中 34 个涵盖各个层面知识精英和各领域专家学者的界别优势进行广泛的议政协商，从而确保党和国家在决策过程中能够充分汲取方方面面的知识精英和专家学者的建议，集思广益，从而在人民政协内部足不出户，就找到全社会各个层面和阶层利益诉求和利益要求的最大公约数。

实际上，在人民政协的 34 个界别构成中，由中共、民革、民盟、民建、民进、农工、致公、九三学社、台盟、无党派所组成的党派类在整个人民政协内部各界别议政协商中扮演着特殊的角色。作为执政党的中国共产党，就国家大政方针和涉及国计民生的重大问题在决策过程前及其决策实行过程中同广大民主党派、无党派进行广泛协商，从而既提高中国共产党的科学民主决策水平，又提高中国共产党执政能力。经过多年的实践发展和经验总结，作为人民政协党派界别的中国共产党与各民主党派、无党派形成了两种基本议政协商方式：一种是中国共产党在人民政协同各民主党派和各界代表人士的协商；另一种是中国共产党同各民主党派的协商。作为人民政协界别构成的中国共产党和各民主党派、无党派人士，不仅仅拘泥于在人民政协进行协商，中国共产党还为党派间议政协商创造了诸多得天独厚的条件。在实践过程中，党派协商形式日趋丰富，主要有专题协商座谈会、人事协商座谈会、调研协商座谈会、约谈协商、书面沟通协商等正是有了中国共产党和各民主党派、无党派逐步常态化、规范化的议政协商，确保中国共产党的决策能够代表广大人民群众根本利益的同时又充分考虑到各个层面的特殊利益要求，从而使中国共产党在党派之间率先达成最大共识的基础上通过各项大政方针。

总之，人民政协内部各界别尤其是党派间的议政协商是人民政协协商民主的重要构成，在中国民主政治生活中发挥着必不可少的作用，在推动中国社会主义协商民主广泛多层制度化发展中具有重要的示范意义。

第四，问政协商：人民政协联系人民群众的重要渠道。

中国社会主义协商民主是党的群众路线在政治领域的重要体现。人民群众广泛政治参与就是中国社会主义协商民主的本质要求。而人民政协作为社会主义协商民主的重要渠道和专门机构，人民政协协商民主也为广大人民群众政治参与提供重要平台。人民政协委员作为人民政协协商民主的构成主体，理所当然要接地气，真正同广大人民群众建立畅通协商渠道，既能居庙堂之高，又能入江湖之远，深入基层、走进群众，就经济社会发展中的重大问题和涉及人民群众切身利益的实际问题进行直接的面对面的协商，既要做到问政于民、问计于民，又要向人民群众宣传好普及好各项方针政策，做到下传上达、上传下达，这种协商民主形式可以称之为问政协商。政协委员同人民群众之间的问政协商主要体现在政协委员进基层、政协委员接访群众以及人民政协所搭建的网络协商民主平台。详细言之：

一是政协委员进基层。人民政协协商民主能够发挥应有的作用，直接取决于构成人民政协协商民主主体的政协委员密切联系广大人民群众。而政协委员敢于打破以往高高在上的印象，放下身段走进基层和老百姓打成一片，这样才能使政协委员真正接地气，反映人民群众切实切身利益诉求，做到察民情、惠民生、解民困、暖民心。只有做到此，政协委员才能得到人民群众认可，群众才能敞开心扉，敢于讲真话、唠实嗑，从而使政协委员真实了解人民群众利益诉求，当好人民群众的"传声筒"。特别是政协委员准备提案过程中，要脚踏实地进入基层，拜人民群众为师，体察民情、反映民意、有的放矢，使提案真正接地气，真正做到下传上达。与此同时，政协委员还要针对国家大政方针和涉及群众切身利益的实际问题走进基层、深入群众，问政于民的同时，还要宣传和普及党的大政方针和民生政策，做到上传下达。

二是政协委员接访群众。对于政协委员接访群众，可以从两个方面来理解：一方面政协委员走出去，这是政协委员走进基层的一种重要形式，通过各级政协委员直接到基层单位接待人民群众；另一方面政协委员把人民群众请进来，各级政协机关设立接待日，由政协委员甚至是政协领导负责接待。如此一来，政协委员和人民群众都可以有的放矢，有针对性地了解问题和反映情况，更好地实现政协委员同人民群众之间的密切联系和沟通。各级人民政协通过建立政协委员接访平台，各级政协每月或者每周定时定点接待来访群众，为政协委员密切联系人民群众，收集各个层面群众的利益诉求，从而为群众排忧解难搭建了一个畅通的平台。正是有了政协委员接访群众的平台，政协委员能够足不出户地了解社情民意，掌握第一手的基层资料，这就为政协委员更好履行协商民主的职能提供了巨大帮助。

三是人民政协搭建了网络协商民主的平台。近年来，人民政协搭建的网络协商民主平台，进一步拓展政协委员同人民群众之间问政协商的空间。一方面各级人民政协开通了各种形式的网络平台，政协委员可以利用这种新媒体同广大人民群众进行虚拟空间的面对面直接而平等的交流。在虚拟的网络空间，无论是政协委员，还是普通群众，都是网络空间中平等地进行民主协商的一员，没有高低贵贱之分，可以自由地交流和商讨上至国家大政方针的大事、中至社会民生的公共利益问题、下至涉及群众切身利益的鸡毛蒜皮的小事。通过人民政协搭建的网络协商民主平台，各级政协委员可以很好地实现问政于民、问计于民。另一方面利用政协委员大多都是各界精英的特殊身份和潜在影响力，鼓励各级政协委员充分利用微博、微信等新媒体，成为引领各自所在领域正确舆论导向的意见领袖。政协委员要充分发挥自身精英优势，借助于新媒体同所在领域人民群众产生双向互动，把政协委员这种自身优势转化为凝聚正能量的重要推手，利用自身影响引导社会舆情。

一言以蔽之，人民政协创造了问政协商的形式，可以实现政协委员同人民群众之间有效的上通下达、下通上达。

（三）人民政协协商民主的引领作用

人民政协不仅对中国社会主义协商民主起到了重要示范作用，同时也对于推进中国社会主义协商民主广泛多层制度化发展起到了至关重要的引领作用。这种引领作用主要体现在人民政协不仅善于利用自身组织平台推动协商民主发展，而且人民政协还善于对协商民主的实践进行理论总结并且不断推进协商民主的制度化发展。

第一，人民政协充分利用自身组织平台推动协商民主发展。

中国社会主义协商民主是中国社会主义民主政治和人民民主的特有形式，既符合中国国情又独具中国特色。人民政协协商民主是社会主义协商民主的基本构成。1949 年 9 月中国人民政治协商会议的召开就标志着中国协商民主制度的正式确立，此时人民政协协商民主成为了中国协商民主的最初形态。在社会主义协商民主长期的实践中，尤其是在改革开放之后，人民政协充分利用自身组织平台推动协商民主不断向前发展。人民政协作为专门协商机构，不断对自身协商民主实践进行理论总结并且推动和引领着整个中国社会主义协商民主理论发展。人民政协以引领中国社会主义协商民主理论发展为抓手，以理论发展带动和引领中国社会主义协商民主制度发展。通过人民政协协商民主理论经验和成功实践带动和引领中国社会主义协商民主广泛多层制度化发展。正是有了人民政协协商民主理论总结和成功实践所起的示范作用，才能够引领中国社会主义协商民主在实践上不断向外拓展。

当前，我们要健全社会主义协商民主制度，推进协商民主广泛多层制度化发展，就需要充分发挥人民政协作为协商民主的重要渠道和专门机构作用，尤其是发挥人民政协协商民主的重要引领作用，从而构建程序合理、环节完整的协商民主体系。做到此，我们要充分利用人民政协组织平台作用继续推动协商民主发展，发挥人民政协协商民主的重要示范作用，同时，我们还要发挥人民政协协商民主对整个中国社会主义协商民主发展的引领作用。

一方面人民政协充分利用自身组织平台推动协商民主发展的成功经验，使人民政协协商民主从横向层面引领着党内协商、政党协商、立法协商、行政协商进一步发展。在中国政治体制中，我们习惯于把党委、政府、人大、政协称之为四大班子，在四大班子中人民政协是把协商民主运用于实际工作中成绩最为显著的专门协商机构。伴随着依托人民政协推动的中国社会主义协商民主如火如荼的大发展，党委、政府、人大也需要十分重视总结自身协商民主经验，或者借鉴人民政协协商民主成功经验运用到自身政治运行中。同时，人民政协还要担当起引领着协商民主向党委、政府、人大逐步拓展的责任。当然，中国共产党早就把协商民主运用于党的科学决策中，但是没有把这种党内协商民主的长期而丰富的实践提升为系统的协商民主理论。由于人民政协协商民主取得的实践成绩，尤其是取得理论成就，倒逼着中国共产党在一如既往地重视党内协商民主的实践的同时，也要注重把中国共产党党内协商民主实践经验进行理论总结。毋庸置疑，党内协商民主在中国共产党科学执政、民主执政中发挥着举足轻重的重要作用。不仅党内协商民主实践经验丰富同时地位至关重要，而且作为人民政协界别构成的党派间协商民主仍然有着长期而丰富的实践经验。在人民政协协商民主的引领下，党派协商民主的理论研究和经验总结也取得不少成就。除此之外，随着全面推进协商民主广泛多层制度化的大趋势，人大、政府也是十分重视协商民主在人大立法、行政决策中的作用。正是在人民政协协商民主引领下，协商民主也已从人民政协向党委、党派、人大、政府横向拓展，党内协商、政党协商、立法协商、行政协商也正在方兴未艾的开展。

另一方面人民政协充分利用自身组织平台推动协商民主发展的成功经验，使人民政协协商民主从纵向层面引领着社会协商、基层协商、网络协商进一步发展。人民政协协商民主不仅从横向层面引领着党内协商、政党协商、立法协商、行政协商进一步发展，而且从纵向层面引领着社会协商、基层协商、网络协商进一步发展。当今中国，无论是庙堂之高，还是江湖之远，协商民主都已蔚然成风。从纵向层面而言，在人民政协协商民主引领下，协商民主不仅停留在国家政权机关、政协组织、党派团体的层面，还逐步拓展到社会组织、基层组织、公民社会层面。就社会层面而言，协商民主打破了仅仅停留在党和国家科学决策的高层协商，使人民群众在经济社会发展过程中所产生的利益矛盾和冲突也能够通过社会协商的形式反映到有关部门，使党政机关及时了解和直接掌握人民内部利益诉求和矛盾根源，以便及时有效加以妥善解决。可见，社会协商为人民群众利益诉求表达和社会矛盾的化解找到一条畅通的渠道。不仅如此，协商民主还拓展到了基层，如今协商民主已经走进并扎根于广大农村、社区和企事业单位，日趋成为了广大人民群众日常处理各项事务的方式。当然，科技也为协商民主进一步拓展插上了腾飞的翅膀，网络协商民主也正在兴起并日趋发挥不可忽视的重要作用。

总之，得益于人民政协充分利用自身组织平台推动协商民主发展的成功经验，人民政协协商民主从横向和纵向两个层面引领着中国社会主义协商民主不断拓展。

第二，人民政协善于对协商民主的实践进行理论总结。

中国社会主义协商民主有着长期而丰富的实践，而对于中国社会主义协商民主的理论总结大多都是由人民政协提出并逐步上升到党和国家规定的层面。这就决定了对中国社会主义协商民主历史进程的理论总结都是沿着人民政协发展演进而展开的。在某种意义上而言，在中国共产党的领导下，人民政协引领着中国社会主义协商民主理论研究的方向，并且掌握着中国社会主义协商民主的学术话语权。人民政协善于对于自身协商民主实践经验进行总结的优点，推动并引领着中国社会主义协商民主理论不断向前发展，同时也引领着其他协商民主主体逐步重视总结自身协商民主经验，使之上升为系统理论。

实际上，同中国社会主义协商民主长期而丰富的实践经验相比，中国社会主义协商民主的理论总结是相当薄弱的。从事人民政协理论研究者通常认为协商建国是中国协商民主最为显著的运用，而1949年9月中国人民政治协商会议的召开标志着中国协商民主制度开始确立。这种对中国协商民主理论总结都是从事人民政协研究者以人民政协为轴心而展开的。纵观整个中国协商民主的发展，早在中国共产党创建过程中，中国早期马克思主义者就把协商民主运用到中国共产党的创建过程中。建党以来，中国共产党又把协商民主运用于国共统一战线、工农民主统一战线、抗日民族统一战线、人民民主统一战线之中，尤其是中国共产党在陕甘宁边区建立的"三三制"革命政权，就在局部范围内实践了协商民主。新中国成立以来，协商民主不仅仅运用于人民政协，而且广泛地运用于党和国家决策过程、运用于党的群众路线、运用于爱国统一战线，尤其是改革开放以来，协商民主更加广泛在国家政权机关、政协组织、党派团体、基层组织、社会组织进行实践。但是，除了人民政协对于自身协商民主实践经验进行不断升华及其以人民政协为轴心对中国协商民主经验进行系统总结之外，其他协商民主实践主体还相对缺乏对自身协商民主实践经验的系统理论总结与升华，所以相对于中国社会主义协商民主长期而丰富的实践而言，中国社会主义协商民主的理论水平就相形见绌了。

人民政协善于对协商民主的实践进行理论总结，引领中国社会主义协商民主理论不断发展。通过查阅整个党和国家重要文献发现，中国协商民主最早是在2006年2月8日，中共中央通过的《关于加强人民政协工作的意见》中首次正式总结了中国协商民主的内涵。2007年11月16日，中华人民共和国国务院新闻办公室发布的《中国的政党制度》白皮书中，首次明确提出"协商民主"的概念。2012年8日21日刊发的《中共中央办公厅转发〈中共政协全国委员会党组关于〈中共中央关于加强人民政协工作的意见〉贯彻落实情况的报告》再次提出并阐释了"协商民主"的概念与内涵，同时还强调："加强人民政协理论研究工作，成立人民政协理论研究会，初步建立全国、省区市和中心城市三级理论研究网络，构建起全国政协和地方政协协调互动、政协系统和高校科研院所优势互补的研究格局。"① 显然，人民政协走到了中国社会主义协商民主理论总结的最前沿，起到了很好的引领作用。正是在人民政协充分研究中国社会主义协商民主并且积极推动下，在中共十八大上，中国共产党开始把中国社会主义协商民主的理论概括超出了人民政协协商民主的范畴，上升到了"我国人民民主的重要形式"的高度，但是仍然把"充分发挥人民政协作为协商民主重要渠道作用"② 明确写入党的代表大会报告之中。在某种意义上而言，中共十八大报告对社会主义协商民主的概括尽管超出了人民政协协商民主的局限，把协商民主上升到了人民民主的重要形式，但是总体来看，这种概括仍然以人民政协协商民主为轴心而展开。习近平总书记在《在中央政协工作会议暨庆祝中国人民政治协商会议成立70周年大会上的讲话》中指出："人民政协作为统一战线的组织、多党合作和政治协商的机构、人民民主的重要实现形式，是社会主义协商民主的重要渠道和专门协商机构，是国家治理体系的重要组成部分，是具有中国特色的制度安排。"③ 这就更加明确了人民政协在协商民主中的重要作用。

尽管人民政协协商民主起到很好的引领作用，中国社会主义协商民主研究工作方兴未艾，但是中国社会主义协商民主理论还远远滞后于实践，这需要中国理论工作者担当起理论职责，更好更快地总结中国社会主义协商民主长期而丰富的实践经验。

第三，人民政协不断推进协商民主的制度化发展。

---

① 《中共政协全国委员会党组关于〈中共中央关于加强人民政协工作的意见〉贯彻落实情况的报告》，载《人民日报》2012 年 8 月 21 日。
② 《十八大以来重要文献选编》（上），中央文献出版社 2014 年版，第 21 页。
③ 习近平：《在中央政协工作会议暨庆祝中国人民政治协商会议成立 70 周年大会上的讲话》，人民出版社 2019 年版，第 4 页。

人民政协走在了推动社会主义协商民主制度化的前列，人民政协协商民主很好地引领了社会主义协商民主制度化发展。随着新时代以来对社会主义协商民主的推动，社会主义协商民主已经广泛地运用到中国民主政治生活中，"有事好商量，众人的事情由众人商量，找到全社会意愿和要求的最大公约数"，[①] 成为上上下下的最大共识。协商民主已经蔚然成风。但是，尽管协商民主广泛运用到中国民主政治生活，但是协商民主的结果能否得到有效落实，我们还要在制度上确保协商民主的成果真正脚踏实地运用到实处。对此，2015年2月9日，中共中央印发的《关于加强社会主义协商民主建设的意见》明确指出："加强协商民主建设，坚持依法有序、积极稳妥，确保协商民主有制可依、有规可守、有章可循、有序可遵。……确保协商依法开展、有序进行，防止议而不决、决而不行。"[②] 这就说明了，在中国共产党领导下，我们需要把中国协商民主不仅运用到各项决策过程中，而且还要使协商民主从制度上成为我们开展各项工作的一种习惯。唯有做到此，才能从制度上确保党和国家决策充分反映人民群众利益，从而在维护人民群众利益过程中使中国共产党得到人民群众始终如一的支持与拥护，使党群关系真正血肉相连。同样，人民政协始终是推动中国社会主义协商民主发展的马前卒和排头兵，人民政协协商民主也引领其他协商民主形式向着制度化的新常态前进。

一方面把人民政协协商民主制度化融入人民政协自身制度化规范化程序化发展之中。

人民政协自从成立以来，制定并通过了《共同纲领》，之后代行全国人大职权。全国人大召开后，人民政协仍然保留并在中国民主政治生活中继续发挥着至关重要的作用。同人民政协相伴而生的协商民主，随着人民政协长期的实践而不断发展。中共十八大以党的代表大会报告的形式对社会主义协商民主加以论述，离不开人民政协对协商民主的长期实践和推动发展。正是

① 习近平：《在庆祝中国人民政治协商会议成立65周年大会上的讲话》，人民出版社2014年版，第13页。

② 《关于加强社会主义协商民主建设的意见》，人民出版社2015年版，第4、16页。

人民政协在长期的政治实践中形成了一套相对制度化水平比较成熟的协商民主形式，才推动着理论上把人民政协定位为协商民主的重要渠道和专门协商机构的高度。不仅如此，人民政协在长期实践中不仅自身逐步形成一整套制度化规范化程序化的成熟机制，而且也不断推动人民政协协商民主朝着制度化方向发展。

理论和实践都已经证明，人民政协始终高度重视自身制度化规范化程序化发展，并且把此项工作作为人民政协发展的重要方向。对于人民政协制度化规范化程序化发展问题，强调："切实推进履行职能制度化规范化程序化。人民政协履行职能要有必要的制度保证，通过制度实现规范化程序化，这样才能使各项工作保持经常性和有效性。"[①] 人民政协不仅高度重视在理论上引领人民政协朝着制度化规范化程序化方向发展，而且在实践中不断探索和推动人民政协制度化规范化程序化发展。在人民政协不断构建起科学规范的人民政协制度体系过程中，也会在客观上推动人民政协协商民主制度化发展。这样，在充分利用人民政协的组织保证不断实现制度化规范化程序化发展的过程中，不断提高人民政协协商民主制度化、规范化、程序化水平。

另一方面人民政协不断推动自身协商民主形式的常态化，并且人民政协善于把自身协商民主实践不断纳入制度化规定。

纵观整个人民政协发展进程，人民政协始终善于对人民政协协商民主的创新实践进行理论总结，并且推动人民政协协商民主新成果不断制度化发展。

在理论上而言，无论是中共中央先后出台的《关于进一步加强中国共产党领导的多党合作和政治协商制度建设的意见》、《关于加强人民政协工作的意见》、《关于新时代加强和改进人民政协工作的意见》，还是国务院新闻办公室所发布的《中国的政党制度》白皮书和《中国新型政党制度》白皮书，还是中共十八大报告、十八届三中全会通过的决定都离不开人民政协的广泛呼吁与大力推动。正是有了这些意见、报告、决定、白皮书对于人民政

---

① 《十八大以来重要文献选编》（上），中央文献出版社 2014 年版，第 828 页。

协在实践创新出来的新常态的规定，才有效地推动了人民政协协商民主制度化发展。在此基础上，2015 年 2 月 9 日，中共中央印发了《关于加强社会主义协商民主建设的意见》，作为指导社会主义协商民主建设的纲领性文件，其中系统论述了"进一步完善政治协商"，指出要"不断提高人民政协协商民主制度化、规范化、程序化水平"[1]。显然，《关于加强社会主义协商民主建设的意见》对于推进人民政协协商民主制度化发展的规定，对于人民政协协商民主制度化发展具有里程碑式的意义。

在实践上而言，近年来人民政协大力推动和实践专题协商、对口协商、界别协商、提案办理协商的发展，并且在实际运行过程中收到了良好的效果。在此基础上，人民政协逐步把专题协商、对口协商、界别协商、提案办理协商打造为人民政协协商民主制度化发展的新名片。在人民政协的推动下，中共十八大报告、十八届三中全会报告都对积极开展"专题协商、对口协商、界别协商、提案办理协商"作了明确规定。这就使得人民政协协商民主在实践过程中创造出来的这种新常态不断朝着制度化迈进。人民政协善于创造性地开展工作，并且善于推动创造性工作朝着制度化方向发展。人民政协善于推动协商民主制度化发展的优势，引领着中国社会主义协商民主制度化发展。

总而言之，协商民主是中国社会主义民主政治所特有形式，既独具中国特色又符合中国国情。通过协商民主，可以有效地实现人民当家作主的地位，找到全社会意愿和要求的最大公约数。中国协商民主源自人民政协的政治协商，人民政协的政治协商发展过程也就是中国协商民主的形成过程。因此，人民政协的政治协商是中国协商民主的根基，抓住了人民政协的政治协商，就抓住了中国协商民主的灵魂。正是在政治协商的示范引领下，随着人民政协不断推动政治协商的制度创新和理论创新，人民政协的政治协商不断朝着横向和纵向两个方面不断拓展。一方面政治协商从横向层面朝着政党协商、人大协商、政府协商逐步拓展；另一方面政治协商从纵向层面朝着社会

---

[1] 《关于加强社会主义协商民主建设的意见》，人民出版社 2015 年版，第 10 页。

协商、基层协商、公民协商逐步拓展。从而使政治协商远远超出了人民政协的范畴，不断促进社会主义协商民主体系健全，推动协商民主广泛多层制度化发展。

第五章　基层协商促进党群关系的优化发展

　　群众路线是中国共产党与人民群众保持血肉联系的根本保障，中国共产党在贯彻和落实群众路线的长期过程中，逐渐把中国协商民主作为了密切党群关系上通下达的重要渠道。同时，中国协商民主是中国共产党的群众路线在政治领域的重要体现，中国共产党就涉及群众切身利益的实际问题进行决策前和决策中，始终坚持从群众中来又到群众中去，同人民群众进行广泛的民主协商。可见，中国共产党的群众路线和中国协商民主存在着契合性。在社会主义协商民主进入新时代后，实现社会主义协商民主建设的大繁荣大发展，需要协商主体的下移，让协商民主更广泛、更充分、更彻底地扎根于基层，让基层协商成为党密切联系群众的重心，从而使社会主义协商民主更加顺应时代所需、更加接地气、更加有生命力。通过发展基层协商对党群关系的进一步优化，真正做到了以人民为中心，借助于基层协商把党的群众路线贯彻到治国理政的全部活动之中。

一、党密切联系群众的优良传统与重要渠道

　　改善民生就是改善人民生活。当然，人民生活水平的提高是改善民生的根本，但不是改善民生的全部。改善人民生活固然重要，倘若没有公平分配，那么发展成果就不能更多更公平惠及全体人民。而有了发展，也有了公平，如果没有公民有序政治参与，就不能在党员干部和人民群众之间架起一条上通下达的畅通渠道，所以，改善民生既要确保人民群众有序政治参与进

而实现利益畅通表达,又要确保党员干部真正了解民情、掌握民意,做到权为民所用、情为民所系、利为民所谋。实际上,民生连着民心,民心决定民意。"消除贫困、改善民生、实现共同富裕,是社会主义的本质要求",① 这就决定了作为执政党的中国共产党要始终赢得人民群众支持与拥护,就需要抓住改善民生这一重要立足点。历史与实践已经证明,中国共产党始终把改善民生作为保持党员干部同人民群众之间密切关系的优良传统和重要渠道。就历史而言,中国共产党历来高度重视改善民生在密切党群关系中重要作用,通过不断改善人民生活水平、不断改善公平分配、不断改善公民有序政治参与水平实现党群关系的密切与和谐。就实践而言,中国共产党在改善民生中密切党群关系,就是解决好人民群众最关心最直接最现实的利益问题,就是使发展成果更多更公平惠及全体人民,就是党员干部和人民群众之间架起一条上通下达的畅通渠道。

(一)在改善人民生活中密切党群关系

改善民生作为密切党群关系的重要途径,最主要的突破口就是抓住人民生活水平提高。这是改善民生的重中之重,也是密切党群关系的必由之路。对于改善人民生活在整个改善民生中的重要地位以及由此所带来的党群关系的密切与和谐,中共中央关于党的百年奋斗重大成就和历史经验的决议中明确表明:"人民对美好生活的向往就是我们的奋斗目标,增进民生福祉是我们坚持立党为公、执政为民的本质要求,让老百姓过上好日子是我们一切工作的出发点和落脚点,补齐民生保障短板、解决好人民群众急难愁盼问题是社会建设的紧迫任务。"② 同时,习近平总书记也对此作出过明确的论述:"要坚持人民主体地位。要把体现人民利益、反映人民愿望、维护人民权益、增

---

① 《习近平谈治国理政》第 1 卷,外文出版社 2018 年版,第 189 页。
② 《中共中央关于党的百年奋斗重大成就和历史经验的决议》,人民出版社 2021 年版,第47 页。

进人民福祉落实到依法治国的全过程。"① 只有通过中国共产党不断改善民生的举措，使广大人民群众真正过上富强民主文明和谐的生活，那么党群关系就会自然而然地变得水乳相融、密不可分。

第一，中国共产党历来高度重视实现和维护人民群众利益，通过不断改善和提高人民生活水平来进一步密切党群关系。

纵观整个中国共产党历史，中国共产党领导人历来高度重视实现和维护人民群众利益。这就使得中国共产党在以提高人民生活水平为重点的改善民生中不断密切党群关系。接下来，梳理一下历届党和国家领导人对以提高人民生活为重点的改善民生在密切干群关系中重要作用的论断。

早在土地革命时期，毛泽东就根据井冈山根据地实践经验，认识到了中国共产党关心和改善群众生活在密切党群关系中的重要作用。毛泽东认为，广大红军中党员干部"就得和群众在一起，就得去发动群众的积极性，就得关心群众的痛痒，就得真心实意地为群众谋利益，解决群众的生产和生活的问题，盐的问题，米的问题，房子的问题，衣的问题，生小孩子的问题，解决群众的一切问题。我们是这样做了么，广大群众就必定拥护我们"②。在这里毛泽东十分明确地强调了红军党员干部要通过把为群众谋利益作为一切工作的出发点，在实践工作中真正解决群众生产和生活的问题，才能得到广大人民群众真心实意的拥护。时至今日，毛泽东对改善人民生活在密切党群关系中的重要作用仍然有着重要的当代价值，他启迪中国共产党人要真心实意地关心群众生活，解决好关系群众切身利益的实际问题，千方百计地解决人民群众最现实、最关心、最直接的问题，实现好、维护好、发展好最广大人民的根本利益，从而始终保持中国共产党同人民群众的血肉联系。

作为改革开放和社会主义现代化建设的总设计师，邓小平针对改善人民生活在密切党群关系中重要作用，指出："党的组织、党员，都要永远站在人民一边，同人民在一起，了解他们的要求，倾听他们的呼声，采取各种办

---

① 《习近平谈治国理政》第3卷，外文出版社2020年版，第284页。
② 《毛泽东选集》第1卷，人民出版社1991年版，第138—139页。

法保护和争取他们的利益。"①这也充分强调了各级党员干部和人民群众打成一片，保护和争取群众利益，改善人民生活，以此来密切党群关系。继邓小平之后，江泽民也认识到了以提高人民生活为重点的改善民生在密切党群关系中的积极作用，要求党员干部要始终关心涉及群众切身利益的问题，"必须始终坚持党的群众路线，一切为了群众，一切依靠群众，从群众中来，到群众中去，尊重人民群众的创造，倾听人民群众的呼声，反映人民群众的意愿"②。对此，胡锦涛也强调："各级领导干部要坚持深入基层、深入群众，倾听群众呼声，关心群众疾苦，时刻把人民群众安危冷暖挂在心上"③。这都有力地说明了，中国共产党要始终抓住人民生活水平的提高这一重要着力点，在不断改善民生中进一步密切党群关系。

中国共产党通过不断提高人民生活实现党群关系的密切，这项工作只有进行时，没有完成时。中国特色社会主义进入新时代，习近平总书记高度重视改善民生在密切党群关系中的重要作用，认为"群众路线是我们党的生命线和根本工作路线"④。我们要"把人民拥护不拥护、赞成不赞成、高兴不高兴、答应不答应作为衡量一切工作得失的根本标准，着力解决好人民最关心最直接最现实的利益问题"⑤。这也就明确说明了新一届党和国家领导人始终坚持群众路线，继承中国共产党高度重视通过以提高人民生活为重点的改善民生密切党群关系的优良传统，真正实现权为民所赋、权为民所用。

第二，中国共产党在改善民生中密切党群关系，就是解决好人民群众最关心最直接最现实的利益问题。

通过以提高人民生活为重点的改善民生中进一步密切党群关系，最根本的就是要抓住并且解决好广大人民群众最关心最直接最现实的利益问题。可见，党群关系的改善和密切，需要中国共产党做到急群众之所需、解群众之

---

① 《邓小平年谱（1975—1997）》，中央文献出版社 2004 年版，第 685 页。
② 《江泽民文选》第 2 卷，人民出版社 2006 年版，第 262 页。
③ 《胡锦涛文选》第 2 卷，人民出版社 2016 年版，第 9 页。
④ 《习近平谈治国理政》第 1 卷，外文出版社 2018 年版，第 365 页。
⑤ 《习近平谈治国理政》第 3 卷，外文出版社 2020 年版，第 142 页。

所忧，真正给人民群众实实在在的、看得见摸得着的实利，才能赢得群众真心实意的拥护。当前，我国需要解决的广大人民群众最关心最直接最现实的利益问题就是"学有所教、劳有所得、病有所医、老有所养、住有所居"问题，党群关系的密切与和谐就是形成于中国共产党解决人民群众利益问题过程中。

中国共产党在解决群众关心的"学有所教"中密切党群关系。百年大计，教育为本。毋庸置疑，教育问题，尤其是教育公平问题关系到千家万户，确确实实是广大人民群众最关心最直接最现实的利益问题。中国共产党要抓住"学有所教"这个改善民生的重要关键点有所作为。中国共产党抓住了这个问题并解决的这个问题，也就抓住人民群众的心，在解决人民群众的心结中会进一步密切党群关系。实际上，解决"学有所教"问题最主要就是要解决教育公平问题。对此，中共中央关于党的百年奋斗重大成就和历史经验的决议中指出："深化教育教学改革创新，要促进公平和提高质量，推进义务教育均衡发展和城乡一体化，全面推行国家通用语言文字教育教学，规范校外培训机构，积极发展职业教育，推动高等教育内涵式发展，推进教育强国建设，办好人民满意的教育。"[1]接下来，中国共产党要把这一促进教育公平的重要战略部署切实落到实处，在全面深化改革中逐步解决广大人民群众所关心的"学有所教"问题。唯有通过解决群众最为关心的问题，满足群众利益诉求，中国共产党才能赢得群众支持，党群关系才能更加密切。

中国共产党在解决群众关心的"劳有所得"中密切党群关系。就业是民生之本。抓住了就业问题，也就抓住了民生的根本。就业难日趋成为人民群众最为纠结的问题之一，尤其是随着近年来大学扩招所带来的大学生就业难，更是成为党和国家着力改善民生的重要问题。因此，作为执政党的中国共产党要千方百计地解决群众迫切关注的就业问题，唯有实现了"劳有所得"，才能巩固中国共产党的执政基础，赢得各个阶层群众的一致拥护。这

---

[1] 《中共中央关于党的百年奋斗重大成就和历史经验的决议》，人民出版社 2021 年版，第49 页。

不仅有利于密切党群关系，也有利于保障社会和谐与稳定。

中国共产党在解决群众关心的"病有所医"中密切党群关系。健康是促进人的全面发展的必然要求。理所当然，健康也是广大人民群众最为关心最为在意的民生问题。这就使得"病有所医"是涉及面最广，也是群众感受最深的民生问题，但是由于我国正处于社会主义初级阶段，当前的国情决定了我国还不能确保每一个人都能如愿以偿地享受高水平高质量的医疗。面对广大人民群众对"病有所医"的迫切需要，党和国家就要抓住这一迫在眉睫的民生问题，下力气真抓实干，通过全面深化卫生体制改革，逐步解决涉及每个人全面发展的"病有所医"问题。对此，习近平总书记指出，"深化医药卫生体制改革，全面建立中国特色基本医疗卫生制度、医疗保障制度和优质高效的医疗卫生服务体系，健全现代医院管理制度"[1]。中国共产党要认真贯彻和落实关于全面深化医药卫生体制改革精神，在解决广大人民群众最为关心的"病有所医"中密切党群关系。

中国共产党在解决群众关心的"老有所养"中密切党群关系。尊老爱老是中华民族的优良传统。早在数千年前的《礼记·礼运篇》中就描述了"使老有所终，壮有所用，幼有所长，鳏寡孤独废疾者，皆有所养"的大同社会。显然，"老有所养"是中华民族源远流长的优良美德，也是中华民族必不可少的道德底线。近年来，人口老龄化问题日趋突出，尤其是对于有着十四亿多人口的中国而言，"老有所养"也逐步成为我国十分迫切的民生问题。作为有着尊老敬老爱老优良传统的社会主义中国而言，中国共产党要充分利用社会主义制度所特有公有制和按劳分配制度优势从根本上确保"老有所养"的实现，在此过程中进一步密切党群关系。

中国共产党在解决群众关心的"住有所居"中密切党群关系。有房才有家，这是中国文化的固有观念。所以住房问题也是涉及千家万户的最大民生问题。近年来，中国的城市化进程方兴未艾。在中国逐渐完成城市化的进程中，住房问题逐渐成为困扰中国人的无法回避而又难以解决的民生问题。尽

---

[1]《习近平谈治国理政》第3卷，外文出版社2020年版，第38页。

管如此，作为始终代表中国最广大人民根本利益的中国共产党，务必要迎难而上，逐步全面深化住房制度改革，使广大人民群众在中国城市化进程中最大限度地实现"住有所居"。中国共产党要真正抓住"住有所居"这一重大民生问题，在解决千家万户最为迫切的民生问题中密切党群关系。

（二）在改善公平分配中密切党群关系

改善民生既要通过以经济建设为中心、大力发展生产力，进而提高人民生活水平，也要使群众这种生活水平的提高建立在公平分配的基础上，也就是确保发展成果更多更公平惠及全体人民。改革开放以来我国经济快速发展，人民生活水平大幅度提高，但是区域间城乡间阶层间贫富差距日趋拉大。这就使通过公平分配实现社会公平正义逐渐成为人民群众普遍关心和期待的重要民生问题。中共中央关于党的百年奋斗重大成就和历史经验的决议中指出："党坚持改革正确方向，以促进社会公平正义、增进人民福祉为出发点和落脚点，突出问题导向，聚焦进一步解放思想、解放和发展社会生产力、解放和增强社会活力。"[1]中国共产党始终代表人民群众根本利益，既要解决好人民群众最关心、最直接、最现实的利益问题，又要维护和实现社会公平正义。中国共产党能解决经济发展问题从而为改善民生提供公平分配的物质保障，也能通过公平分配解决社会公平正义问题从而实现发展成果全民共享。通过经济大发展来改善民生能够赢得人民群众拥戴，同样通过公平分配来改善民生也照样能够赢得人民群众拥戴。

第一，中国共产党历来高度重视社会公平正义问题，力图在改善公平分配中不断密切党群关系。

纵观整个中国共产党历史，中国共产党领导人历来高度重视以公平分配为抓手的改善民生问题。这就使得中国共产党在使发展成果更多更公平惠及

---

[1] 《中共中央关于党的百年奋斗重大成就和历史经验的决议》，人民出版社 2021 年版，第 37 页。

全体人民中不断密切党群关系。

以毛泽东同志为主要代表的中国共产党人带领各族人民在社会主义建设时期取得了一系列重要理论成果和巨大实践成就，为社会主义现代化建设提供了宝贵经验并且奠定了坚实物质基础。在社会主义建设时期，毛泽东在强调发展生产力同时，更加注重以公平分配为抓手的改善民生问题。毛泽东认识到公平分配在充分调动人民群众劳动积极性进行社会主义建设的重要作用。毛泽东认为，"按劳分配是在建设社会主义阶段内人们决不能不严格地遵守的马克思列宁主义的基本原则"[1]，"在分配问题上，我们必须兼顾国家利益、集体利益和个人利益"[2]。所以，作为社会主义国家，中国共产党要始终坚持按劳分配原则，多劳多得、少劳少得，从而充分调动劳动者的劳动积极性，也要把国家利益、集体利益和个人利益统筹兼顾，从而为社会主义现代化建设调动一切积极力量。通过以公平分配为抓手的改善民生，既能够彰显社会主义制度有利于发展生产力的内在优势，又能够确保社会主义制度有利于实现社会公平正义的制度特色。

改革开放以来，我国经济高速持续发展，为促进社会公平正义奠定了坚实的物质基础。邓小平也高度重视在推进公平分配中改善民生，确保国家富起来，同时人民也富起来，一部分地区、一部分人先富起来，同时，全国一盘棋，先富带后富、后富赶先富，最终实现共同富裕，这样一来，中国共产党才能始终赢得广大人民群众真心诚意的支持与拥护，党群关系才能始终密切而和谐。继邓小平之后，江泽民又把邓小平关于以公平分配为重点的改善民生理论进一步向前发展。江泽民指出："人民群众的整体利益总是由各方面的具体利益构成的。我们所有的政策措施和工作，都应该正确反映并有利于妥善处理各种利益关系，都应认真考虑和兼顾不同阶层、不同方面群众的利益。"[3]这就充分地认识到了公平分配在处理不同阶层、各个层面群众的利益方面的指导意义。唯有在公平分配指导下实现利益兼顾，才能赢得民心。

---

① 《建国以来毛泽东文稿》第 10 册，中央文献出版社 1996 年版，第 8 页。
② 《毛泽东文集》第 7 卷，人民出版社 1999 年版，第 221 页。
③ 《江泽民文选》第 3 卷，人民出版社 2006 年版，第 279 页。

正是有了这些理论铺垫，到了党的十八大，胡锦涛明确指出："着力解决收入分配差距较大问题，使发展成果更多更公平惠及全体人民"①。习近平总书记高度肯定了公平分配在使发展成果更多更公平惠及全体人民中重要作用。

中共十八大以来，党和国家新一届领导集体一如既往地重视以公平分配为抓手的改善民生在密切党群关系中的重要地位。习近平总书记指出："我们将以保障和改善民生为重点，促进社会公平正义，深化收入分配制度改革，健全社会保障体系和基本公共服务体系。"②这份决定中高度强调了把以促进社会公平正义从而使发展成果更多更公平惠及全体人民作为全面深化改革的重要环节。针对公平分配在密切党群关系中的重要性，习近平总书记再次强调："如果不能给老百姓带来实实在在的利益，如果不能创造更加公平的社会环境，甚至导致更多不公平，改革就失去意义，也不可能持续。"③在这里，习近平总书记向全党发出号召并且向全国人民表明，以实现公平分配为抓手的改善民生在整个全面深化改革中发挥着至关重要的作用，离开了社会公平正义，改革所带来的再多的生产力发展和物质富裕都是前功尽弃。唯有在全面深化改革中高度重视以实现公平分配为抓手的改善民生，促进社会公平正义的实现，才能始终赢得人民群众衷心支持与拥护，实现党群关系密切与和谐，最终赢得全面深化改革的新胜利。

第二，中国共产党在改善民生中密切党群关系，就是使发展成果更多更公平惠及全体人民。

改善民生不仅体现在通过经济发展和物质丰富来提高人民生活水平，而且还体现在通过公平分配而使发展成果更多更公平惠及全体人民。当前中国，发展仍是解决所有问题的关键这个重大战略判断没有变，但是中国在保持经济快速持续发展的同时，也要更加注重使发展成果更多更公平惠及全体人民。也就是说，在发展的过程中逐步解决区域间、城乡间、阶层间贫富差距过大问题，使方方面面的人们得到发展所带来的民生改善，从而在发展中

---

① 《胡锦涛文选》第 3 卷，人民出版社 2016 年版，第 624 页。
② 《习近平谈治国理政》第 1 卷，外文出版社 2018 年版，第 347 页。
③ 《习近平谈治国理政》第 1 卷，外文出版社 2018 年版，第 96 页。

实现党群关系的密切与和谐。

中国共产党要在发展中解决区域间贫富差距过大问题，让全国各个区域在全面深化改革中和谐共进。在社会主义中国，改善民生不仅仅立足于一部分地区经济快速发展，使这里的人们迅速富起来，从而衷心拥护中国共产党领导，而且，这种富裕还要扩展到全国各个区域、全国各地人民，只有全国各个区域、全国各地人民都富裕起来了并且实现民生改善，这样的中国共产党才得到全国各个地方各个层面人民群众的衷心拥护，真正巩固中国共产党的执政基础。否则，一部分地区富起来，一部分地区仍然相对落后，这样的发展有悖于社会主义本质。对于区域间发展，邓小平曾作出两个大局的设想，也就是"沿海地区要加快对外开放，使这个拥有两亿人口的广大地带较快地先发展起来，从而带动内地更好地发展，这是一个事关大局的问题。内地要顾全这个大局。反过来，发展到一定的时候，又要求沿海拿出更多力量来帮助内地发展，这也是个大局。那时沿海也要服从这个大局"①。按照邓小平的设想，当前我国沿海地区依靠党和国家的优惠政策和内地的支持，已经实现了经济社会大发展，这时就需要沿海地区帮助内地大发展。当然，这种发展不是顾此失彼、拆东墙补西墙，而是统筹兼顾，在发展中解决区域间贫富差距过大问题。当前中国要在保持沿海地区持续发展的基础上，党和国家各项方针政策都更多更公平地帮助和促进内地发展。实践已经证明，全国各族人民正是有了中国共产党的正确领导，通过改革开放使沿海地区迅速发展起来。通过中国共产党的不懈努力，一定还会用成功的实践再次证明，中国共产党通过全面深化改革可以使内地快速发展起来，从而实现全国各个区域在全面深化改革中和谐共进、共享改革开放的成果。

中国共产党要在发展中解决城乡间贫富差距过大问题，让广大农民平等参与现代化进程、共同分享现代化成果。改革开放以来，尤其社会主义市场经济体制建立以来，随着我国工业化和城市化进程不断推进，我国城市实现了翻天覆地的大发展。相对于城市而言，由于我国城乡二元制结构的长期存

---

① 《邓小平文选》第3卷，人民出版社1993年版，第277—278页。

在，我国广大农村地区发展的速度相对滞后。当前，中国 GDP 在世界排名第二，仅次于美国。中国的经济发展和国家富强，更多地体现在城市。农村日趋成为制约中国全面协调可持续发展的瓶颈。尽管中国城市进程快速发展，但是中国农民仍然占据着人口的大多数。如果没有农村的发展和农民的富裕，就没有中国大多数人的富裕。贫穷不是社会主义，一部分人富起来也不是社会主义，社会主义同两极分化是水火不相容的。面对此，作为执政党的中国共产党，要把在发展中解决城乡间贫富差距过大问题作为重要任务，"形成以工促农、以城带乡、工农互惠、城乡一体的新型工农城乡关系，让广大农民平等参与现代化进程、共同分享现代化成果"①。只有让占据我国人口大多数的农民得到实惠，真正富起来，中国共产党执政基础才能得到真正巩固。当初，中国共产党就是靠着广大农民的支持，走出一条农村包围城市武装夺取政权的革命道路。当前，中国共产党还得通过在发展中解决城乡间贫富差距过大问题，让广大农民平等参与现代化进程、共同分享现代化成果，来赢得依靠广大农民的支持，从而实现中华民族伟大复兴的中国梦。

中国共产党要在发展中解决阶层间贫富差距过大问题，让发展成果更多更公平惠及全体人民。通过改革开放，我国实现了社会生产力的解放和发展。这也为勤劳智慧的华夏儿女提供致富的舞台，一部分人靠着党和国家优惠政策和自己辛勤劳动迅速富起来。这是由社会主义初级阶段的根本任务所决定，社会主义就是要展现更有利于生产力的发展。改革开放以来的成功实践已经充分证明，社会主义制度比资本主义制度有着更加有利于生产力发展的先天优势。不仅如此，作为一个社会主义国家，中国不仅需要让人们富起来，而且需要让所有人都富起来，这是由社会主义本质决定的。否定了共同富裕，也就是否定社会主义。所以，当前中国在进一步全面深化改革进程中要着力解决阶层间贫富差距过大问题，让发展成果更多更公平惠及全体人民。实际上，党群关系的密切与和谐需要中国共产党想群众之所想、急群众之所需、办群众之所需，真心诚意地解决人民群众深恶痛绝、怨声载道的贫

---

① 《习近平谈治国理政》第 1 卷，外文出版社 2018 年版，第 81 页。

富差距过大问题，才能将心比心、将心换心，确保中国共产党始终赢得人民群众真心实意的支持与拥护。

（三）在改善政治参与中密切党群关系

中国共产党把保持党员干部与群众之间的血肉关系作为安身立命之本，其中关心群众利益和维护群众利益并通过改善民生来进一步密切党群关系也就成了中国共产党的传家宝。当然，在通过改善民生密切干群关系过程中除了让人民群众得到实实在在的利益以及让发展成果更多更公平惠及全体人民外，还要让人民权益真正得到保障。对此，习近平总书记明确指出："检验我们一切工作的成效，最终都要看人民是否真正得到了实惠，人民生活是否真正得到了改善，人民权益是否真正得到了保障。"[1]这就说明了，真正地实现民生的改善，还需要在党员干部和人民群众之间架起一条上通下达的畅通渠道，既要确保人民群众有序政治参与进而实现利益畅通表达，又要确保党员干部真正了解民情、掌握民意，做到权为民所用、利为民所谋。

第一，中国共产党历来高度重视人民权益的保障，通过不断改善和提高公民有序政治参与水平来进一步密切党群关系。

纵观整个中国共产党历史，中国共产党领导人历来高度重视人民权益的保障，从而通过不断改善和提高公民有序政治参与水平来进一步密切党群关系。接下来，梳理中国共产党人对人民群众就涉及切身利益的民生问题而进行政治参与在密切党群关系中的重要作用的论断。

作为带领广大人民群众取得新民主主义革命和社会主义革命胜利，并开创了社会主义建设伟大历程的一代伟人，毛泽东高度重视人民当家作主的政治权益，进而通过群众就改善民生问题进行充分政治参与来实现党群关系的进一步密切。就此，毛泽东强调："共产党员要善于同群众商量办事，任何

---

① 《习近平谈治国理政》第 1 卷，外文出版社 2018 年版，第 28 页。

时候也不要离开群众。党群关系好比鱼水关系。"①不仅如此，毛泽东还意识到："一切这些群众生活上的问题，都应该把它提到自己的议事日程上。应该讨论，应该决定，应该实行，应该检查。要使广大群众认识我们是代表他们的利益的，是和他们呼吸相通的。"②这就说明了，只有中国共产党始终牢记群众路线，在涉及国家经济社会发展重大问题和涉及群众切身利益的民生问题时要善于听取各阶层群众意见，反映群众利益所求，从而在党员干部和人民群众间建立起一条上通下达的畅通渠道，最终使人民群众民生问题得到有效利益表达，形成良性互动的党群关系。

不仅毛泽东重视通过确保群众政治参与来进一步密切党群关系，邓小平也高度重视保障人民群众就改善民生问题进行政治参与在密切党群关系中的重要作用。邓小平强调："凡涉及人民群众生活的事情，应当和群众商量，不能凭主观愿望办事。"③由此可见，邓小平十分重视涉及群众切身利益的民生问题，党员干部要接地气和群众打成一片，广泛而多渠道地倾听群众意见和要求，各项政策和措施要出台于群众中间，在调查研究和深入群众的基础上制定实施。任何脱离群众，不能反映群众利益要求的政策和措施是站不住脚，经不起实践考验的。继邓小平之后，江泽民也一如既往地重视群众就涉及切身利益的民生问题而进行政治参与在密切党群关系中的重要作用。江泽民指出："我们要在全党形成坚决相信群众，紧紧依靠群众，一切以人民群众的利益为重，事事向人民负责，老老实实向人民群众学习的良好风尚。"④对此，胡锦涛也向广大党员干部强调："要切实关心群众的生产生活，凡是涉及群众切身利益的问题都要当作大事来对待，凡是群众提出的意见都要真心实意地去听取。"⑤这就充分说明了，党和国家的各项政策和措施只有得到群众参与，真正顾及关系群众切身利益的民生问题，这些政策和措施才能得

---

① 《建国以来毛泽东文稿》第 6 册，中央文献出版社 1992 年版，第 547 页。

② 《毛泽东选集》第 1 卷，人民出版社 1991 年版，第 138 页。

③ 《邓小平年谱（1904—1974）》（下），中央文献出版社 2009 年版，第 1473 页。

④ 《十三大以来重要文献选编》（中），中央文献出版社 1991 年版，第 815 页。

⑤ 《十六大以来重要文献选编》（中），中央文献出版社 2006 年版，第 363 页。

到人民群众真心诚意的拥护，并且在政策和措施实践过程中使老百姓真正得到实惠，从而进一步密切党群关系。

中共十八大以来，习近平总书记高度重视通过扩大公民有序政治参与改善涉及群众切身利益的民生问题，进而密切党群关系。党的十八大以来，全党范围内开展了群众路线教育实践活动，集中解决党内所存在的形式主义、官僚主义、享乐主义和奢靡之风，从而在解决这"四风"问题中拉近党员干部同人民群众之间的距离，使得各级领导干部想群众之所想、急群众之所急、做群众之所需，真正实现民生问题的改善和保障。对此，习近平总书记指出："推进协商民主，有利于完善人民有序政治参与、密切党同人民群众的血肉联系、促进决策科学化民主化。"[①]这就说明了，以习近平同志为核心的党中央仍然始终如一地高度重视人民群众就涉及切身利益的民生问题而进行政治参与在密切党群关系中的重要作用。

第二，中国共产党在改善民生中密切党群关系，就是在党员干部和人民群众之间架起一条上通下达的畅通渠道。

通过改善民生密切党群关系，其中除了通过提高人民生活水平和确保发展成果更多更公平惠及全体人民外，还有一条必不可少的条件，就是在党员干部和人民群众之间架起一条上通下达的畅通渠道，进而保证公民就国家大政方针和涉及切身利益的民生问题进行有序政治参与，使广大人民群众根本利益得到维护。

中国共产党要确保公民有序政治参与，架起密切党群关系的桥梁。《中华人民共和国宪法》明确规定：中华人民共和国的一切权力属于人民。这就以宪法的高度规定了人民当家作主的崇高地位。作为执政党的中国共产党，是代表人民执掌国家政权，所以中国共产党要始终重视和充分保障人民权益，从根本上确保和维护广大人民群众根本利益。进一步说，中国共产党是以全心全意为人民服务为宗旨，自始至终都代表中国最广大人民的根本利益。正是中国共产党的性质和宗旨决定了中国共产党始终把人民利益放在至

---

① 《习近平谈治国理政》第1卷，外文出版社2018年版，第82页。

高无上的地位，这集中体现在中国共产党，尤其广大党员干部真心诚意地改善、保障和提高人民生活，想群众之所想、急群众之所急，把人民拥护不拥护、人民赞成不赞成、人民高兴不高兴、人民答应不答应作为自己的工作准则，这就使得中国共产党在不断地以提高人民生活水平为重点的改善民生中得到了广大人民群众衷心的支持和拥护，从而使党群关系变得鱼水情深。正是有了这种密切的党群关系，广大人民群众在中国共产党正确领导下，中国共产党在广大人民群众衷心拥护下，取得革命、建设和改革的不断胜利。不仅如此，中国共产党的先进性还决定了其自身根据经济社会发展变化进行适应性调整，不断地扩大执政的群众基础，进而确保各阶层各方面群众就改善民生问题进行有序政治参与，实现中国共产党尤其各级领导干部和广大人民群众及其各阶层各层面群体的和谐关系。具体而言，随着中国经济社会快速发展和不断变革，导致我国原有的社会结构产生了变化。这种变化主要体现在新社会阶层从原有的工人、农民、知识分子为主的社会群体中分化并涌现。伴随着这些新阶层人士经济地位提高，他们通过政治参与维护自己利益和改善自身生活的热情高涨。倘若新阶层这股维护自身利益和权益的政治参与热情得不到有效的疏导，就会影响到党群关系和谐。为了充分体现中国共产党的先进性与始终保持密切的党群关系，中国共产党顺应时代潮流和国情的新变化，对自身进行适应性调整，寻求把新阶层吸收到中国共产党内部，这样既解决了新阶层政治参与热情高涨问题，从而确保这部分特殊群体的自身利益和政治权益，又为中国共产党内部注入了新的活力。这主要体现中国共产党在党章中对自身性质的修改，由以前"中国共产党是中国工人阶级的先锋队"修改为"中国共产党是中国工人阶级的先锋队，同时是中国人民和中华民族的先锋队，是中国特色社会主义事业的领导核心"。至此，中国共产党开启新阶层中先进分子加入党的大门。允许新阶层中先进分子加入党，这就使中国共产党具有更加广泛的代表性，同时又能行之有效疏通新阶层政治参与热情，维护新阶层特殊的利益要求和政治权益，也使得党和国家各项方针和政策能够在确保广大人民群众根本利益，改善广大人民群众民生的前提下，充分保障和维护部分特殊群体和阶层的利益要求和民生要求，实现党群关系全方位、多层次、宽领域的和谐，进一步彰显社会主义制度的优越性。

中国共产党要纠正损害党群关系的不正之风，摒弃影响党群关系和谐的症结。尽管中国共产党的性质和自身先进性决定了党群关系密切与和谐，但是中国共产党在长期的执政实践过程中，难免沾染上形式主义、官僚主义、享乐主义和奢靡之风。这"四风"问题是同中国共产党的性质和宗旨背道而驰的，也是损害到了广大人民群众的利益，从而成为了群众当前最为反感和深恶痛绝的问题，更成为了影响党群关系密切与和谐的最大障碍。鉴于此，中国共产党就针对内部各级领导干部存在的"四风"问题，掀起了一场轰轰烈烈的党的群众路线教育实践活动。2013 年 6 月 18 日，习近平总书记在党的群众路线教育实践活动工作会议上强调："总体上看，当前各级党组织和党员、干部贯彻执行党的群众路线情况是好的，党群干群关系也是好的，广大党员、干部赢得了广大人民群众肯定和拥护。同时，我们必须看到，党内脱离群众的现象大量存在，集中表现在形式主义、官僚主义、享乐主义和奢靡之风这'四风'上。我们要对作风之弊、行为之垢来一次大排查、大检修、大扫除。"① 这就要求我国通过深入扎实开展党的群众路线教育实践活动，真正行之有效地解决和摒弃中国共产党内部，尤其各级领导干部的"四风"问题，使中国共产党始终保持自身的先进性和纯洁性，同时通过不断改善民生来确保广大人民群众根本利益，做到此，才能确保中国共产党始终赢得广大人民群众真心诚意的支持与拥护。在此基础上，使中国共产党和广大人民群众之间始终保持一种心连心、同呼吸、共命运的和谐关系，摒弃影响党群关系密切与和谐的症结，不断巩固和夯实中国共产党广泛、深厚、可靠的群众基础。

中国共产党要健全社会主义协商民主制度，确保各方面各阶层群众同党员干部间上通下达的畅通渠道。社会主义协商民主是我国社会主义民主政治的特有形式和独特优势。"协商民主是在中国共产党领导下，人民内部各方

---

① 习近平:《深入扎实开展党的群众路线教育实践活动》，载《人民日报》2013 年 6 月 19 日。

面围绕改革发展稳定重大问题和涉及群众切身利益的实际问题，在决策之前和决策实施之中开展广泛协商，努力形成共识的重要民主形式。"[1] 可以说，社会主义协商民主既符合中国国情而具有显而易见的中国特色，又独具优势而具有无与伦比的优越性。故此，通过健全社会主义协商民主制度，不仅能够使最广大人民群众根本利益得到保障，还能确保各方面各阶层群众同党员干部间上通下达的畅通渠道。对此，习近平总书记在关于《中共中央关于全面深化改革若干重大问题的决定》的说明中也强调："推进协商民主，有利于完善人民有序政治参与、密切党同人民群众的血肉联系、促进决策科学化民主化。"[2] 这就充分说明了，协商民主在密切党同人民群众间血肉联系中的重要作用。具体而言：通过推进协商民主广泛多层制度化、健全社会主义协商民主制度，可以进一步完善广大人民群众就改善民生问题进行有序政治参与。人民政协为协商民主的实现提供可靠的组织保障。各阶层、各层面群众可以通过人民政协这一广阔的舞台而实现有序政治参与，就涉及自身利益问题和民生问题通过代表进行广泛民主协商，从而使党和国家的各项方针政策出台过程中更多倾听各个阶层和群体的利益所求，最终在充分保障广大人民群众根本利益前提下，最大限度考虑社会各个层面、各个阶层、各个群众的特殊利益和民生要求。通过推进协商民主广泛多层制度化、健全社会主义协商民主制度，可以密切党同人民群众的血肉联系。这是因为，协商民主是中国共产党的群众路线在政治领域的重要体现。所以说，协商民主为广大人民群众，尤其是对于部分社会主义劳动者、社会主义事业建设者和拥护社会主义爱国者而言，提供了一个上通下达的畅通渠道。通过协商民主可以把社会方方面面的群众利益所求和民生要求反映到党和国家领导层和决策层，与此同时，通过协商民主也可以使党和国家的大政方针被各个层面群众所了解。通过推进协商民主广泛多层制度化、健全社会主义协商民主制度，可以促进决策科学化、民主化。正是有了协商民主这一重要渠道，可以确保党和国家

---

[1] 《关于加强社会主义协商民主建设的意见》，载《人民日报》2015年2月10日。

[2] 《习近平谈治国理政》第1卷，外文出版社2018年版，第82页。

在作出重要决策之前和过程中，就经济社会发展重大问题和涉及群众切身利益的实际问题广泛协商，"找到全社会意愿和要求的最大公约数"①。这样一来，就能确保党和国家的各项决策能够考虑、照顾和保障各个方面的利益，既保证最广大人民群众根本利益，又顾及部分群体的特殊利益。一言以蔽之，正是通过推进协商民主广泛多层制度化、健全社会主义协商民主制度，确保各方面各阶层群众同党员干部间上通下达的畅通渠道，才能够实现群众利益和民生权益的保障，在此过程中不断密切党群关系。

二、协商民主与群众路线的理论契合

实际上，所谓契合，按照《辞海》中的定义为"投合；合得来。"党的群众路线与中国协商民主也有诸多互相投合的地方。对此，习近平总书记在庆祝中国人民政治协商会议成立 65 周年大会上的讲话上指出："我们要深刻把握社会主义协商民主是中国共产党的群众路线在政治领域的重要体现这一基本定性。"②显然，中国共产党的群众路线与中国协商民主存在着理论契合，这主要体现在中国共产党的群众路线与中国协商民主都是把实现人民群众利益作为价值目标、都是党和国家科学决策的必要环节、都为人民群众广泛政治参与提供了必要渠道、都为密切党群关系提供了重要纽带。中国共产党对群众路线与协商民主契合性进行了长期的历史探索和不断的理论总结。

（一）中国共产党对群众路线与协商民主契合性的历史探索

为了更好地理解中国共产党的群众路线与中国协商民主契合性，我们首

---

① 习近平：《在庆祝中国人民政治协商会议成立 65 周年大会上的讲话》，人民出版社 2014 年版，第 17 页。

② 习近平：《在庆祝中国人民政治协商会议成立 65 周年大会上的讲话》，人民出版社 2014 年版，第 16 页。

先通过历史角度进行考察，明确中国共产党在长期的革命、建设、改革进程中，把中国共产党的群众路线与中国协商民主结合起来，相互借力、相得益彰。

早在新民主主义革命时期，中国共产党就充分意识到了群众路线与协商民主的契合性，这主要体现在中国共产党的群众路线需要借助于中国协商民主的方法来实现，而中国协商民主也在充当连接党员干部和人民群众的桥梁过程中得到不断的发展。例如，1934 年 1 月毛泽东在瑞金召开的第二次全国工农兵代表大会上强调："一切这些群众生活上的问题，都应该把它提到自己的议事日程上。应该讨论，应该决定，应该实行，应该检查。要使广大群众认识我们是代表他们的利益的，是和他们呼吸相通的。"①在这里，毛泽东要求党员干部把群众生活"提到自己的议事日程上"，从而进行"讨论"、"决定"、"实行"，最终使中国共产党和广大人民群众"呼吸相通"，这本身就是要求中国共产党通过协商民主的方式来处理人民生活问题。中国协商民主为中国共产党和广大人民群众搭建了一个上通下达的畅通渠道，与此同时，借助于中国协商民主可以更好地密切党群关系。

建国之后，毛泽东依然重视中国共产党的群众路线与中国协商民主契合性而产生的良性互动。这体现在毛泽东认为中国协商民主承载着密切党群关系的重任。毛泽东在《一九五七年夏季的形势》中指出："共产党员要善于同群众商量办事，任何时候也不要离开群众。党群关系好比鱼水关系。"②在这里，毛泽东强调中国共产党人要同广大人民群众"商量办事"，通过这种商量办事的协商民主的方法，可以确保党群之间的鱼水关系。之后的 1961 年 5 月 14 日，在《给张平化的信》中，毛泽东再次强调："都要坚决走群众路线，一切问题都要和群众商量，然后共同决定，作为政策贯彻执行。"③这就更加明确了，中国共产党要走群众路线，"一切问题都要和群众商量，然后共同决定"，也就是说，以全心全意为人民服务为宗旨的中国共产党，面

---

① 《毛泽东选集》第 1 卷，人民出版社 1991 年版，第 138 页。
② 《建国以来毛泽东文稿》第 6 卷，中央文献出版社 1992 年版，第 547 页。
③ 《毛泽东年谱（1949—1976）》第 4 卷，中央文献出版社 2013 年版，第 586 页。

对任何问题都要经过中国共产党同广大人民群众的广泛民主协商，达成充分的共识后，再使决策得以有效地落实。如果中国共产党在制定政策的过程中不同人民群众进行充分协商，那么，就脱离了人民群众而犯了主观主义的错误。故此，党的群众路线需要中国协商民主为中国共产党同人民群众之间搭建畅通联系和沟通渠道。

作为改革开放和社会主义现代化建设的总设计师，邓小平历来重视党的群众路线与中国协商民主契合性所具有的独特优势。早在党的八大时，邓小平所作的《关于修改党的章程的报告》中就明确提出："每一个党员必须养成为人民服务、向群众负责、遇事同群众商量和同群众共甘苦的工作作风"，"许多人并非在主观上没有为人民服务的愿望，但是他们仍然把工作做坏了，使群众受到重大的损失。这是因为他们遇事不同群众商量"，"不同群众商量，是同党的群众路线根本不相容的"。[1] 这就以《中国共产党党章》的高度要求，每一个党员必须养成"遇事同群众商量"的工作作风。时过境迁，党的十八大修订的新党章，仍然对每一个党员必须履行遇事同群众商量的义务作出了明确规定，即"密切联系群众，遇事同群众商量"。[2] 有些党员干部即使有为人民服务的愿望，如果"遇事不同群众商量"，他们仍然可能把工作做坏了，最终使广大人民群众受到重大的损失。倘若中国共产党人不具备同人民群众进行广泛协商的工作作风，那么这不仅违背《中国共产党党章》的规定，也是"同党的群众路线根本不相容的"。改革开放之后，邓小平在《高级干部要带头发扬党的优良传统》中，依旧向全党发出号召："每个地方、每个单位遇到任何问题，都应该主动向群众宣传和解释，做好工作。要注意听取群众的呼声，同群众商量办事"。[3] 这就充分说明了，邓小平高度重视协商民主在中国共产党科学执政、民主执政，尤其是贯彻和落实党的群众路线过程中的重要作用。

到了党的十八大，胡锦涛旗帜鲜明地指出："社会主义协商民主是我国

---

① 《邓小平文选》第 1 卷，人民出版社 1994 年版，第 217、218、219 页。
② 《中国共产党党章》，人民出版社 2012 年版，第 24 页。
③ 《邓小平文选》第 2 卷，人民出版社 1994 年版，第 229 页。

人民民主的重要形式"，中国共产党需要"就经济社会发展重大问题和涉及群众切身利益的实际问题广泛协商，广纳群言、广集民智，增进共识、增强合力"。① 这就从党的代表大会报告的高度肯定了中国协商民主服务于人民当家作主的价值指向。实际上，中国协商民主的本质就是人民群众广泛政治参与。

中国共产党对群众路线与协商民主契合性的探索，只有进行时而没有完成时。习近平总书记也十分重视党的群众路线与中国协商民主的契合性。在党的十八届三中全会上，习近平总书记在关于《中共中央关于全面深化改革若干重大问题的决定》的说明中强调："推进协商民主，有利于完善人民有序政治参与、密切党同人民群众的血肉联系、促进决策科学化民主化。"② 这就直接明确了在推进中国协商民主广泛多层制度化发展的过程中进一步密切党群关系。鉴于此，我们在学习贯彻落实党的十八届三中全会精神过程中，中国共产党要以经济社会发展重大问题和涉及群众切身利益的实际问题为内容，在全社会开展广泛协商，坚持协商于决策前和决策中，通过协商民主提高中国共产党执政能力和自身纯洁性、先进性，从而实现党群关系的密切与和谐。

（二）中国共产党对群众路线与协商民主契合性的理论总结

中国协商民主是党的群众路线在政治领域的重要体现，中国共产党就涉及群众切身利益的实际问题进行决策前和决策中，始终坚持从群众中来又到群众中去，同人民群众进行广泛的民主协商。显然，党的群众路线和中国协商民主存在着契合性。中国共产党对群众路线与协商民主契合性进行了不断的理论总结。

第一，党的群众路线与中国协商民主都是把实现人民群众利益作为价值

---

① 《十八大以来重要文献选编》（上），中央文献出版社 2014 年版，第 21 页。

② 《十八大以来重要文献选编》（上），中央文献出版社 2014 年版，第 504 页。

目标。

　　无论是党的群众路线，还是中国协商民主，都把实现人民群众利益作为自身所追求的价值目标。正是在价值目标上的这种一致性，使得党的群众路线与中国协商民主存在着理论上的契合性。对此，中国共产党进行了长期的理论总结。

　　一方面党的群众路线最终的价值目标就是维护和保障人民群众利益。党的群众路线是中国共产党取得革命、建设和改革胜利的重要经验，必须始终坚持、薪火相传。早在革命时期，中国共产党就开始提出了群众路线并且把实现人民群众利益作为群众路线的价值目标。就此，毛泽东指出："我们的党员在中国人口中当然只占很小的一部分，只有当这一小部分人反映大多数人的意见，并为他们的利益而工作时，党和人民之间的关系才是健康的。"[①]这就说明了中国共产党是为维护和保障人民利益而工作的。此后，党的群众路线贯穿于中国共产党政治生活过程中，中国共产党始终把实现人民群众的利益作为一切工作的出发点和归宿。这是因为中国共产党是中国工人阶级的先锋队，同时是中国人民和中华民族的先锋队，所以中国共产党没有任何私利，始终是为人民群众公利而奋斗的政党。故此，中国共产党要充分保证党的路线方针政策和各项工作都要更好地体现人民群众的利益，让广大人民群众能够真正享受到改革开放的发展成果。可以断言，维护和实现人民群众利益，就是中国共产党产生、存在和发展的价值所在。

　　另一方面中国协商民主也是把实现人民群众的利益作为自身的价值目标。我国是社会主义国家，人民是国家的主人。而中国协商民主是我国人民民主的重要形式，通过协商民主可以为实现人民当家作主提供重要渠道。对此，习近平总书记在庆祝中国人民政治协商会议成立 65 周年大会上的讲话中明确指出："实行人民民主，保证人民当家作主，要求我们在治国理政时在人民内部各方面进行广泛商量。"[②]正是在中国有了这种社会主义协商民主

——————————

[①]　《毛泽东文集》第 3 卷，人民出版社 1996 年版，第 186—187 页。

[②]　习近平：《在庆祝中国人民政治协商会议成立 65 周年大会上的讲话》，人民出版社 2014年版，第 13 页。

的形式，这就使得党和国家能够"以经济社会发展重大问题和涉及群众切身利益的实际问题为内容，在全社会开展广泛协商，坚持协商于决策之前和决策实施之中"①，从而从根本上维护广大人民群众的根本利益。这是因为中国协商民主为领导干部和人民群众之间搭建了一条上通下达、下通上达的畅通渠道，如此一来，人民当家作主的地位就通过协商民主的形式得到实现。同时，各级领导干部通过协商民主可以更好地实现和维护广大人民群众的利益。由此可见，实现和维护人民群众的利益也成为中国协商民主存在与发展的价值目标。

第二，党的群众路线与中国协商民主都成为了党和国家决策的必要环节。

无论是党的群众路线，还是中国协商民主，都是党和国家作出科学民主决策的必要环节。党的群众路线使得党和国家的决策真正的实现"从群众中来，到群众中去"，而中国协商民主能够使得党和国家在决策前和决策中同各个层面人民群众进行广泛充分协商。可以说，党和国家决策的科学化民主化都需要党的群众路线和中国协商民主共同发挥作用，同时，这构成了党的群众路线与中国协商民主契合性的关键内容。

一方面党和国家决策过程本身，就是贯彻和落实群众路线的过程。中国共产党是执政党，代表人民长期掌握国家政权，同时我国是社会主义性质的国家，人民是国家的主人。这就决定了群众路线成为了党和国家科学决策的必要环节。因为只有真正植根于人民、来源于人民，充分反映人民群众的利益诉求，使党和国家的决策保障从群众中来，到群众中去，才是科学的。不能代表人民意愿和人民利益的决策就是脱离实际的。对此，毛泽东早在 1943 年就在《关于领导方法的若干问题》中论述了党的群众路线在科学决策中的重要作用。也就是"在我党的一切实际工作中，凡属正确的领导，必须是从群众中来，到群众中去"②。新中国成立后，毛泽东再次强调："各级

---

① 习近平：《在庆祝中国人民政治协商会议成立 65 周年大会上的讲话》，人民出版社 2014 年版，第 12 页。

② 《毛泽东选集》第 3 卷，人民出版社 1991 年版，第 899 页。

党委，不许不作调查研究工作。绝对禁止党委少数人不作调查，不同群众商量，关在房子里，作出害死人的主观主义的所谓政策。"[1] 这就充分说明了，群众路线成为了党和国家科学决策的必要环节。新时期，群众路线在党和国家科学决策中重要性仍然举足轻重。就此，胡锦涛强调，"要坚持从群众中来、到群众中去，把人民群众的愿望和要求作为决策的根本依据，使各项决策既体现人民群众的现实利益又代表人民群众的长远利益，既反映大多数群众的普遍愿望又照顾部分群众的特殊要求"[2]。这就说明了，群众路线在党和国家决策过程中所发挥了至关重要的作用。

另一方面中国协商民主也是党和国家进行科学决策的必要环节和重要手段。党和国家在就大政方针的出台与涉及到群众切身利益的政策制定过程中，都需要充分地征求和反映人民群众的意愿。而中国协商民主为党和国家科学决策中人民群众的广泛参与提供了广阔的舞台。其中，人民政协作为中国协商民主的重要渠道，为党和国家进行科学决策提供了必不可少的组织保障。人民政协由 34 个界别组成，包括中共、民革、民盟、民建、民进、农工、致公、九三学社、台盟、无党派 10 个党派类；共青团、工会、妇联、青联、工商联、科协、台联、侨联 8 个团体类；文化艺术界、科学技术界、社会科学界、经济界、农业界、教育界、体育界、新闻出版界、医药卫生界、对外友好界、社会福利和社会保障界、少数民族界、宗教界 13 个界别类；特邀香港人士、特邀澳门人士、特别邀请人士 3 个特邀类。通过人民政协所搭建的平台，党和国家在进行决策过程中，可以通过人民政协联系广泛并且集中各个层面知识精英的优势进行广泛的民主协商，从而确保党和国家的决策更加科学化民主化。除了人民政协为党和国家科学决策提供了协商民主的重要手段外，我们还要在制度上确保协商民主的成果真正脚踏实地运用到实处。对此，习近平总书记在庆祝中国人民政治协商会议成立 65 周年大会上的讲话中强调："协商就要真协商，真协商就要协商于决策之前和决策

---

① 《毛泽东文集》第 8 卷，人民出版社 1999 年版，第 272 页。
② 《十六大以来重要文献选编》(下)，中央文献出版社 2008 年版，第 874 页。

之中，根据各方面的意见和建议来决定和调整我们的决策和工作，从制度上保障协商成果落地，使我们的决策和工作更好顺乎民意、合乎实际。"①

第三，党的群众路线与中国协商民主都为人民群众广泛政治参与提供了必要渠道。

一方面党的群众路线为人民群众广泛政治参与提供了畅通渠道。党的群众路线就是"坚持一切为了群众，一切依靠群众，从群众中来，到群众中去的群众路线，密切同人民群众的联系，凝聚起最广大人民的智慧和力量"②，并把党的正确主张变为群众的自觉行动。毛泽东早在 1943 年 6 月在《关于领导方法的若干问题》中就完整地概括了党的群众路线，也就是"在我党的一切实际工作中，凡属正确的领导，必须是从群众中来，到群众中去。这就是说，将群众的意见（分散的无系统的意见）集中起来（经过研究，化为集中的系统的意见），又到群众中去作宣传解释，化为群众的意见，使群众坚持下去，见之于行动，并在群众行动中考验这些意见是否正确。然后再从群众中集中起来，再到群众中坚持下去。如此无限循环，一次比一次更正确、更生动、更丰富"③。显然，党的群众路线要求中国共产党始终置身于广大人民群众之中，使党员干部和人民群众建立一种直接的联系，这样一方面能够使党员干部真正做到问政于民、问需于民、问计于民，真正做到权为民所用、情为民所系、利为民所谋，从广大人民群众中汲取执政兴国的智慧与力量；另一方面能够使广大人民群众直接而广泛地参与到党的科学决策民主决策之中，把广大人民群众的根本利益以及部分群众的特殊利益都得到行之有效的反映，确保党的各项方针政策反映人民群众广泛利益与要求，从而使发展的成果更多更公平惠及全体人民群众。由此可见，党的群众路线在本质上包括两个层面，一方面中国共产党要全心全意为人民服务，真正做到执政为民；另一方面人民群众要广泛进行政治参与，真正实现人民当家作主。党的

① 习近平：《在庆祝中国人民政治协商会议成立 65 周年大会上的讲话》，人民出版社 2014 年版，第 19—20 页。
② 中华人民共和国国务院新闻办公室：《中国的民主》，人民出版社 2021 年版，第 8 页。
③ 《毛泽东选集》第 3 卷，人民出版社 1991 年版，第 899 页。

群众路线不仅是中国共产党事业不断取得胜利的重要法宝，也是确保广大人民群众实现广泛政治参与的有效途径。

另一方面抓住了人民群众广泛政治参与，也就抓住了中国协商民主的本质。我国是社会主义国家，社会主义国家的性质决定人民当家作主。"中国宪法规定，国家的一切权力属于人民；人民依照法律规定，通过各种途径和形式，管理国家事务，管理经济和文化事业，管理社会事务。中国的政治权力不是依据地位、财富、关系分配的，而是全体人民平等享有的。"① 这就充分说明了人民当家作主的权利。"在中国社会主义制度下，有事好商量，众人的事情由众人商量，找到全社会意愿和要求的最大公约数，是人民民主的真谛。"② 故此，作为我国人民民主重要形式的中国协商民主，理所当然，就是为满足人民当家作主需要而存在与发展的。抓住了公民有序政治参与，也就抓住了中国协商民主的本质。近年来，之所以中国协商民主研究掀起了高潮，最根本的原因还是我国公民政治参与热情持续高涨，正是为了满足广大人民群众政治参与需要，维护人民当家作主的权利，催生了中国协商民主理论与实践的大发展大繁荣。这就意味着，中国协商民主为人民群众广泛政治参与提供了一个巨大的舞台。"涉及全国各族人民利益的事情，要在全体人民和全社会中广泛商量；涉及一个地方人民群众利益的事情，要在这个地方的人民群众中广泛商量；涉及一部分群众利益、特定群众利益的事情，要在这部分群众中广泛商量；涉及基层群众利益的事情，要在基层群众中广泛商量。"③ 可见，中国协商民主确保了广大人民群众上上下下、实实在在地实现广泛的政治参与。

第四，党的群众路线与中国协商民主都为密切党群关系提供了重要纽带。

---

① 中华人民共和国国务院新闻办公室：《中国的民主》，人民出版社 2021 年版，第 37 页。

② 习近平：《在庆祝中国人民政治协商会议成立 65 周年大会上的讲话》，人民出版社 2014 年版，第 13 页。

③ 习近平：《在庆祝中国人民政治协商会议成立 65 周年大会上的讲话》，人民出版社 2014 年版，第 14 页。

一方面党的群众路线要求在改善民生中使党群关系不断密切。党的群众路线是密切党群干群关系的传家宝，必须始终坚持、常抓不懈。在践行党的群众路线过程中，一定要抓住民生问题，唯有在不断改善和提高人民生活中，才能使党群关系不断密切。改善民生作为密切党群关系的重要途径，最主要的突破口就是抓住人民生活水平提高。这是改善民生的重中之重，也是密切党群关系的必由之路。对于改善人民生活在整个改善民生中的重要地位以及由此所带来的党群关系的密切与和谐，胡锦涛在党的十八大报告中作出过明确的论述，"要多谋民生之利，多解民生之忧，解决好人民最关心最直接最现实的利益问题，在学有所教、劳有所得、病有所医、老有所养、住有所居上持续取得新进展，努力让人民过上更好生活"，[①] 只有通过中国共产党不断改善民生的举措，使广大人民群众真正过上富裕民主文明和谐的生活，党群关系才能自然而然地变得水乳相融、密不可分。中国共产党通过不断提高人民生活实现党群关系的密切，这项工作只有进行时，没有完成时。中国特色社会主义进入新时代，习近平总书记高度重视改善民生在密切党群关系中的重要作用，认为"不论过去、现在和将来，我们都要把群众路线贯彻到治国理政全部活动之中"，"检验我们一切工作的成效，最终都要看人民是否真正得到了实惠，人民生活是否真正得到了改善，人民权益是否真正得到了保障"。[②] 这也就明确说明了新一届党和国家领导集体始终坚持群众路线，继承中国共产党高度重视通过以提高人民生活为重点的改善民生密切党群关系的优良传统，真正实现权为民所赋、权为民所用。可见，以全心全意为人民服务为宗旨的中国共产党，要时刻践行群众路线，也就是做到急群众之所需、解群众之所忧，真正给人民群众实实在在的、看得见摸得着的实利，才能使党群关系始终血肉相连。

另一方面通过中国协商民主使党和国家的决策既能代表广大人民群众的根本利益，又能反映部分群众的特殊利益，从而使党和国家决策在找到全社

---

① 《十八大以来重要文献选编》（上），中央文献出版社 2014 年版，第 27 页。
② 《十八大以来重要文献选编》（上），中央文献出版社 2014 年版，第 697、698 页。

会意愿和要求的最大公约数中密切党群关系。中国协商民主作为中国社会主义民主政治中独特的、独有的、独到的民主形式，为密切党群干群关系起到了重要的纽带作用。习近平总书记指出："人民群众是社会主义协商民主的重点。"[①] 这就要求，在中国共产党领导下，凡是涉及群众切身利益的决策，在决策前和决策中都要充分认真听取广大人民群众意见，通过各种方式、在各个层级、各个方面同群众进行广泛协商，确保党和国家的决策既能代表广大人民群众的根本利益，又能反映部分群众的特殊利益。

（三）中国共产党的群众路线与协商民主的叠加优势

中国协商民主是党的群众路线在政治领域的重要体现。中国共产党在科学决策过程中，就经济社会发展重大问题和涉及群众切身利益的实际问题在全社会开展广泛协商，能够有效地找到全社会意愿和要求的最大公约数。同时，党的群众路线也是推进中国协商民主广泛多层制度化发展的内在要求。党的群众路线是中国共产党的生命线，以全心全意为人民服务为宗旨的中国共产党在执政过程中，务必同广大人民群众多商量，实现人民群众根本利益同部分群体特殊利益的完美结合，从而让发展成果更多更公平惠及全体人民。由此可见，协商民主与群众路线紧密联系、相得益彰。这就要求我们应该充分发挥协商民主与群众路线叠加优势的作用，为实现中华民族伟大复兴的中国梦而贡献力量。

第一，充分发挥协商民主与群众路线的叠加优势，能够提供人民群众广泛政治参与的畅通渠道，从而更好地实现人民当家作主。以全心全意为人民服务为宗旨的中国共产党人，始终代表最广大人民根本利益，因此，确保人民当家作主的地位就成为了发展协商民主与践行群众路线的重要前提和基础。其中，人民群众广泛政治参与是衡量人民当家作主地位的重要标准。无

---

① 习近平:《在庆祝中国人民政治协商会议成立 65 周年大会上的讲话》，人民出版社 2014年版，第 20 页。

论是协商民主还是群众路线都是为人民群众广泛政治参与所提供的畅通渠道。这就要求我们，一方面要在党的群众路线教育实践中发挥协商民主的优势，确保广大人民群众广泛政治参与。另一方面要在推进中国协商民主广泛多层制度化发展中贯彻和落实好党的群众路线，实现人民当家作主。实际上，中国协商民主的本质就是人民群众广泛的政治参与。所以，在党的群众路线教育实践活动中，我们要通过协商民主这一重要抓手，真正把广大人民群众发动起来，充分发挥协商民主与群众路线的叠加优势。也就是在党的领导下，就经济社会发展中的重大问题和涉及人民群众切身利益的实际问题在广大人民群众中间进行全方位、多层面的广泛协商。就国家而言，凡是涉及人民群众根本利益的大政方针的制定，都要在全体人民群众中进行广泛协商；就地方层面而言，凡是涉及一个地方人民群众重大利益的政策方针的制定，都要在这个地方人民群众中进行广泛协商；就基层层面而言，凡是涉及一部分群众利益及其特定群众利益的事情，都要在这部分人民群众中进行广泛协商。这就使协商民主在人民群众上上下下各个层面展开。实际上，在人民内部各方面广泛商量的过程，就是实现人民群众广泛政治参与的过程，也是实现人民当家作主的过程。

第二，充分发挥协商民主与群众路线的叠加优势，能够提高党和国家的决策水平，从而推进国家治理体系和治理能力现代化。决策的科学化民主化是推进国家治理体系和治理能力现代化的重要环节，而协商民主与群众路线都是党和国家科学民主决策的重要手段。中国协商民主是中国社会主义民主政治中独特的、独有的、独到的民主形式，已经嵌入了中国社会主义民主政治的全过程。因此，党和国家务必要把协商民主纳入决策程序，始终坚持协商于决策之前和决策之中，使协商民主成为党和国家的科学民主决策的必要环节。如此一来，党和国家各项决策才能接地气、连民心，真正行之有效地反映人民群众心声，从而确保通过广泛协商后作出的决策能够解决人民群众关心的实际问题。同时，中国共产党及其领导的国家是代表最广大人民根本利益的，所以党和国家所作出的任何方针政策，都应该来自人民，并且都应该为人民利益而制定和实施。恰好，协商民主为党和国家在决策前和决策中能够广泛听取人民内部各方面的意见和建议提供了重要渠道。在党和国家制定决策时，通过多种形式的协商，可以广泛达成决策的最大共识，真正解决人民群众的方方面面的实际问题，从而赢得广大人民群众的真正拥护。当然，党和国家科学民主决策的过程，也是党员干部密切联系群众，从群众中来，到群众中去的过程。故此，我们要充分发挥协商民主与群众路线的叠加优势，凡是涉及人民群众利益的问题，要在广大人民群众内部进行广泛的协商，始终做到有事多商量、遇事多商量、做事多商量。这种融入人民群众生活之中的广泛协商过程，就是广集民智、增进共识、发扬民主的过程，也是党和国家科学决策、民主决策的过程。唯有做到此，才能为国家治理奠定广泛而深厚的群众基础。

第三，充分发挥协商民主与群众路线的叠加优势，能够实现人民群众根本利益与部分群体特殊利益的完美结合，从而让发展成果更多更公平惠及全体人民。随着改革开放的不断推进，中国取得了举世瞩目的发展成就。当前，在国家富强的同时，还要让发展成果更多更公平惠及全体人民，实现社会公平正义。通过充分发挥协商民主与群众路线的叠加优势，能够有效地实现人民群众根本利益与部分群体特殊利益的完美结合。协商民主在党和国家制定大政方针时能够在全社会进行广泛协商，真正找到全社会意愿和要求的最大公约数，从而使党和国家各项大的决策能够充分反映广大人民群众的根本利益。可见，协商民主是实现人民当家作主的必然要求，构成了人民民主的真谛。不仅如此，协商民主能够充分反映人民群众根本利益的同时，还能够使部分群体特殊利益得到有效的反映，使党和国家在制定各项决策时，不仅考虑广大人民群众的根本利益，还要照顾到部分群体的特殊利益，这样才能真正实现社会公平正义。当然，我们在党的群众路线教育实践活动中，在广泛听取人民群众根本利益所求的同时，也要充分顾及一小部分群众的特殊利益要求，全方位、多层次、上上下下、方方面面进行广泛的协商，力求真正达成决策和工作中的最大共识。做到此，才能确保党和国家各项决策都能够在考虑广大人民群众根本利益的同时，又顾及部分群体特殊利益诉求，从而让发展成果更多更公平惠及全体人民。

第四，充分发挥协商民主与群众路线的叠加优势，能够保障和改善民生，从而进一步密切党群关系。民生连着民心，民心决定民意。中国共产党来自人民、服务人民，这就决定了中国共产党要始终赢得人民群众支持与拥护，就需要抓住保障和改善民生这一重要立足点。历史与实践已经证明，中国共产党始终把保障和改善民生作为保持党员干部同人民群众血肉关系的优良传统和重要法宝。我们要充分发挥协商民主与群众路线的叠加优势，就是要求无论是在推动协商民主广泛多层制度化发展过程中，还是在党的群众路线教育实践活动中，始终都要抓住民生指向。也就是说，协商民主和群众路线的根本价值目标都是保障人民群众的根本利益和不断改善人民生活水平。人民所望，就是党和国家的施政所向。通过在全社会进行广泛的协商，就是为了解决好人民群众最关心最直接最现实的利益问题，在党员干部和人民群众之间架起一条上通下达的畅通渠道，从而使党和国家在保障人民利益和改善人民生活中不断密切党群关系。显然，协商民主运行过程本身就是贯彻和落实党的群众路线过程，也就是说，协商民主是群众路线在政治领域的重要体现。抓住了民生问题，也就解决了协商民主与群众路线共同的价值指向问题，我们要在不断提高人民生活水平中密切党同人民群众的血肉关系。

综上所述，我们既要在党的群众路线教育实践中发挥协商民主的优势，又要在推进中国协商民主广泛多层制度化发展中贯彻和落实好党的群众路线，充分发挥好协商民主与群众路线的叠加优势，为实现人民当家作主、推进国家治理体系和治理能力现代化、确保发展成果更多更公平惠及全体人民、密切党群关系发挥应有作用。

三、基层协商民主的发展与实践

社会主义协商民主在中国已经取得了全方位多层次的发展，尤其是在国家层面，在人民政协作为社会主义协商民主的重要渠道和专门协商机构保证下，政协协商起到了很好地示范引领作用，政党协商、人大协商、政府协商也齐头并进，在国家层面率先形成了"有事好商量，众人的事情由众人商量"的良好协商民主氛围。社会主义协商民主大繁荣大发展，需要协商主体的下移，唯有扎根于基层，立足于广大人民群众之中，社会主义协商民主才能更加接地气、更加有生命力。针对此，习近平总书记强调："人民群众是社会主义协商民主的重点。涉及人民群众利益的大量决策和工作，主要发生在基层。要按照协商于民、协商为民的要求，大力发展基层协商民主，重点在基层群众中开展协商。"[1] 这就为社会主义协商民主建设指明了正确的前进方向，也就把重点放在基层群众中开展协商，把基层协商民主同践行党的群众路线相结合，发挥二者的叠加优势，真正做到以人民为中心，把党的群众路线贯彻到治国理政的全部活动之中。

（一）基层群众协商是中国协商民主发展的重点

随着中国特色社会主义进入新时代，以习近平同志为核心的党中央始终坚持以人民为中心。这种以人民为中心的执政理念，体现在社会主义协商民主建设上，就是把基层群众中开展协商作为社会主义协商民主发展的重点。

实际上，早在中共十八大报告中，就充分肯定了基层协商民主在整个社会主义协商民主制度中必不可少的地位，其中强调了"积极开展基层民主协商"，"加强议事协商"，"保障人民享有更多更切实的民主权利"。[2] 这就以党的代表大会报告的高度规定了"积极开展基层民主协商"的重要性。伴随着社会主义协商民主实践的发展，尤其是基层协商民主在理论和实践层面成就的不断涌现。中共十八届三中全会通过的《中共中央关于全面深化改革若干重大问题的决定》对社会主义协商民主有了更加全面的规定，其中在强调构建程序合理、环节完整的协商民主体系时，指出"拓宽国家政权机关、政协组织、党派团体、基层组织、社会组织的协商渠道"。可见，在这里把基

---

① 习近平：《在庆祝中国人民政治协商会议成立 65 周年大会上的讲话》，人民出版社 2014 年版，第 20 页。

② 《十八大以来重要文献选编》（上），中央文献出版社 2014 年版，第 21 页。

层协商民主提高到了协商的五大渠道之一。

作为社会主义协商民主重要构成的基层协商民主，在新时代取得了很多新成就。在广大的基层群众中，有事多商量、遇事多商量、办事多商量逐渐成为基层群众的最大共识。基层协商民主也成为推进协商民主广泛多层制度化发展过程中，重要的突破口和着力点。正是在此背景下，习近平总书记在庆祝中国人民政治协商会议成立 65 周年大会上的讲话中指出："凡是涉及群众切身利益的决策都要充分听取群众意见，通过各种方式、在各个层级、各个方面同群众进行协商。要完善基层组织联系群众制度，加强议事协商，做好上情下达、下情上传工作，保证人民依法管理好自己的事务。"① 通过在基层群众中开展广泛的协商，能够为各级党组织和政府机构同广大人民群众之间搭建起密切联系的畅通桥梁。

新时代社会主义协商民主不断取得新成就，基层协商民主逐步成为了社会主义协商民主建设的主力军，日益发挥着至关重要的作用。鉴于社会主义协商民主建设成就不断彰显，社会主义协商民主到底如何建设发展，就迫切需要一定高屋建瓴的顶层设计。正是在这一时代要求下，中共中央印发了《关于加强社会主义协商民主建设的意见》，成为了指导社会主义协商民主建设的纲领性文件，其中充分强调了基层协商民主的重要性。在《关于加强社会主义协商民主建设的意见》的九大部分中，专门拿出一部分来阐释"稳步推进基层协商"，明确规定了"涉及人民群众利益的大量决策和工作，主要发生在基层。要按照协商于民、协商为民的要求，建立健全基层协商民主建设协调联动机制，稳步开展基层协商，更好解决人民群众的实际困难和问题，及时化解矛盾纠纷，促进社会和谐稳定"② 。显然，基层协商民主在这份指导社会主义协商民主建设的纲领性文件中，仍然占据着重要的地位。

---

① 习近平:《在庆祝中国人民政治协商会议成立 65 周年大会上的讲话》，人民出版社 2014 年版，第 20 页。

② 《关于加强社会主义协商民主建设的意见》，人民出版社 2015 年版，第 13 页。

（二）城乡社区协商是党密切联系群众的生动实践

为深入贯彻落实党的十八大和十八届三中、四中全会精神，尤其是贯彻落实习近平总书记关于社会主义协商民主系列重要讲话精神，发展基层民主，畅通民主渠道，开展形式多样的基层协商，推进城乡社区协商制度化、规范化和程序化，根据《中共中央关于加强社会主义协商民主建设的意见》精神，中共中央办公厅、国务院办公厅印发了《关于加强城乡社区协商的意见》，成为指导基层协商民主发展的纲领性文件。在这份基层协商发展纲领性文件中，强调："城乡社区协商是基层群众自治的生动实践，是社会主义协商民主建设的重要组成部分和有效实现形式。"①

正是因为中共十八大以来基层群众中开展协商所取得的巨大成就，中共十九大上，习近平总书记才有了足够的理论自信向全世界宣告："我国社会主义民主是维护人民根本利益的最广泛、最真实、最管用的民主。发展社会主义民主政治就是要体现人民意志、保障人民权益、激发人民创造活力，用制度体系保证人民当家作主。"②随后，习近平总书记又旗帜鲜明地指出："有事好商量，众人的事情由众人商量，是人民民主的真谛。"③这就为新时代社会主义协商民主建设指明了新方向。孟祥锋在《党的十九大报告辅导读本》所写的《发挥社会主义协商民主重要作用》中对习近平总书记关于基层群众中开展协商进行了进一步的理论阐释，强调了"尊重人民主体地位，尊重群众首创精神，紧紧依靠人民推进协商民主，最大程度吸纳人民参与协商民主"④。这就充分说明了，基层协商民主和党的群众路线之间存在着天然的理论契合，我们要在稳步推进基层协商民主中密切联系群众，同时在践行党的群众路线中实现民主协商。

---

① 《关于加强城乡社区协商的意见》，载《人民日报》2015 年 7 月 23 日。
② 习近平：《决胜全面建成小康社会　夺取新时代中国特色社会主义伟大胜利——在中国共产党第十九次全国代表大会上的报告》，人民出版社 2017 年版，第 35—36 页。
③ 习近平：《决胜全面建成小康社会　夺取新时代中国特色社会主义伟大胜利——在中国共产党第十九次全国代表大会上的报告》，人民出版社 2017 年版，第 37—38 页。
④ 《党的十九大报告辅导读本》，人民出版社 2017 年版，第 276 页。

稳步推进基层协商，城乡社区是人民群众生活和交往的主阵地，抓住了城乡社区协商也就抓住了在基层群众中开展协商的根本。正如在《关于加强城乡社区协商的意见》中所指出："社区是社会的基本单元，加强城乡社区协商，有利于解决群众的实际困难和问题，化解矛盾纠纷，维护社会和谐稳定；有利于在基层群众中宣传党和政府的方针政策，努力形成共识，汇聚力量，推动各项政策落实；有利于找到群众意愿和要求的最大公约数，促进基层民主健康发展。"[①]可见，城乡社区协商是党密切联系群众的重要桥梁，通过加强城乡社区协商能够解决基层群众的内在利益矛盾和诉求，找到基层群众的最大共识，为党与群众的上情下达、下情上达提供畅通渠道。

（三）践行党的群众路线推进基层协商民主发展

中华人民共和国的国体是人民民主专政，而人民民主专政的实质就是人民当家作主。中国共产党的执政地位是历史的选择，也是人民的选择，始终以全心全意为人民服务为宗旨。中国特色社会主义进入新时代，以习近平同志为核心的党中央更是始终以人民为中心来推进社会主义现代化建设。在中共十九大报告中，习近平总书记明确指出："把党的群众路线贯彻到治国理政全部活动之中，把人民对美好生活的向往作为奋斗目标，依靠人民创造历史伟业。"[②]可见，中国共产党始终把人民群众放在至高无上的位置，坚持立党为公、执政为民。而群众路线构成了党的生命线和根本工作路线。中国共产党在执政活动中践行群众路线，就是一切为了群众，一切依靠群众和从群众中来，到群众中去，把党的正确主张变为群众的自觉行动。通过群众路线使党和群众之间真正形成鱼水关系，而其中协商民主扮演着重要的沟通渠道的角色。中国共产党密切联系群众，践行群众路线的过程，也就是生动地实现基层群众中协商的过程。

---

① 《关于加强城乡社区协商的意见》，载《人民日报》2015 年 7 月 23 日。

② 习近平：《决胜全面建成小康社会　夺取新时代中国特色社会主义伟大胜利——在中国共产党第十九次全国代表大会上的报告》，人民出版社 2017 年版，第 21 页。

中国共产党践行群众路线同基层群众开展协商存在天然的理论契合，那么我们就可以搭乘中国共产党践行群众路线这个顺风车，推进基层协商民主发展。同时，在基层群众开展协商也为中国共产党密切联系群众提供了重要手段和沟通方法。对于协商民主在密切联系群众中的重要性，列宁早就认识到了，"在人民群众中，我们毕竟是沧海一粟，只有我们正确地表达人民的想法，我们才能管理。否则共产党就不能率领无产阶级，而无产阶级就不能率领群众，整个机器就要散架"①。正是得益于基层协商民主为党与群众之间搭建了沟通的有效渠道，借助于协商民主，广大基层人民群众才能够实现有序政治参与，向各级党委畅通有效地表达政治诉求和利益要求。

在社会主义现代化建设过程中，毛泽东也高度重视在群众中开展广泛协商的重要性。毛泽东指出："共产党员要善于同群众商量办事，任何时候也不要离开群众。党群关系好比鱼水关系。如果党群关系搞不好，社会主义制度就不可能建成；社会主义制度建成了，也不可能巩固。"②这就要求中国共产党员要善于同群众商量办事，也就是把协商民主融入群众路线之中，通过协商民主更加密切联系群众，真正让党同群众打成一片，水乳交融。邓小平同样高度重视群众路线与协商民主的融合发展，强调指出："每一个党员必须养成为人民服务、向群众负责、遇事同群众商量和同群众共甘苦的工作作风。……遇事不向群众学习，不同群众商量，因而他们出的主意，经常在群众中行不通。"③这都充分证明了中国共产党借助于协商民主密切联系群众的重要性，同时在党密切联系群众过程中，协商民主也得到了充分的实践发展。

中国特色社会主义进入了新时代，以习近平同志为核心的党中央始终高度重视群众路线同协商民主的协同发展问题。习近平总书记强调："群众的眼睛是雪亮的。党员、干部身上的问题，群众看得最清楚、最有发言权。要坚持开门搞活动，一开始就扎下去听取群众意见和建议，每个环节都组织群

---

① 《列宁选集》第 4 卷，人民出版社 2012 年版，第 695 页。

② 《建国以来毛泽东文稿》第 6 册，中央文献出版社 1992 年版，第 547 页。

③ 《邓小平文选》第 1 卷，人民出版社 1994 年版，第 217—218 页。

众有序参与，让群众监督和评议，切忌'自说自话、自弹自唱'，不搞闭门修炼、体内循环。"①新时代，一如既往地需要发挥协商民主在党密切联系群众中的桥梁作用，更需要在中国共产党践行群众路线中发展协商民主。

① 《习近平谈治国理政》第 1 卷，外文出版社 2018 年版，第 377—378 页。

第六章　构建中国协商民主话语体系

理论是时代的呼声。社会主义协商民主在中国实现了广泛多层制度化发展，形成中国特色协商民主体系，迫切需要从其长期而丰富的实践中不断提出新观点、总结新经验、凝炼新话语，构建有中国特色、中国风格、中国气派的社会主义协商民主话语体系，真正实现社会主义协商民主从发展优势到话语优势的成功转变。做到此，需要以新时代社会主义协商民主理论为行动指南，在掌握社会主义协商民主诠释与研究的马克思主义话语权基础上，构建同社会主义协商民主发展优势相匹配的话语体系。同时，作为强起来的勇于担当国际责任的大国，要为构建人类命运共同体贡献更多的中国方案，这也需要不断提高中国社会主义协商民主国际对话能力，从而为丰富世界民主文明贡献中国智慧。在社会主义协商民主发展过程中，时刻面对着西方话语抢夺社会主义协商民主诠释话语权的倒逼，我们要有坚定的文化自信，掌握社会主义协商民主诠释与研究的马克思主义话语权，构建社会主义协商民主话语体系。

一、中国协商民主从发展优势到话语优势转变的缘由

时代发展和实践创新不断催生理论的与时俱进。社会主义协商民主在中国有着长期而丰富实践，尤其是中国特色社会主义进入新时代以来，社会主义协商民主实现了创新性发展。这就要构建同社会主义协商民主发展成就相匹配的话语体系，实现社会主义协商民主从发展优势到话语优势的转变。对

此，习近平总书记在哲学社会科学工作座谈会上的讲话中指出："发挥我国哲学社会科学作用，要注意加强话语体系建设。在解读中国实践、构建中国理论上，我们应该最有发言权，……每个学科都要构建成体系的学科理论和概念。"[1]这就要求我们要从社会主义协商民主发展实践中提出新观点、总结新经验，构建有中国特色、中国风格、中国气派的社会主义协商民主话语体系，真正实现社会主义协商民主从发展优势到话语优势的成功转变。同时，面对西方话语对社会主义协商民主研究和诠释的挑战，更是倒逼着我们掌握社会主义协商民主研究的马克思主义话语权。

（一）改变中国协商民主的发展优势与话语劣势的需要

在社会主义协商民主长期的发展过程中，社会主义协商民主建设取得了彪炳史册的重要成就。尤其是新时代以来，社会主义协商民主实现了创新性发展，社会主义协商民主建设向国家、社会、公民各个层面延伸，社会主义协商民主在政党、政府、人大、政协各个方面发展成绩显著。《中共中央关于党的百年奋斗重大成就和历史经验的决议》强调"社会主义协商民主广泛多层制度化发展，形成中国特色协商民主体系"[2]，这充分肯定了社会主义协商民主在中国发展取得的历史成就。同时社会主义协商民主实践成就、理论发展，尤其是社会主义协商民主的话语体系构建方面仍然相对不足。不断加强社会主义协商民主建设，就迫切需要推进社会主义协商民主理论创新与理论自信，实现社会主义协商民主从发展优势到话语优势的转变。

一方面中国协商民主的发展优势。社会主义协商民主在中国有着长期而丰富的实践。自从 1949 年 9 月中国人民政治协商会议全体会议召开，就标志着社会主义协商民主在全国范围内确立。全国人民代表大会召开以后，全国政协和全国人大协同发展，共同缔造协商民主和选举民主相得益彰的中国

---

① 《习近平谈治国理政》第 2 卷，外文出版社 2017 年版，第 346 页。
② 《中共中央关于党的百年奋斗重大成就和历史经验的决议》，人民出版社 2021 年版，第40 页。

特色"两会制"。新时代以来，社会主义协商民主实现了广泛多层制度化发展，社会主义协商民主建设成就斐然。当前，社会主义协商民主的发展优势主要体现在以下四个方面：

一是人民政协作为社会主义协商民主的重要渠道和专门协商机构。人民政协协商民主是整个社会主义协商民主体系中历史最为悠久、作用最为重大的协商渠道。在社会主义协商民主历史发展进程中，得益于人民政协作为协商民主的专门协商机构，为社会主义协商民主提供坚强有力而持久的组织机构保障。随着社会主义协商民主不断发展，以社会主义协商民主为运行方式的人民政协成为了国家治理体系的重要构成，在推进国家治理能力现代化进程中发挥了至关重要的角色。对此，中共中央印发的《关于加强人民政协协商民主建设的实施意见》中明确强调："人民政协是社会主义协商民主的重要渠道和专门协商机构，是国家治理体系的重要组成部分。"[1] 正是依托人民政协，尤其是在人民政协协商民主的示范引领下，社会主义协商民主不断向外拓展，在国家、社会、公民各个层面取得了有目共睹的发展。

二是政协协商民主与人大选举民主协同发展。在中国民主化进程中逐步形成了政协协商民主与人大选举民主协同发展的独特民主形态。正是在政协协商民主与人大选举民主相得益彰、协同推进的基础上，独具中国特色又符合中国国情的"两会制"才逐步形成。近年来，每年3月份举行的"全国两会"业已成为了向全国人民和世界各地展示中国特色民主政治的民主盛宴。在某种意义上而言，协商民主和选举民主就是"两会"两根支柱。"人民通过选举、投票行使权利和人民内部各方面在重大决策之前进行充分协商，尽可能就共同性问题取得一致意见，是中国社会主义民主的两种重要形式。"[2] 可见，在中国特色民主政治中，协商民主和选举民主相得益彰、互为补充、协同发展。

---

[1] 《关于加强人民政协协商民主建设的实施意见》，人民出版社2015年版，第1页。
[2] 《十八大以来重要文献选编》（中），中央文献出版社2016年版，第74页。

三是社会主义协商民主拓展到上至国家、中至社会、下至基层各个层面。在中国民主化发展的大背景下，尤其是在人民政协协商民主的示范引领下，社会主义协商民主朝着国家、社会、基层各个层面发展。就国家层面而言，社会主义协商民主已经不是人民政协的专利，政党协商、政府协商也已经蔚然成风，人大不仅依托于选举民主，协商民主也在人大扎根发展。有了社会主义协商民主在国家层面的大发展，社会协商也在社会层面如火如荼的发展。不仅如此，社会主义协商民主拓展到基层的方方面面，农村有协商、社区也有协商、企事业单位都进行广泛协商，"有事多协商，遇事多协商，做事多协商"①，逐步成为党员干部和人民群众的共识。

四是实现了社会主义协商民主到全过程人民民主的拓展升华。在中国共产党带领人民探索中国式民主发展道路过程中，习近平总书记创造性地提出了"全过程人民民主"这一全新的民主理念，开创了人类民主文明新形态。全过程人民民主具备完整的制度程序，已经形成全过程人民民主的完整民主链条，包括民主选举、民主协商、民主决策、民主管理、民主监督，各民主环节环环相扣、相互贯通，真正实现了人民民主全覆盖。可见，民主协商已经深深地镶嵌于全过程人民民主发展实践当中，成为中国式民主的独有形式。民主协商这一独有形式正是得益于中国共产党的领导和推动，尤其是有了人民政协协商民主的示范引领作用，民主协商逐步拓展为社会主义协商民主。社会主义协商民主是全方面的、全方位的民主形式，成为发展全过程人民民主的实践典范，成功地实现了社会主义协商民主到全过程人民民主的创新性发展。

无论是人民政协协商民主的示范引领、协商民主与选举民主协同发展，还是社会主义协商民主不断拓展以及成为发展全过程人民民主的实践典范，都有力地说明社会主义协商民主的发展优势是响当当、硬邦邦的。

另一方面中国协商民主的话语劣势。伴随着社会主义协商民主的发展优势，社会主义协商民主的理论总结和话语构建也取得了一定的成绩。自中国

---

① 《关于加强社会主义协商民主建设的意见》，人民出版社 2015 年版，第 17 页。

特色社会主义进入新时代以来，中共中央相继印发了《关于加强社会主义协商民主建设的意见》、《关于加强人民政协协商民主建设的实施意见》、《关于加强政党协商民主建设的实施意见》、《关于新时代加强和改进人民政协工作的意见》，对社会主义协商民主进行了重要的理论总结，但是同社会主义协商民主在中国的发展成就相比，社会主义协商民主的理论总结和话语构建还相对不足。

相对于社会主义协商民主的发展优势，社会主义协商民主在理论上取得了一定成绩，但是在学术话语方面还是显得有些相形见绌。社会主义协商民主的话语劣势主要体现在以下几个方面：

一是人民政协在协商民主话语构建方面成绩显著，政党、政府、人大、社会、基层等方面协商民主话语相对不足。人民政协长期引领着社会主义协商民主理论创新的方向，在构建社会主义协商民主话语体系方面也起着重要的示范作用。从建国前夕一直到中共十八大，人民政协都在社会主义协商民主话语构建中独领风骚。尽管政党协商和政府协商实践形式丰富多彩、基层协商搞得如火如荼、人大协商和社会协商也屡见不鲜，但是同这些协商实践相比，这些协商渠道的话语构建相对薄弱。做得多、说得少，甚至做了也不说。政党、政府、人大、社会、基层都要参照政协在理论归纳、经验总结、话语构建方面的建树，弥补实践丰富而理论薄弱与话语不足的劣势。

二是西方话语充斥着对社会主义协商民主的诠释，而马克思主义话语在诠释社会主义协商民主中相对不足。社会主义协商民主是中国土生土长的民主形式，是中国共产党领导人民群众在革命、建设、改革中的伟大创造，绝不是西方协商民主的舶来品。社会主义协商民主与西方协商民主同名不同义，有着本质的不同。一些学者一味崇洋媚外、削足适履，试图用西方协商民主理论来解读和衡量社会主义协商民主，这是方向性的错误。当然，西方协商民主理论也有诸多值得社会主义协商民主建设过程中吸取和借鉴的地方，但是吸收和借鉴不等于拿来主义，把西方协商民主奉为圭臬。我们要用马克思主义的立场、观点、方法来研究和解读社会主义协商民主，牢牢掌握社会主义协商民主研究的马克思主义话语权。

三是独具中国特色又符合中国国情的社会主义协商民主的国际对话能力不足，难以用国际接受的话语讲好社会主义协商民主的光辉故事。尽管社会主义协商民主发展优势显而易见，尽管我们在社会主义协商民主理论总结和话语构建方面取得了一定成绩。但是社会主义协商民主的国际对话能力是薄弱的，是同其实践成就和发展优势极其不匹配的。随着中国经济社会的不断发展，相对于中国制造的商品遍布世界各地，中国作为负责任的大国，也要为世界奉献中国智慧和中国方案。在此背景下，我们在构建社会主义协商民主话语体系过程中，要时刻关注和提升社会主义协商民主的国际对话能力，真正做到用国际接受的话语讲好中国社会主义协商民主的光辉故事。

综上所述，社会主义协商民主在中国可谓是实践丰富、发展迅速，与此同时，社会主义协商民主的理论总结不够、话语构建不足。

（二）中国协商民主实现创新性发展的迫切需要

新时代以来，在不断推进国家治理能力和治理体系现代化的过程中，社会主义协商民主建设实现了创新性发展。作为社会主义协商民主重要渠道和专门协商机构的人民政协，通过全国政协双周协商座谈会的形式充分展示了社会主义协商民主的繁荣景象。在人民政协协商民主的示范引领下，社会主义协商民主不断向外拓展，横向形成了政党、政府、人大、政协"四大班子"广泛协商景象，纵向形成了国家、社会、基层、公民的普遍协商局面。社会主义协商民主的实践大繁荣大发展迫切需要社会主义协商民主理论跟进和话语构建。正如马克思所言："物质生活的生产方式制约着整个社会生活、政治生活和精神生活的过程。不是人们的意识决定人们的存在，相反，是人们的社会存在决定人们的意识。"[①]既然社会存在决定社会意识，那么社会主

---

① 《马克思恩格斯文集》第 2 卷，人民出版社 2009 年版，第 591 页。

义协商民主取得大繁荣大发展之后，就迫切需要尽快构建社会主义协商民主话语体系，让社会主义协商民主从发展优势转变为话语优势，从而使得社会主义协商民主能够被更广的范围、更多的群体所认知。

社会主义协商民主建设取得从人民政协协商民主到社会主义协商民主四梁八柱的发展，成为发展全过程人民民主的实践典范，需要构建与之相适应的社会主义协商民主理论体系，实现从社会主义协商民主实践成就与发展优势向话语优势的转变。在社会主义协商民主长期的发展过程中，尤其是中共十八大以来社会主义协商民主快速拓展过程中，逐步形成了社会主义协商民主的四梁八柱。所谓四梁，指的是社会主义协商民主建设的四个层面，即国家层面的协商、社会层面的协商、基层层面的协商、公民层面的协商。具体而言，在社会主义协商民主历史演进过程中，社会主义协商民主长期集中在国家层面，尤其是人民政协协商民主构成了社会主义协商民主的脊梁。在人民政协协商民主示范引领下，社会主义协商民主在横向上不断向政党协商、政府协商、人大协商拓展，在纵向上不断向社会协商、基层协商、网络协商发散，这使得社会主义协商民主在各个层面发展壮大。所谓八柱，指的是社会主义协商民主的八大渠道，即政党协商、政府协商、人大协商、政协协商、社会协商、人民团体协商、基层协商、网络协商。实际上，在中共十八大提出社会主义协商民主概念后，中共十八届三中全会初步规定了社会主义协商民主的渠道，到目前为止，"中国不断完善协商民主的发展路径，探索形成了政党协商、人大协商、政府协商、政协协商、人民团体协商、基层协商、社会组织协商等协商渠道，推动协商民主广泛多层制度化发展"①。由此可见，社会主义协商民主发展取得了显著成就，业已形成中国特色协商民主体系。当前网络协商越来越成为广大人民群众政治参与和利益表达的重要平台，因此，网络协商继实体的政党协商、政府协商、人大协商、政协协商、社会协商、人民团体协商、基层协商之后，成为了社会主义协商民主必不可少的协商渠道。显而易见，社会主义协商民主已经在各个层面、各方面构建

---

① 中华人民共和国国务院新闻办公室：《中国的民主》，人民出版社 2021 年版，第 27 页。

起了四梁八柱的完整体系，同时作为社会主义协商民主的四梁八柱也时时刻刻运行于中国民主政治生活之中，业已成为全方面、全方位的民主形式，是发展全过程人民民主的实践典范，相对于社会主义协商民主建设所取得的看得见、摸得着的实践成就，社会主义协商民主理论总结和话语构建就明显薄弱许多了，并不相称和匹配。

（三）西方话语抢夺中国协商民主诠释话语权的倒逼

中国社会主义协商民主与西方协商民主同名不同义，此协商民主非彼协商民主。之所以同名，是因为在西方协商民主翻译过程中所产生的理论错觉而导致的。其实，我们把中国社会主义协商民主和西方协商民主都还原成英语，就更加一目了然。西方协商民主还原为英文"Deliberative Democracy"，而中国社会主义协商民主翻译成英文为"Consultative Democracy"。虽然在中文世界，都顶着协商民主之名，但是不同义、不同宗、不同调。中国部分学者往往误读误用西方协商民主，进而以西方协商民主来衡量和审视中国社会主义协商民主。

在西方协商民主向中国翻译和传播的过程中，有些学者在翻译西方协商民主过程中，故意把"Deliberative Democracy"翻译为在本义上不同且在名称上与中国社会主义协商民主相同的"协商民主"。最初把"Deliberative Democracy"翻译到中国时，在学术界更为熟悉的是翻译成"审议民主"而非"协商民主"。例如，比较典型是谈火生翻译的《审议民主》一书，之后陈家刚把"Deliberative Democracy"改译成了协商民主。同时，在西方学术世界，也认为中国社会主义协商民主是同西方协商民主完全不同的两个概念。

在此背景下，仍然有部分学者凭借西方协商民主与中国社会主义协商民主同名的名义，鼓吹西方协商民主理论。言必称西方，把西方协商民主研究者哈贝马斯、罗尔斯、科恩等学者的言论奉为圭臬，作为裁量中国社会主义协商民主的标尺。这种以讹传讹，对中国社会主义协商民主研究造成理论上的误导。西方协商民主本是好经，却被歪嘴和尚把经给念歪了，借着同名而导致中西协商民主在本义上的混淆。

实际上，社会主义协商民主是在中国共产党领导全国广大人民群众在长期的革命、建设和改革中形成和发展起来的土生土长的民主形式。早在1987年中共十三大报告中就明确提出了"建立社会协商对话制度"。显然，社会协商对话已经具备了社会主义协商民主的雏形。而西方协商民主被中国学术界广为了解，还是原自2004年以来中央编译出版社出版的8卷本西方协商民主译丛。此后，由中西协商民主同名不同义而在中国造成的误读误用就屡见不鲜。尤其是中共十八大旗帜鲜明指出"社会主义协商民主是我国人民民主的重要形式"后，部分学者仍然用西方协商民主话语来解读中国社会主义协商民主实践，这就造成了社会主义协商民主研究成果鱼龙混杂。这同新时代以来社会主义协商民主实践的大发展极不相称，这就倒逼着理论工作者必须把社会主义协商民主的发展优势充分转变为理论优势和话语优势，在理论上澄清社会主义协商民主同西方协商民主的本质区别，构建社会主义协商民主研究的完整话语体系。

（四）文化自信对中国协商民主话语优势要求

随着我国经济社会深刻变革，尤其是全面深化改革不断推进，思想文化领域的交流交融交锋交战日趋突显，在实现中华民族伟大复兴的中国梦进程中，迫切地需要增强文化自觉和文化自信。中国有着世界独有的五千多年连续不断的文化传承与积淀，源远流长的文化是一个民族躯体流淌的血液，历史传承下来的文化构成了生活在这片土地上的人民的精神家园。中国共产党领导全国各族人民取得了革命、建设、改革的不断胜利，中华民族距离实现伟大复兴的中国梦越来越近。我们需要自己的道路自信、制度自信、理论自信的同时，更需要文化自信。习近平总书记在中共十九届六中全会上指出："文化自信是更基础、更广泛、更深厚的自信，是一个国家、一个民族发展中最基本、最深沉、最持久的力量，没有高度的文化自信、没有文化繁荣兴盛就没有中华民族伟大复兴。"① 当前，发展壮大起来的中国需要文化自信，领导全国人民走在复兴路上的中国共产党也需要文化自信。中国特色社会主义文化不断展现出蓬勃的发展生机和强劲的发展势头。文化自信是国家和政党对文化传承、文化实践、文化价值的自我认同与积极践行，也是对这种文化的内在价值和发展前途的高度自信。

实现中华民族伟大复兴的中国梦，既需要物质的硬实力，以经济建设为中心，大力发展生产力，达到物质极大丰富，同时又需要文化的软实力，传承中华民族优秀文化、发展中国特色社会主义文化，实现文化的大繁荣大发展。物质硬实力和文化软实力共同构成了中华巨龙腾飞高翔的两翼，相辅相成、和谐共进。近年来，中国的物质硬实力已有目共睹，得到世界范围内的认可和赞许。中国迫切需要夯实与物质硬实力相匹配、相协调、相对应的文化软实力。文化自信的提出正是中国不断提升文化软实力的一个重要里程碑。文化自信需要话语自信。用中国特色、中国风格、中国气派的语言来总结中国经验，讲好中国故事。文化自信迫切地要求实现社会主义协商民主从发展优势到话语优势转变，构建社会主义协商民主完整而系统的话语体系。

做到文化自信，需要从事社会主义协商民主的研究者具有理论担当的使命感和敢于亮剑的自信底气，同恶意歪曲、贬低、诋毁、否定社会主义协商民主的观点论战，真实、完整、权威的展示社会主义协商民主的内在本色与独特优势，捍卫社会主义协商民主的马克思主义话语权。当然，文化自信来自理论的彻底。"理论只要说服人，就能掌握群众；而理论只要彻底，就能说服人。所谓彻底，就是抓住事物的根本。"② 这就充分说明了，理论研究者需要全面、深入、系统研究社会主义协商民主理论与实践，彻底搞清楚社会主义协商民主理论渊源、发展脉络、理论特色，真正抓住社会主义协商民主的内在本质，用中国特色、中国风格、中国气派的语言来凝练社会主义协商民主实践经验、总结社会主义协商民主发展成就、构建社会主义协商民主话

---

① 《中共中央关于党的百年奋斗重大成就和历史经验的决议》，人民出版社 2021 年版，第44 页。

② 《马克思恩格斯文集》第 1 卷，人民出版社 2009 年版，第 11 页。

语体系。

二、中国协商民主从发展优势到话语优势转变的路径

社会主义协商民主要实现从发展优势向话语优势的转变，首先需要构建同社会主义协商民主发展优势相匹配的话语体系。这就需要以新时代社会主义协商民主理论引领社会主义协商民主发展方向，掌握社会主义协商民主话语体系构建的马克思主义话语权。同时，强起来的中国要承担更多的大国责任，这也需要不断提高社会主义协商民主国际对话能力，从而为世界贡献中国智慧与中国方案。

（一）构建同中国协商民主发展优势相匹配的话语体系

随着中国经济社会发展，社会主义协商民主呈现出大发展大繁荣景象。协商民主已经实现国家、社会与公民之间的联通，上下协商、左右协商，上情下达、下情上达已经成为常态，社会主义协商民主实践无时不在、无处不有，业已成为发展全过程人民民主的实践典范。这就迫切需要建构同社会主义协商民主发展优势相对应、相匹配的话语体系，实现社会主义协商民主从发展优势到话语优势的转变。

第一，用中国特色、中国风格、中国气派的话语体系来呈现社会主义协商民主发展优势。

构建社会主义协商民主话语体系，实现社会主义协商民主从发展优势向话语优势的转变，就需要用中国特色、中国风格、中国气派的话语来表述社会主义协商民主。所谓中国特色，就是只有中国独有，除中国之外的地方没有，强调的是一种特殊性。构建社会主义协商民主话语体系，也要在中国特色这一特殊性上面下工夫。在社会主义协商民主长期发展过程中，创造性地形成了"两会制"、双周协商座谈会、社会协商对话制度、民主恳谈会等独

具中国特色的协商民主形式。实现社会主义协商民主从发展优势到话语优势的转变，就是要抓住最具中国特色的协商形式进行理论总结和话语构建，用国际惯用的学术规范和流行话语来诠释社会主义协商民主，充分突出这一民主形式的中国特色。所谓中国风格，就是既传承中华文化又适应世界潮流，强调的是一种继承性。社会主义协商民主植根于中国五千多年文明之中，是对中国传统文化中源远流长协商理念的传承。正是充分吸收和汲取了中国传统文化中博大精深的协商理念，才形成了独具中国风格的社会主义协商民主话语。所谓中国气派，就是与众不同的气势与气概，强调的是一种标识性。在西方话语体系中，民主通常就是指选举民主。选举民主是一种必须分出胜负的刚性民主，而中国民主是全过程人民民主，民主选举、民主协商、民主决策、民主管理、民主监督构成全过程人民民主的完整民主链条。其中，选举民主与协商民主成为五种民主形式协同发展的标杆，可见，中国民主除了具备投票表决的刚性民主外，还具有对话协商的柔性民主。尽管西方也在理论上提出了协商民主作为选举民主的重要补充，但是西方协商民主更多停留在理论演绎的层面，中国社会主义协商民主已经长期运行于中国民主政治生活中，并逐步形成了上上下下、方方面面的网格状社会主义协商民主格局。所以，由协商民主与选举民主协同发展构成的中国民主，充分展现了与众不同的中国气派。

第二，从社会主义协商民主实践中总结社会主义协商民主理论，从社会主义协商民主理论中凝练社会主义协商民主话语。

社会主义协商民主在中国范围内广泛实践，不断开疆拓土、枝繁叶茂。当前，党政机关的政党协商、政府协商、人大协商、政协协商已经日趋常态化，以农村协商、社区协商、企事业单位协商为主的基层协商正在如火如荼的展开，社会组织协商和人民团体协商也是方兴未艾。显然，社会主义协商民主实践已经拓展到了中国的上上下下、方方面面，协商民主已经成为人民大众的普遍共识。我们要从横向和纵向两个视角概括、归纳、总结社会主义协商民主理论。社会主义协商民主已经横跨政党、政府、人大、政协这"四大班子"，其中政协协商民主历史最为悠久、实践最为丰富、理论最为深厚。

就人民政协协商民主而言，无论是全国政协层面，还是省政协、市政协、县政协层面，各级政协都构成了这个层面社会主义协商民主的重要渠道和专门协商机构。人民政协在总结社会主义协商民主实践经验和理论成果方面走在党政机关的前列。近年来，正是得益于人民政协对社会主义协商民主的理论总结和话语创新，才推动着社会主义协商民主理论不断发展，同时引领了政党、政府和人大积极总结自身社会主义协商民主理论。另外，社会主义协商民主也是在中国共产党的领导下，广大人民群众伟大实践的理论升华，尤其体现在基层协商民主方面。譬如，浙江温岭的基层协商民主形式，就是基于本地特殊的经济社会情况，人民群众在政治参与实践过程中创造出来，之后在中国共产党指导、引领和推动下实现了从实践到理论的升华，成为众所周知的基层协商民主理论与实践的典范。

正是有了社会主义协商民主长期而丰富的实践，又有了社会主义协商民主系统而全面的理论，我们才有了构建社会主义协商民主话语体系的坚实基础。例如，全国政协推出的双周协商座谈会，业已成为广大党员干部、青年学生、普通群众关心关注社会主义协商民主发展的一张新名片，双周协商座谈会成为了构建社会主义协商民主话语的重要抓手。又如，政府部门就涉及人民群众普遍利益的民生问题进行决策时，通过听证会的形式来广泛听取和征求不同阶层、各个方面的群众意见，从而使听证会成为人民大众耳熟能详的承载着社会主义协商民主精髓的又一个标志性话语。再如，全国人大与全国政协共同打造了每年一度的"两会"，以此向人民大众和整个世界充分展示选举民主与协商民主完美融合的民主盛宴，在某种程度上而言，"两会"也成为了彰显社会主义协商民主优势的重要话语。

尽管社会主义协商民主话语构建取得了一定成绩，但是同长期而丰富的社会主义协商民主实践相比，乃至同日趋完整而系统的社会主义协商民主理论相比，社会主义协商民主话语体系仍然相对薄弱。我们在构建社会主义协商民主话语体系方面仅仅是完成了万里长征的第一步，需要倍加珍惜社会主义协商民主大繁荣大发展的局面，实现社会主义协商民主从发展优势到话语优势的转变。

第三，以社会主义协商民主理论引领社会主义协商民主话语体系构建。

在习近平总书记系列重要讲话中，包括内容丰富、博大精深的社会主义协商民主理论，这是以习近平同志为核心的党中央治国理政新理念新思想新战略的重要构成。理所当然，在实现社会主义协商民主从发展优势到话语优势的转变过程中，要以新时代社会主义协商民主理论引领着社会主义协商民主话语体系构建为方向，从而确保社会主义协商民主诠释的是马克思主义话语权。

新时代以来，开启了社会主义协商民主研究热潮，并且初步提出和不断凝练新时代社会主义协商民主理论。中共十八大报告提出了"社会主义协商民主是我国人民民主的重要形式"。[①] 此后，习近平总书记在学习宣传贯彻十八大精神中，多次强调加强社会主义协商民主建设的重要性。在此背景下，有学者开始提出和关注社会主义协商民主理论。中共十八届三中全会后，学术界进一步深化和提炼了习近平总书记关于社会主义协商民主的主要理论和实践经验，不断推动社会主义协商民主理论走向成熟。有学者开始提出习近平协商治理的论断，并且放到了国家治理现代化视阈下来发展社会主义协商民主建设。习近平总书记在庆祝中国人民政治协商会议成立 65 周年大会上的讲话中系统阐释了社会主义协商民主理论，学术界开始掀起了社会主义协商民主理论研究的热潮，并且作出了此次讲话标志着新时代社会主义协商民主理论正式确立的论断。在中共十九大报告中，习近平总书记再次总结了社会主义协商民主发展的历史经验，强调了人民政协作为"专门协商机构"的重要性，充分肯定了人民政协在构建社会主义协商民主体系中的重要地位和作用。2019 年 9 月，以习近平同志为核心的中共中央特地以一次中央政协工作会议的形式来庆祝中国人民政治协商会议成立 70 周年，表明了党中央对新时代人民政协地位和作用的高度重视，在大会讲话中，习近平总书记强调要发挥人民政协专门协商机构作用。之后，中共十九届六中全会审议通过的《中共中央关于党的百年奋斗重大成就和历史经验的决议》把社会

---

① 《十八大以来重要文献选编》（上），中央文献出版社 2014 年版，第 21 页。

主义协商民主发展成就载入党的历史,指出"加强人民政协专门协商机构制度建设,推进社会主义协商民主广泛、多层、制度化发展,形成中国特色协商民主体系"①。中共中央相继颁布《关于加强社会主义协商民主建设的意见》、《关于加强人民政协协商民主建设的实施意见》、《关于加强政党协商的实施意见》、《关于新时代加强和改进人民政协工作的意见》。显然,中共中央所颁布的关于社会主义协商民主意见,都是新时代社会主义协商民主理论的具体体现。

当前,实现社会主义协商民主从发展优势到话语优势的转变,需要充分发挥新时代社会主义协商民主理论的指导作用。《关于加快构建中国特色哲学社会科学的意见》指出:"要加快构建中国特色哲学社会科学话语体系。深化党的理论创新成果的学理阐释,将党的理论创新成果的核心思想、关键话语体现到各学科领域。"②这就需要我们把社会主义协商民主融入新时代社会主义协商民主理论研究和话语构建之中。在新时代社会主义协商民主理论指引下,需要不断推进社会主义协商民主的制度化发展从而有制可依、构建程序合理与环节完整的社会主义协商民主体系有序可循、把社会主义协商民主纳入法治化轨道从而有法可循,唯有构建在制度化、程序化、法治化基础上的社会主义协商民主话语体系才能硬气、厚重、自信。

(二) 构建中国协商民主的马克思主义话语体系

构建社会主义协商民主的话语体系是实现社会主义协商民主从发展优势到话语优势转变的主要内容和基本要求,其中掌握社会主义协商民主话语构建的马克思主义话语权是重中之重。在推进社会主义协商民主发展的长期实践中,我们始终坚持马克思主义的指导地位。当然,完成社会主义协商民主从发展优势到话语优势的转变,同样需要马克思主义的指导。实现马克思主

---

① 《中共中央关于党的百年奋斗重大成就和历史经验的决议》,人民出版社 2021 年版,第 40 页。

② 《关于加快构建中国特色哲学社会科学的意见》,载《人民日报》2017 年 5 月 17 日。

义在社会主义协商民主实践发展和话语构建中的指导与引领，牢牢掌握马克思主义的话语权，就要用马克思主义立场、观点、方法来诠释和研究社会主义协商民主。

第一，用马克思主义立场来诠释和研究社会主义协商民主。马克思主义立场就是人民的立场，认为人民群众是历史的真正缔造者。这就要求我们在构建社会主义协商民主话语体系中，始终站在广大人民群众的立场上来诠释、解读、研究社会主义协商民主。

在社会主义协商民主形成和发展过程中，尤其是在中共十八大后社会主义协商民主大繁荣大发展时期，中国共产党始终把人民立场作为构建社会主义协商民主话语体系的指导方针。在中共十八大报告中，胡锦涛就从人民立场出发，把社会主义协商民主核心内容规定为"就经济社会发展重大问题和涉及群众切身利益的实际问题广泛协商"。[①] 通过社会主义协商民主所搭建的平台，能够让党和国家的决策既能照顾广大人民群众的根本利益，又能考虑部分群体和社会阶层的特殊利益，从而为社会各个层面、方方面面的群众提供有序政治参与渠道。十八大后，依托于社会主义协商民主实践的大发展，社会主义协商民主理论也不断跟进，马克思主义在构建社会主义协商民主话语体系中始终处于指导地位，尤其是始终站在人民立场来诠释和推进社会主义协商民主理论和实践的发展。中共十八届三中全会更是把社会主义协商民主诠释的人民立场向前推进了一步，把社会主义协商民主提高到"党的群众路线在政治领域的重要体现"[②] 的高度。这就实现了社会主义协商民主同党的群众路线的有效对接，充分发挥了二者的叠加优势，也充分体现了社会主义协商民主话语构建的人民立场。

在庆祝中国人民政治协商会议成立 65 周年大会上的讲话，习近平总书记把社会主义协商民主话语构建的人民立场发展到了新高度，强调通过社会主义协商民主，"找到全社会意愿和要求的最大公约数，是人民民主的

---

① 《十八大以来重要文献选编》（上），中央文献出版社 2014 年版，第 21 页。
② 《十八大以来重要文献选编》（上），中央文献出版社 2014 年版，第 504 页。

真谛"①。这也就标志着社会主义协商民主话语体系完全构建人民立场之上，社会主义协商民主来源于人民、植根于人民、服务于人民，抓住了社会主义协商民主也就抓住了人民民主的根本。

第二，用马克思主义观点来诠释和研究社会主义协商民主。实现社会主义协商民主从发展优势到话语优势的转变，构建社会主义协商民主话语体系的过程中，也要充分运用马克思主义观点来诠释和研究社会主义协商民主。在马克思主义观点中，最为核心的就是坚持唯物论。

要从唯物论观点出发构建社会主义协商民主话语体系，就是要充分诠释和研究作为社会主义协商民主重要渠道和专门协商机构的人民政协。社会主义协商民主在中国是看得见、摸得着的，时刻运行于中国民主政治生活之中，这主要得益于人民政协。正是有了人民政协作为协商专门机构，才使社会主义协商民主成为现实的存在。中共十八大以来，人民政协全力打造和着力推出的全国政协双周协商座谈会，逐步成为了人民政协推进社会主义协商民主建设的新名片。"经过不断探索，双周协商座谈会以其内容广泛、议题具体、氛围民主、讨论深入、成果丰富，成为政协协商民主经常性平台和重要品牌"②。正是在人民政协全力打造下，借助于推进协商民主广泛多层制度化发展大背景下，全国政协双周协商座谈会不仅成为人民政协协商民主的重要品牌，也逐步成为了加强社会主义协商民主建设的重要发展成就。全国政协双周协商座谈会标志着社会主义协商民主真正走向了程序化规范化制度化。

正是得益于人民政协协商民主，才使得社会主义协商民主经常不间断地宣示自身的存在，这不同于西方选举民主，在投票之后就是长期进入休眠期。"人民只有在投票时被唤醒、投票后就进入休眠期，这样的民主是形式主义的。"③显然，社会主义协商民主弥补了选举民主固有的缺陷，使中国民主成为了经常存在着的民主形式。故此，我们在构建社会主义协商民主话语

---

① 《习近平谈治国理政》第 2 卷，外文出版社 2017 年版，第 292 页。
② 《十八大以来重要文献选编》(中)，中央文献出版社 2016 年版，第 358 页。
③ 《习近平谈治国理政》第 2 卷，外文出版社 2017 年版，第 293 页。

体系过程中，要充分坚持唯物论的观点，把看得见、摸得着的人民政协作为诠释和研究社会主义协商民主的重中之重。唯有建立在扎实的实践基础上的理论，才能站得住脚、经得起推敲。在社会主义协商民主大繁荣大发展过程中，离不开人民政协协商民主的示范引领，同样，人民政协在实现社会主义协商民主从发展优势到话语优势转变过程中，同样发挥着排头兵和领头羊的作用。

第三，用马克思主义方法来诠释和研究社会主义协商民主。马克思主义方法最为根本的一条就是实事求是。在实现社会主义协商民主从发展优势到话语优势转变的过程中，我们要始终坚持运用实事求是的方法，既要反对盲目拔高社会主义协商民主理论的做法，也要反对恶意诋毁社会主义协商民主理论的错误。

社会主义协商民主是中国共产党在领导人民大众进行革命、建设、改革过程中逐步形成和发展起来的，符合中国国情，又独具中国特色。早在新民主主义革命时期，协商民主就作为中国共产党开展统一战线的重要工作方法和手段。中国共产党推进统一战线发展，人民政协得以产生，这就使得社会主义协商民主有了专门的协商机构。正是有了人民政协的组织支撑和保障，社会主义协商民主不断从人民政协协商民主向外拓展，政党协商、政府协商、人大协商、社会协商、基层协商等已经蔚然成风。我们要本着实事求是的态度和方法来构建社会主义协商民主话语体系。"实事求是是马克思主义的精髓。"①我们要从社会主义协商民主的实际出发，既要把社会主义协商民主发展成就讲够，也要把社会主义协商民主发展现实中的不足讲透，看到社会主义协商民主同西方协商民主的本质不同和比较优势，同时充分借鉴西方协商民主的合理成分，为我所用。

对于一个国家而言，一条道路、一个制度、一种理论，没有优劣之分，只要适合这个国家，得到广大人民的认可和拥护，就是一种好的道路、好的制度、好的理论。"鞋子合不合脚，自己穿了才知道。一个国家的发展道路

---

① 《邓小平文选》第3卷，人民出版社1993年版，第382页。

合不合适，只有这个国家的人民才最有发言权。"[1]社会主义协商民主亦复如是。每一国家的国情和历史千差万别，所以一个国家的民主形式也不可能千篇一律。如果用所谓的统一标准，当然，这个统一标准实际上就是西方标准、美国标准，而不顾各个国家的实际国情，这就是削足适履，必然得出南辕北辙的结论。鉴于此，我们在实现社会主义协商民主从发展优势到话语优势转变的过程中，一定要坚持实事求是的方法，坚决抵制用西方协商民主话语和方法作为标准，来衡量和评价社会主义协商民主。同时，也要避免把社会主义协商民主过度拔高，认为社会主义协商民主是无所不能的法宝也是背离实事求是这一马克思主义精髓的。

（三）提高中国协商民主国际对话能力为世界贡献中国智慧

随着中国经济社会长期持续发展，中国已经成为世界第二大经济体。同时，中国是世界贸易第一大国，中国制造的商品遍布世界各地，为世界贡献了物美价廉的中国商品。发展起来的中国，不仅要为世界提供物质层面的东西，更要为世界发展贡献精神层面的中国经验、中国智慧和中国方案。这就迫切需要我们"坚持用中国理论阐释中国实践，用中国实践升华中国理论，创新对外话语表达方式，提升国际话语权"[2]。伴随着中国物美价廉商品走向世界的同时，也让中国理论、中国经验、中国智慧走出国门。在此背景下，中国在社会主义协商民主建设方面取得举世瞩目的发展成就时，特别需要实现从发展优势向话语优势的转变，这其中迫切需要不断提高社会主义协商民主的国家对话能力，让社会主义协商民主走出国门。

第一，造就一批既有深厚社会主义协商民主研究理论基础，同时又精通西方协商民主话语体系的学者，为提高社会主义协商民主的国际对话能力造就人才队伍。

---

[1]《习近平谈治国理政》第1卷，外文出版社2018年版，第273页。
[2]《关于加快构建中国特色哲学社会科学的意见》，载《人民日报》2017年5月17日。

　　不断提高社会主义协商民主的国际对话能力，是社会主义协商民主能否实现从发展优势到话语优势转变的重要一环。而培养和造就一大批具备社会主义协商民主国际对话能力的专门人才，是当务之急。当然，具备社会主义协商民主国际对话能力的首要前提是全面充分掌握社会主义协商民主理论。这就需要明确这一民主形式植根于中国国情，源自于中国共产党和各民主党派共同的伟大创造，发展于革命、建设、改革各个时期，成为了中国不同于世界任何人类民主形式的特有形式，同时具有其他民主形式所没有的独特优势。故此，实现社会主义协商民主从发展优势到话语优势的转变，离不开理论思维。正如恩格斯所言："一个民族要想站在科学的最高峰，就一刻也不能没有理论思维。"① 这就要求我们运用马克思主义立场、方法、观点来全面系统地研究社会主义协商民主发展实践，科学合理地总结社会主义协商民主基本经验，运用学术话语和严谨逻辑构建社会主义协商民主的话语体系。

　　同时，这支理论队伍在熟知社会主义协商民主实践并掌握马克思主义立场、观点、方法后，还需要精通西方协商民主话语体系，能够熟练地用国际通行和普遍接受的概念范畴、理论范式和逻辑思维来表述社会主义协商民主，从而实现同西方学者无障碍对话和交流。这样一来，就确保了这支从事社会主义协商民主研究的理论队伍具备在社会主义协商民主话语和西方协商民主话语进行随时切换和无缝对接的能力和水平。

　　第二，需要厘清中西协商民主的异同，彰显中国社会主义协商民主对人类民主文明的贡献。

　　厘清中西协商民主的异同，突出社会主义协商民主的特色，是提高社会主义协商民主国际对话能力的前提。社会主义协商民主既符合我国国情又独具中国特色。"协商民主是在中国共产党领导下，人民内部各方面围绕改革发展稳定重大问题和涉及群众切身利益的实际问题，在决策之前和决策实施

---

① 《马克思恩格斯文集》第9卷，人民出版社2009年版，第437页。

之中开展广泛协商，努力形成共识的重要民主形式。"①由此可见，社会主义协商民主植根于中国现实国情，形成和发展于中国共产党领导人民进行的革命、建设、改革实践过程中，是土生土长的中国造，同西方协商民主有着本质的不同。尽管在西方协商民主翻译介绍到中国时，也用协商民主之名，但是二者名相同而义相异，此协商非彼协商。西方协商民主，就是"公民通过自由而平等的对话、讨论、审议等方式，参与公共决策和政治生活"②。尽管中西协商民主有着本质的不同，但是社会主义协商民主具有开放性和包容性的特征。社会主义协商民主可以充分借鉴和吸收西方协商民主在理论上的可取之处，为我所用。

西方协商民主重理论推演，而在实践层面不足或缺失；中国社会主义协商民主有着长期丰富实践，但理论概括和话语构建相对薄弱。不过中共十八大以来，随着社会主义协商民主大繁荣大发展，社会主义协商民主理论层面取得了突飞猛进的发展。社会主义协商民主的内在价值和独特优势得到了理论概括，这其中依托于人民政协的协商民主与依托于全国人大的选举民主协同发展造就了独具特色的民主形式。西方协商民主主要从理论上提出了弥补选举民主的缺失，但是大多停留在理论推演和假设的阶段。在中国，自从1954年全国人大召开伊始，人民政协协商民主就开始与全国人大协商民主共存共进、相得益彰。在协商民主与选举民主长期协同发展的实践基础上，需要总结和提炼中国特色民主理论，从而进一步丰富世界民主形式，使中国社会主义协商民主对人类民主文明作出应有的贡献。

第三，让中国社会主义协商民主走出国门，为世界贡献中国经验、中国智慧与中国方案。

紧随中国制造的商品走出国门、走向世界之后，中国的文化和制度也应该走出国门，中国也应当不断担当起大国的责任，为世界和平与发展贡献更多的中国经验、中国智慧和中国方案。舌尖上的中国不仅是美味食物，还有

---

① 《关于加强社会主义协商民主建设的意见》，人民出版社2015年版，第2页。
② ［美］博曼等：《协商民主：论理性与政治》，陈家刚等译，中央编译出版社2006年版，第1页。

用中国特色、中国风格、中国气派的语言构建起来的中国传统优秀文化和民主政治制度的话语。对于推动中国特色政治文化走出去，不断提高国际话语权问题，习近平总书记多次强调："要加强国际传播能力建设，精心构建对外话语体系，增强对外话语的创造力、感召力、公信力，讲好中国故事，传播好中国声音，阐释好中国特色。"① 这就要求我们进一步加强社会主义协商民主国际传播能力建设，用国际惯用的概念和范式来诠释好、概括好、传播好中国社会主义协商民主，从而让这一独具中国特色又拥有中国智慧的民主形式为世界民主发展进步提供借鉴。文以化人、文以载道，让以中国特色、中国风格、中国气派的语言构建起来的中国社会主义协商民主话语走出国门，融入世界民主大潮流之中，使其为不同语种、不同地域、不同国家的民主发展提供中国经验与理论借鉴。

中国社会主义协商民主走出国门走向世界本身，也就是为打造人类命运共同体奉献中国智慧和中国方案的过程。习近平指出："当今世界，各国相互依存、休戚与共。我们要继承和弘扬联合国宪章的宗旨和原则，构建以合作共赢为核心的新型国际关系，打造人类命运共同体。"② 中国社会主义协商民主为构建以合作共赢为核心的新型国际关系从而打造人类命运共同体提供了重要方法和手段。社会主义协商民主在中国有着长期的实践，积累了丰富的经验。社会主义协商民主在处理和协调各个层面、各个方面的利益关系上能够消除矛盾、化解分歧、达成共识、凝聚力量，实现经济社会和谐持续发展。穷则独善其身，达则兼济天下。伴随中国经济社会发展，中国需要更多大国担当，把中国发展过程中积累的好经验、好做法拿出来同整个世界共享。这其中，社会主义协商民主就需要提升国际话语能力，走出国门、走向世界，为打造人类命运共同体奉献中国智慧和中国方案。

---

① 《习近平谈治国理政》第 1 卷，外文出版社 2018 年版，第 162 页。
② 《习近平谈治国理政》第 2 卷，外文出版社 2017 年版，第 522 页。

三、中国协商民主话语体系构建要坚持马克思主义指导地位

在长期的协商民主实践过程中,中国共产党赋予了中国协商民主独具中国特色而又符合中国国情的无与伦比的内在优势。但是,中国协商民主仍然缺乏与其长期而丰富的实践相匹配的理论构建,尤其是随着西方协商民主在中国广泛传播,使得西方学术话语体系日趋掌握中国协商民主诠释的学术话语权。这就倒逼着从事中国协商民主研究或相关研究的每一个马克思主义者都应该担当起研究中国协商民主的理论责任。这就要求我们,在坚持对中国特色社会主义道路自信、理论自信、制度自信、文化自信的同时,用马克思主义的立场、观点、方法,用中国特色、中国风格、中国气派的语言来研究中国协商民主理论与实践,从而在明确中国协商民主的内涵、抓住中国协商民主的本质、彰显中国协商民主的优势基础上,真正掌握中国协商民主研究的马克思主义话语权。

(一)明确中国协商民主的内涵

要想真正掌握中国协商民主研究的马克思主义学术话语权,就需要深入而系统地研究中国协商民主的理论与实践,从而在明确中国协商民主的内涵的同时抓住中国协商民主的本质。在此基础上,澄清中西协商民主的异同,进一步彰显中国协商民主的优势。中国共产党对中国协商民主有着长期而丰富的实践,所以掌握中国协商民主研究的马克思主义学术话语权,就要求我们全面而系统地总结和梳理中国协商民主的实践经验,真正实现中国协商民主实践的理论升华,从而明确中国协商民主的内涵。中国协商民主的内涵包括六个层面。

一是党和国家科学决策的重要手段。科学决策造就了中国协商民主,也赋予了中国协商民主最初的生命。中国共产党成立之初就把协商民主作为自身科学决策的重要手段。时至今日,协商民主仍然是中国共产党科学决策、

民主决策的重要手段。对此，中国共产党始终强调"就经济社会发展重大问题和涉及群众切身利益的实际问题广泛协商"，"坚持协商于决策之前和决策实施之中"。由此可见，科学决策在中国协商民主中的重要地位，因而科学决策构成中国协商民主的基本内涵。

二是维系统一战线的重要纽带。统一战线是中国共产党取得中国革命胜利的重要法宝。在革命时期，中国共产党把协商民主成功运用到统一战线之中，使得协商民主成为了统一战线中各政党、各派别、各阶层之间相互合作、彼此沟通、共同抗敌的重要纽带，可以说，没有协商民主就没有中国革命统一战线。新中国成立以后，革命统一战线演化为爱国统一战线，时至今日，协商民主仍然是维系这条统一战线的重要纽带。所以说，自从中国共产党建立统一战线至今，协商民主就一直成为统一战线生存与发展的生命线，同时，维系统一战线的重要纽带也成为了中国协商民主的基本内涵。

三是落实党的群众路线的重要桥梁。中国共产党把协商民主作为维系党员干部与人民群众血肉联系的重要方法，所以中国协商民主成为了中国共产党落实群众路线的重要桥梁。鉴于此，中国共产党把协商民主视为"党的群众路线在政治领域的重要体现"①。这就充分说明了，协商民主在中国共产党落实群众路线中发挥着重要作用。所以，落实党的群众路线的重要桥梁构成了中国协商民主的基本内涵。

四是人民政协是中国协商民主的重要渠道。毋庸置疑，人民政协成就了协商民主，协商民主助推了人民政协。正是人民政协的成立，为中国协商民主提供了至关重要的组织保证。依托于人民政协，中国协商民主也开始逐步走向了制度化、规范化、程序化发展。也正是有了协商民主，人民政协才如鱼得水，在新中国的政治舞台上发挥了至关重要的作用。习近平总书记多次强调，"发挥人民政协作为协商民主重要渠道作用"。显然，界定中国协商民主的内涵，离不开人民政协这一个中国协商民主的重要渠道。

五是社会协商成为调节社会利益矛盾的重要媒介。中国协商民主不拘泥

①《十八大以来重要文献选编》（上），中央文献出版社2014年版，第504页。

于政治领域，而且广泛地运用到社会利益矛盾的调节中。通过协商民主在社会层面的运用，也就是通过社会协商形式为协调和化解不同层面群众之间的社会利益矛盾冲突提供一个重要媒介。正是有了社会协商这一媒介，才使得各个层面和阶层群众的利益诉求得到畅通有效的表达，进而使党和国家能够及时了解群众利益要求并且行之有效地解决社会利益矛盾与冲突。可见，中国协商民主的内涵不仅包括政治领域，也拓展到了社会领域，调节社会利益矛盾的重要媒介也构成了中国协商民主的基本内涵。

六是基层协商为公民有序政治参与提供了重要平台。理论来源于实践，又根据实践发展而不断地与时俱进。伴随着中国改革开放以来丰富的协商民主实践，中国协商民主不仅从政治领域拓展到社会领域，形成了社会协商理论，而且从顶层精英协商拓展到基层公民协商，形成了基层协商民主理论。当然，基层协商民主主要是针对我国公民日趋增长的有序政治参与需要而作出的重要理论回应。通过基层协商为公民有序政治参与提供了重要平台。所以，中国协商民主的内涵不仅包括了顶层的精英协商，也涵盖了基层的公民协商，正是基层协商为公民有序政治参与提供了重要平台。

（二）抓住中国协商民主的本质

掌握中国协商民主研究的马克思主义学术话语权，就需要系统研究中国协商民主的理论，抓住中国协商民主的本质。经过分析中国协商民主实践，我们得出了中国协商民主涵盖了科学决策、统一战线、群众路线、政治协商、社会协商、基层协商六个层面。那么，我们真正掌握中国协商民主研究的马克思主义学术话语权，就需要在健全社会主义协商民主制度、推进协商民主广泛多层制度化发展、构建程序合理且环节完整的协商民主体系过程中，全面而系统地研究中国协商民主理论，真正抓住中国协商民主的本质。毋庸置疑，公民有序政治参与构成了中国协商民主的本质。

我国社会主义国家的性质决定了中国协商民主本质是公民有序政治参与。进一步说，我国是社会主义国家，社会主义国家的性质决定人民当家作主。对此，我国宪法明确规定了"中华人民共和国的一切权力属于人民"，这就以宪法的权威保障了人民当家作主的权利。故此，作为我国人民民主的重要形式的中国协商民主，理所当然，就是为满足人民当家作主需要而存在与发展。抓住了公民有序政治参与，也就抓住了中国协商民主的本质。近年来，之所以中国协商民主研究掀起了高潮，最根本的原因还是我国公民有序政治参与热情持续高涨，正是为了满足广大人民群众政治参与需要，维护人民当家作主的权利，催生了中国协商民主理论与实践的大发展大繁荣。

尽管中国协商民主在理论上涵盖了六个层面，但是每个层面都离不开公民有序政治参与。详细言之，科学决策要求党和国家在决策过程中务必保证各个区域、层面、阶层的利益得到充分的反映，在决策实施过程中务必确保广大人民群众根本利益同部分群体与阶层的特殊利益得到充分的协调，这就使得无论是决策过程中还是决策实施过程中，都离不开公民有序政治参与；统一战线就是方方面面的人团结起来，为了共同目的而协同奋斗，所以统一战线的真谛就是为各个层面的人提供一个共同参与政治的纽带；群众路线本身就要求党员干部深入到群众中去，通过与人民群众密切交流，使群众的利益要求得到反应，实际上，党的群众路线实质也就是公民有序政治参与；政治协商一方面是中国共产党与民主党派间协商，另一方面是人民政协协商，无论哪种协商都是代表各个层面人民群众进行协商，实质仍然离不开公民有序政治参与；社会协商是为党员干部和人民群众建立一个自上而下、自下而上的畅通渠道，使各个层面群众利益得到有效反映；基层协商更是为了回应公民有序政治参与需要，把中国协商民主从精英协商拓展到了公民协商的层面。由此可见，中国协商民主涵盖的六个层面，每个层面的都是围绕着公民有序政治参与而展开的。

一言以蔽之，抓住了公民有序政治参与，也就把握了中国协商民主的本质，在此基础上，我们才能真正掌握中国协商民主研究的马克思主义学术话语权。

（三）彰显中国协商民主的优势

掌握中国协商民主研究的马克思主义学术话语权，就需要全面研究中西协商民主的异同，彰显中国协商民主的优势。中国协商民主同西方协商民主有着本质的不同。西方协商民主理论是为了弥补选举民主的不足而于20世纪80年代提出的。其实，西方协商民主理论只是在政治哲学研究领域相对受到热捧，在整个学术领域影响力有限。相对于理论，西方协商民主实践更为零散或者随意，还没有形成制度化发展。相比较而言，中国协商民主有着长期而丰富的实践，同时，中国共产党不断对中国协商民主实践进行理论总结。不仅如此，中国协商民主有人民政协这个坚定而可靠的组织保证，并且中国协商民主不断地朝着制度化、规范化、程序化发展，与选举民主一道共同构成中国特色社会主义民主制度。当然，中西协商民主在共同理念上存在一定耦合，譬如，中西协商民主都追求理性、平等、程序、共识等主要理念。但这无法掩饰中西协商民主的本质不同。

澄清了中西协商民主本质不同之后，我们要想从根本上掌握中国协商民主研究的马克思主义学术话语权，就需要进一步彰显中国协商民主的内在优势。中国共产党在百年推动协商民主发展历程中深刻总结出"协商民主是我国社会主义民主政治的特有形式和独特优势"[1]。这就标志着中国共产党认清了中国协商民主同西方协商民主有着本质的不同，并且中国协商民主具有无与伦比的独特优势。这种优势主要体现在以下三个方面：

一是中国共产党的领导。中国协商民主的最大优势就是始终坚持中国共产党的领导。中国共产党自成立之初就把协商民主运用到科学决策之中，随后又把协商民主广泛地运用到统一战线、群众路线、政治协商、社会协商、基层协商之中，没有中国共产党，就没有中国协商民主的实践发展与理论总结。中国共产党的领导确保了中国协商民主更具有效率，能够集中力量办大事，起到事半功倍的效果。

---

[1] 《十八大以来重要文献选编》（上），中央文献出版社2014年版，第504页。

　　二是选举民主与协商民主相结合。依托于人民政协的协商民主和依托于人民代表大会的选举民主共同并行于中国特色社会主义民主制度之中。通过协商民主与选举民主相结合的制度，可以在依托于人大的选举民主表决之前，通过依托人民政协的协商民主展开深入商讨与广泛沟通，以确保国家大政方针真正能够既代表广大人民群众的根本利益，又充分反映社会不同阶层和群体的特殊利益和不同意见。

　　三是人民政协的主要渠道。人民政协，是爱国统一战线的组织，也是中国共产党领导的多党合作和政治协商的重要机构，还是发扬社会主义民主的一种重要形式。正是中国协商民主有了人民政协的主要渠道，所以中国协商民主具备了西方协商民主无法比拟的组织保证和机构保障。所以，健全社会主义协商民主制度、推动协商民主广泛多层制度化发展，需要充分发挥人民政协作为协商民主重要渠道的作用。

　　总之，中国协商民主既独具中国特色又符合中国国情，具有无与伦比的独特优势。我们应该进一步彰显中国协商民主的这种优越性，进而真正掌握中国协商民主研究的马克思主义学术话语权。

第七章　中国社会主义协商民主的世界影响

随着中国特色社会主义进入新时代，中国特色社会主义建设取得一个接一个的重大成就，办成许多过去想办而没有办成的大事。中国始终是一个负责任、有担当、讲道义的大国，强起来的中国义不容辞地要为世界发展贡献更多的中国智慧。这就要求作为中国社会主义民主政治特有形式和独特优势的协商民主要为人类民主文明进步发展作出应有贡献。中国社会主义协商民主作为全过程人民民主的有机构成，是世界上独特独有独到的民主形式，不仅在理论上丰富了世界民主理论的宝库，而且在实践上为世界民主文明发展贡献了中国智慧与中国方案。

一、中国社会主义协商民主对发展中国家民主现代化的示范

新时代社会主义协商民主理论是中国献给世界的一份厚礼，承载着中华民族五千多年的文化精髓，蕴含着中国共产党成立百年以来革命、建设、改革的成功经验、凝聚着中国特色社会主义进入新时代后以习近平同志为核心的党中央治国理政的智慧。中共十九届六中全会通过的《中共中央关于党的百年奋斗重大成就和历史经验的决议》（以下简称《历史决议》）明确指出："党领导人民成功走出中国式现代化道路，创造了人类文明新形态，拓展了发展中国家走向现代化的途径，给世界上那些既希望加快发展又希望保持自

身独立性的国家和民族提供了全新选择。"①可见，从站起来、富起来到强起来的中国不仅实现了自身的发展强大，还为世界的发展尤其是发展中国家走向现代化，贡献了中国智慧和中国经验。新时代社会主义协商民主作为中国共产党百年民主探索实践的成就之一，作为全过程人民民主的重要组成，在历史逻辑、理论逻辑、实践逻辑方面都为发展中国家走向民主提供了有益示范作用。

（一）新时代社会主义协商民主理论注重民主发展过程中的接力探索

中国共产党在推进中国民主化进程中，始终以一种"功成不必在我"的意识，高度重视民主理论的历史传承和民主实践的接力探索。从历史逻辑来看，新时代社会主义协商民主理论作为中国民主政治发展的重要成果，同样保持了中国民主发展的延续性、稳定性与历史传承性。新时代社会主义协商民主理论所注重的民主发展过程中的接力探索这一重要经验，为发展中国家走向民主化提供了重要理论借鉴和实践示范。新时代社会主义协商民主理论丰富了人类走向民主文明的选择。

第一，从传承性而言，新时代社会主义协商民主理论是毛泽东、邓小平、江泽民、胡锦涛协商民主思想的薪火相传。这就为发展中国家走向民主化提供了重要启示：民主制度建立是接力探索的杰作，务必要保证民主发展的传承性。

新时代社会主义协商民主理论是中国特色社会主义进入新时代以来，对社会主义协商民主大繁荣大发展的理论反映。可以说，没有新时代社会主义协商民主建设的伟大实践，就没有新时代社会主义协商民主理论的产生。伟大的实践造就了伟大的思想。当然，新时代社会主义协商民主理论绝不是凭

---

① 《中共中央关于党的百年奋斗重大成就和历史经验的决议》，人民出版社 2021 年版，第 64 页。

空产生的新创造，而是在传承毛泽东、邓小平、江泽民、胡锦涛协商民主思想基础上的接力发展。

毛泽东是社会主义协商民主的开创者和缔造者，毛泽东协商民主思想成为了新时代社会主义协商民主理论的源头活水。早在新中国建立前，毛泽东就高度重视作为社会主义协商民主最早实现形式的政党协商。在中共七届二中全会上，针对中国共产党与民主党派之间的协商民主问题，毛泽东指出："我们必须把党外大多数民主人士看成和自己的干部一样，同他们诚恳地坦白地商量和解决那些必须商量和解决的问题"，[①] 从而使各项政策在形成过程中实现最大共识。中国共产党长期以来始终高度重视发挥协商民主在重要决策中的作用。人民政协通过协商民主形式，完成了协商建国的世界壮举。对于人民政协协商民主的特点，周恩来作出了说明："会前经过多方协商和酝酿，使大家都对要讨论决定的东西事先有个认识和了解，然后再拿到会议上去讨论决定，达成共同的协议。"[②] 正是借助于人民政协，代表人民群众根本利益的中国共产党和代表各个阶层和群体特殊利益的各民主党派广泛协商，宣告了新中国成立。协商建国就是协商民主在中国运用的典范。建国之后，毛泽东仍然十分重视作为专门协商机构的人民政协的作用和发展。毛泽东在《关于政协的性质和任务》中强调："通过政协能够容纳许多人来商量事情。国家各方面的关系都要协商。我们的政协是有事情做的。"[③] 这就为依托于人民政协的协商民主的存在和发展指明了前进方向。

中国民主化发展是中国共产党人接力探索的结果。在毛泽东缔造中国协商民主思想和实践的基础上，邓小平、江泽民、胡锦涛又接过了历史的接力棒，持续推动了社会主义协商民主往前发展。作为中国改革开放和现代化建设的总设计师，邓小平在传承毛泽东协商民主思想基础上，高度重视人民政协这一专门协商机构，在改革开放之初，亲自担任全国政协主席，推动协商民主发展。针对协商民主实践，邓小平反复强调，"每个地方、每个单位遇

① 《毛泽东选集》第4卷，人民出版社1991年版，第1437页。
② 《建党以来重要文献选编》第26册，中央文献出版社2011年版，第693页。
③ 《毛泽东年谱（1949—1976）》，中央文献出版社2013年版，第325—326页。

到任何问题，要注意听取群众的呼声，同群众商量办事"①。这样一来，协商民主不仅不拘泥于人民政协这样的专门协商机构，邓小平还把协商民主拓展到了每个地方、每个单位遇到问题都要协商。江泽民在以往中国共产党推进协商民主思想发展的基础上，不断发展社会主义协商民主。关于协商民主在中国的重要性，江泽民指出："在我们这个幅员辽阔、人口众多的社会主义国家里，关系国计民生的重大问题，在中国共产党的领导下进行广泛协商，体现了民主与集中的统一。坚持并不断完善这种民主形式，是发展社会主义民主政治的必然要求和重要内容。"②可见，江泽民把协商民主提升到中国"民主形式"的高度，并且作为中国民主政治发展的重要内容来抓。正是在此基础上，2012年中共十八大，胡锦涛在大会报告中正式提出并阐释了"社会主义协商民主"，提出了"社会主义协商民主是我国人民民主的重要形式"③这一重要论断。

九层之台，起于累土。正是有了毛泽东、邓小平、江泽民、胡锦涛对于协商民主思想的缔造和接力发展，才奠定了新时代社会主义协商民主能够取得飞跃的理论基础。新时代社会主义协商民主理论是中国共产党对协商民主实践不断接力探索的产物，凝聚着中国共产党人的集体智慧。同时，习近平总书记对于新时代社会主义协商民主大繁荣大发展作出了前所未有的重大贡献。因此，新时代社会主义协商民主理论是中国协商民主发展进程中的重要里程碑。与此同时，中国共产党推进社会主义协商民主广泛多层制度化发展过程中成就显著，积累了丰富民主发展经验，充分彰显民主发展的中国智慧，为构建全链条、全方位、全覆盖的完整民主参与实践，从而为开创人类民主文明新形态提供了示范参考。全过程人民民主涵盖了民主选举、民主协商、民主决策、民主管理、民主监督，是对中国式民主的新认识与新表述，涵盖了社会主义协商民主。全过程人民民主的提出实现了社会主义协商民主理论的重大突破。新时代社会主义协商民主理论所注重的理论传承性，为发

---

① 《邓小平文选》第2卷，人民出版社1994年版，第229页。
② 《十五大以来重要文献选编》（中），中央文献出版社2001年版，第1031页。
③ 《胡锦涛文选》第3卷，人民出版社2016年版，第633页。

展中国家走向民主化提供了重要启示。这种民主理论绝不是凭空产生的，是经过几代人的传承与积累所完成的接力探索的结果。妄想拔地而起地建立民主大厦，这是不现实的，或者是不牢固的。"罗马不是一天建成"，民主制度的建立亦复如是。因此，新时代社会主义协商民主理论对于发展中国家走向民主化的一条重要启示就是民主制度的建立是接力探索的杰作需要历史的传承。

第二，从延续性而言，新时代社会主义协商民主理论是延续人民政协协商民主基础上打造的政治协商升级版。这就为发展中国家走向民主化提供了重要启示：民主化的实现不是凭空产生的，而是需要对以往实践基础的延续和循序渐进地拓展。

在新时代社会主义协商民主理论形成发展过程中，始终把握了人民政协这一关键。在新时代社会主义协商民主理论中，人民政协是社会主义协商民主的重要渠道和专门协商机构。抓住了人民政协，也就抓住了新时代社会主义协商民主理论的根本。这就说明，新时代社会主义协商民主理论仍然延续了人民政协协商民主的精髓。实际上，在中国社会主义协商民主发展进程中，人民政协协商民主始终发挥着至关重要的作用。在社会主义革命和建设时期，社会主义协商民主舞台上几乎成为了人民政协的独角戏；在改革开放后，人民政协在社会主义协商民主发展过程中起到了重要的示范和引领作用；进入新时代，作为专门协商机构的人民政协仍旧是社会主义协商民主舞台上当之无愧的主演。

在社会主义革命和建设时期，社会主义协商民主还局限于政治协商。政治协商包括两种形式：人民政协政治协商和政党之间政治协商。其中，政党之间政治协商又包括两种形式：一种为中国共产党同各民主党派在人民政协进行的政治协商；另一种为中国共产党同各民主党派直接的政治协商。当然，前一种是政党之间协商的主要形式。显然，依托于人民政协的政治协商成为了协商民主的基本构成。这一时期，可以说协商民主就是政治协商，主要是在人民政协进行的政治协商。

改革开放后，依托于人民政协的协商民主逐渐发挥出重要作用，开始在人民政协的示范引领下，逐步走出人民政协的范畴，向外不断拓展。当然，在历史上"政治协商"一词是人民政协或政党之间协商民主的专有名词，局限在了政协协商或政党协商这一特定范围。所以为了顺应协商民主实践发展要求，中国共产党不断推进协商民主理论与时俱进，把"政治协商"拓展为"协商民主"。如此一来，协商民主的发展就可以超出政协协商和政党协商这一特定范围。在人民政协协商民主良好示范和榜样引领下，让协商民主发扬光大。

在中国特色社会主义进入新时代后，以习近平同志为核心的党中央仍然高度重视社会主义协商民主发展，延续了围绕人民政协来加强社会主义协商民主建设。新时代社会主义协商民主理论的确立，标志着新时代社会主义协商民主的"四梁八柱"已经建立。其中，作为社会主义协商民主重要渠道和唯一专门协商机构的人民政协，仍然是社会主义协商民主大厦的台柱子。在新时代，社会主义协商民主发展过程中仍然延续了革命、建设、改革时期围绕人民政协展开协商民主建设的优良传统。人民政协始终构成了社会主义协商民主大厦的"根"与"魂"。

新时代社会主义协商民主理论是以往社会主义协商民主建设成就与经验的延续，绝不是另起炉灶。在新时代社会主义协商民主理论发展过程中，始终高度重视对以往协商民主建设经验的尊重与延续。民主是历史的、具体的、发展的，各国民主植根于本国的历史文化传统，成长于本国人民的实践探索和智慧创造。[1] 正是延续了中国共产党围绕人民政协建设社会主义协商民主的传统，新时代社会主义协商民主理论才始终把人民政协高度定位为社会主义协商民主的重要渠道和专门协商机构。这就启示世界上那些希望绕过西方民主道路，借鉴中国民主实践的国家和地区，要想走向民主化道路，不是抛弃自身民主传统，照搬照抄别国民主模式，而是要尊重和延续自身民主传统。一个国家民主化发展要想取得成功，需要的是历史的延续和脚踏实地的拓展，这是新时代社会主义协商民主理论贡献给世界的重要中国智慧。

---

[1]　中华人民共和国国务院新闻办公室：《中国的民主》，人民出版社 2021 年版，第 2 页。

第三,从稳定性而言,新时代社会主义协商民主理论镶嵌于中国政治制度之中。这就为发展中国家走向民主化提供了重要启示:民主制度不要因为领导人的改变或领导人注意力的改变而变化,唯有在整个制度体系保障和支撑下的民主才具有可靠的稳定性。

要想全面而准确地把握新时代社会主义协商民主理论,需要把这一思想放到整个社会主义民主政治制度中来把握,因为新时代社会主义协商民主理论自始至终都镶嵌于中国政治制度之中。唯有实现民主制度化发展,这样的民主才能稳定而可靠。稳定性贯彻于新时代社会主义协商民主理论始终,习近平总书记高度重视社会主义协商民主制度建设,不断推进协商民主朝着制度化方向发展。

新时代社会主义协商民主理论注重稳定性,也是中国共产党以往推进协商民主发展的重要经验传承和政策延续。早在中共十一届三中全会前夕,邓小平就充分意识到了推进民主制度化发展从而确保民主稳定性的重要意义。就此,邓小平强调:"必须使民主制度化、法律化,使这种制度和法律化不因领导人的改变而改变,不因领导人的看法和注意力的改变而改变。"[1]这是邓小平在总结新中国成立以来中国民主发展的正反两方面经验教训基础上得出的重要论断。邓小平关于通过民主制度建设确保民主稳定性的思想,成为了以后中国民主化发展的重要指导方针。新时代社会主义协商民主理论在指导社会主义协商民主建设过程中传承和延续这一重要理念。习近平总书记在庆祝中国人民政治协商会议成立 65 周年大会上的讲话中指出:"我们要切实落实推进协商民主广泛多层制度化发展这一战略任务。……确保协商民主有制可依、有规可守、有章可循、有序可遵。"[2]在这里,习近平总书记在延续以往中国共产党强调民主稳定性的基础上,把推进协商民主制度化发展提升到"战略任务"的高度。鉴于新时代社会主义协商民主理论把民主制度化发展作为"战略任务"来抓,这就指引了社会主义协商民主建设发展方向。理

---

[1] 《邓小平文选》第 2 卷,人民出版社 1994 年版,第 146 页。

[2] 习近平:《在庆祝中国人民政治协商会议成立 65 周年大会上的讲话》,人民出版社 2014年版,第 19 页。

论源于实践，又在指导实践过程中不断升华。新时代社会主义协商民主理论在指导协商民主朝着制度化方向发展过程中，又不断总结新经验、提出新观点、凝练新认识。中共十九届六中全会通过的《历史决议》明确提出："推进社会主义协商民主广泛多层制度化发展，形成中国特色协商民主体系。"①这就从历史决议的高度突出了构建稳定的社会主义协商民主制度的重要性。由此可见，注重通过民主制度化发展来确保民主稳定性是贯彻于新时代社会主义协商民主理论的理论精髓。

在实践中，新时代社会主义协商民主理论完美地镶嵌在了中国共产党领导的多党合作和政治协商制度之中。由中国共产党同各民主党派形成的政党协商，是中国社会主义协商民主最持久的协商形式和协商渠道。1949年9月新中国成立前夕，中国人民政治协商会议的召开就标志着中国共产党领导的多党合作和政治协商制度正式确立，同时也标志着政党之间协商民主作为一种民主形式已经建立。当然，政党协商除了中国共产党同各民主党派之间的直接协商之外，还包括中国共产党同各民主党派在人民政协所进行的政治协商。人民政协作为存在并运行于中国民主政治生活中的重要政治机构，也是中国共产党领导的多党合作和政治协商制度的重要组织构成和机构保障。得益于政党之间协商民主、依托于人民政协的政党协商和人民政协所提供的协商民主，共同推动协商民主制度化发展。新时代社会主义协商民主理论始终重视协商民主制度化发展，确保了这一民主形式的稳定性和可靠性。有事协商、遇事协商、办事协商业已成为全社会的最大共识。

要让协商民主这一民主形式具有稳定性，这样民众才不会摸不着头脑。习近平总书记把推进协商民主制度化发展提高到了战略任务的高度，因而从制度上确保了社会主义协商民主稳定而持续地发展。不仅如此，镶嵌于中国共产党领导的多党合作和政治协商制度之中的新时代社会主义协商民主理

---

① 《中共中央关于党的百年奋斗重大成就和历史经验的决议》，人民出版社2021年版，第40页。

论，得到新型政党制度和人民政协的有力制度支撑和组织保障。这就为发展中国家走向民主化提供了重要经验借鉴，唯有在整个制度体系保障和支撑下的民主才具有可靠的稳定性，民主制度建设与发展才不会因为领导人的改变或领导人注意力的改变而变化。民主制度不能总是朝令夕改、变来变去。推进民主制度化发展从而确保民主的稳定性，是新时代社会主义协商民主理论贡献给世界的重要中国智慧。

（二）新时代社会主义协商民主理论善于顺应时代进行民主理论创新

在新时代社会主义协商民主理论形成发展过程中，十分重视顺应时代要求，针对社会主义协商民主实践进行大胆的理论原创，并且随着社会主义协商民主不断发展而时刻在理论上进行跟进。在此基础上，推进社会主义协商民主完成从理论到实践的转化，发挥理论创新的最佳实践功效。从理论逻辑来看，新时代社会主义协商民主理论所注重的理论原创、理论推进、理论转化这些经验，为发展中国家走向民主化提供重要借鉴。

第一，在新时代社会主义协商民主理论形成发展进程中，注重顺应时代要求不断提出新的民主理论。这就为发展中国家走向民主化提供了重要启示：实现民主化要结合本国民主实践进行顺应时代的理论创新。

新时代社会主义协商民主理论是中国特色社会主义进入新时代后，面对社会主义协商民主建设所遇到的新问题而形成发展的。新时代要有新作为，在理论上就是要顺应时代要求，对新时代社会主义协商民主建设的伟大成就进行理论升华和不断理论跟进，让理论无愧于伟大的时代、无愧于社会主义协商民主实践的大繁荣大发展。新时代社会主义协商民主理论就是顺应时代和实践发展的理论创新产物。

在新时代进行理论创新，一定要直面问题。习近平总书记一直强调坚持问题导向。新时代社会主义协商民主理论正是面对新时代所提出的新问题而作出的理论回应。马克思曾深刻指出："问题就是时代的口号，是它表现自己精神状态的最实际的呼声。"①理论创新只有坚持问题导向，才能顺应时代呼声和实践发展。进入新时代以来，中国实现了从站起来、富起来到强起来的历史转变，中国人民实现了经济权利，逐步完善了社会权利，开始追求政治权利。这是新时代产生的新问题，新时代社会主义协商民主理论就是通过解决人民大众追求政治权利问题应运而生的。社会主义协商民主恰好为保证广大人民群众实现有序政治参与提供了重要渠道。通过政党协商、政府协商、人大协商、政协协商、社会协商、基层协商、公民协商为上上下下、方方面面人民大众追求政治权利、实现有序政治参与搭建了平台。

坚持问题导向的前提下，还要回应时代要求，不断在社会主义协商民主生动而丰富的实践基础上，进行理论创新和理论升华。正如习近平总书记在哲学社会科学工作座谈会上的讲话中所指出："这是一个需要理论而且一定能够产生理论的时代，这是一个需要思想而且一定能够产生思想的时代。我们不能辜负了这个时代。"②这就要求我们，新时代不仅在实践上取得世界瞩目的成就，还要在理论和思想上大有作为。新时代社会主义协商民主理论就是无愧于新时代社会主义协商民主实践大繁荣大发展所做出的理论创新。在中共十九大上，习近平总书记强调："时代是思想之母，实践是理论之源。"③这就再一次充分印证了新时代社会主义协商民主理论是顺应时代要求，对社会主义协商民主实践所做出的理论升华。

新时代社会主义协商民主理论是顺应时代呼唤、坚持问题导向、进行理论创新的典范。新时代社会主义协商民主理论为发展中国家走向民主化提供了重要启示，也就是实现民主化要直面民主发展中遇到的真正问题，"每解决一个问题就把民主建设向前推进一步，不断推动民主制度体系更加成熟、更加定型"④。作为中国民主发展中顺势而为的一次重要理论飞跃，新时代社

① 《马克思恩格斯全集》第40卷，人民出版社1982年版，第289—290页。

② 习近平：《在哲学社会科学工作座谈会上的讲话》，人民出版社2016年版，第8页。

③ 习近平：《决胜全面建成小康社会　夺取新时代中国特色社会主义伟大胜利——在中国共产党第十九次全国代表大会上的报告》，人民出版社2017年版，第26页。

④ 中华人民共和国国务院新闻办公室：《中国的民主》，人民出版社2021年版，第51页。

会主义协商民主理论为发展中国家民主化提供了中国经验和中国智慧。

第二,以习近平同志为核心的党中央持续推进新时代协商民主向前发展,不断丰富和发展新时代社会主义协商民主理论。

一种民主理论的生命力不仅体现在顺应时代、依托实践上,还要在民主化发展过程中不断进行理论完善和持续创新。新时代社会主义协商民主理论产生后,没有故步自封、止步不前,而是紧跟社会主义协商民主建设新成就不断提出新论断、新观点、新思想。新时代社会主义协商民主理论是开放的思想体系,也是一个不断完善发展的民主理论。

社会主义协商民主进入新时代以来,以习近平同志为核心的党中央始终高度重视社会主义协商民主建设,一次次把社会主义协商民主的理论创新推进到新高度,不断丰富和发展新时代社会主义协商民主理论。中共十八届三中全会通过的《中共中央关于全面深化改革若干重大问题的决定》中指出:"协商民主是我国社会主义民主政治的特有形式和独特优势,是党的群众路线在政治领域的重要体现。"[①]这就突出了社会主义协商民主在中国民主政治中的特有性和优越性,并且提升到同党的群众路线相得益彰、协同发展的高度。在庆祝中国人民政治协商会议成立 65 周年大会上的讲话中,习近平总书记从社会主义协商民主的"重大判断"、"基本定性"、"战略任务"三个方面做出了重要理论诠释,成为指导社会主义协商民主发展的根本理论遵循,为进一步加强社会主义协商民主建设指明了前进方向。2019 年,中共中央召开了中国共产党百年历史上首次中央政协工作会议,标志着中国共产党关于社会主义协商民主理论体系正式确立。与此同时,社会主义协商民主并没有拘泥于自身范围内,还在实践中不断向外拓展,作为社会主义协商民主重要构成的人大协商,就在基层立法协商实践中孕育出了全过程人民民主这一全新的民主形态。作为全过程人民民主的重要组成,社会主义协商民主作为中国共产党百年民主探索实践的成就之一被纳入到中共十九届六中全会上通过的《历史决议》之中,充分肯定了社会主义协商民主的地位和价值。

---

① 《中共中央关于全面深化改革若干重大问题的决定》,人民出版社 2013 年版,第 29 页。

　　实践的发展永无止境，理论的创新也就永无止境。作为一个发展中大国，中国发展的脚步一直没有停止。发展是解决中国遇到的一切问题的总钥匙。身处世界百年未有之大变局，社会主义协商民主也经历了一个不断面对新问题并在解决新问题中发展的过程。在这样的背景下，新时代社会主义协商民主理论也要不断顺应时代要求和实践发展，进行与时俱进地理论跟进，最大程度达到社会主义协商民主实践与理论的共进。面对新时代以来社会主义协商民主建设的实践成就，尤其是在新时代社会主义协商民主理论指导下社会主义协商民主建设取得的丰硕成果，迫切需要对新时代社会主义协商民主理论进行一次全面升级。中共十九大报告完成了新时代社会主义协商民主理论的大升级。在中共十九大报告中，习近平总书记就"发挥社会主义协商民主重要作用"进行全面阐释，提出了"有事好商量，众人的事情由众人商量，是人民民主的真谛"这一新论断，[①] 把新时代社会主义协商民主理论推到了一个全新的理论高度。中共十九届六中全会对社会主义协商民主的进一步建设和发展进行了阐释和发展，成为指导新时代社会主义协商民主建设和发展的行动指南。

　　理论创新与发展不是一劳永逸，需要不断地添砖加瓦。新时代社会主义协商民主理论作为一个开放的思想体系，习近平总书记根据时代要求和实践发展持续推进新时代协商民主思想的理论升级。作为一个时刻发展和不断升级的民主理论，新时代社会主义协商民主理论为发展中国家走向民主化提供了重要启示，这就是民主实践发展作为持续的过程，领导人需要长期推进民主理论进行顺应时代和实践发展的跟进。

　　第三，新时代社会主义协商民主理论成为了指导社会主义协商民主建设的指南，不断完成理论成果向实践成就的转化。这就为发展中国家走向民主化提供了重要启示：让创新的民主理论尽快转化成民主实践，从而实现民主实践的新发展。

---

① 习近平：《决胜全面建成小康社会　夺取新时代中国特色社会主义伟大胜利——在中国共产党第十九次全国代表大会上的报告》，人民出版社 2017 年版，第 37—38 页。

以习近平同志为核心的党中央不仅非常重视新时代协商民主思想的理论创新与理论推进,而且还非常关注这一思想指导社会主义协商民主建设的成效,从而确保新时代社会主义协商民主理论尽快完成从理论到实践的转化。故此,可以说新时代社会主义协商民主理论不只是表面光鲜的民主理论,还是指导丰富多彩的民主实践的行动指南。

自从 2014 年 9 月 21 日,习近平总书记在庆祝中国人民政治协商会议成立 65 周年大会上的讲话开始标志着新时代社会主义协商民主理论正式确立后,新时代社会主义协商民主理论就开始广泛地运用于指导社会主义协商民主建设的实践工作之中。为了脚踏实地、扎扎实实地把新时代社会主义协商民主理论落实到实践行动中,2015 年 2 月 9 日中共中央颁布《关于加强社会主义协商民主建设的意见》,其中"明确了社会主义协商民主的本质属性和基本内涵,阐述了加强社会主义协商民主建设的重要意义、指导思想、基本原则和渠道程序,对新形势下开展政党协商、人大协商、政府协商、政协协商、人民团体协商、基层协商、社会组织协商等作出全面部署"①。可见,新时代社会主义协商民主理论生动体现的《关于加强社会主义协商民主建设的意见》,成为了新时代指导社会主义协商民主建设的纲领性文件,也成为了新时代社会主义协商民主理论从理论转化为实践的重要环节。

在此基础上,为了更好地把新时代社会主义协商民主理论运用到社会主义协商民主建设实践中,把《关于加强社会主义协商民主建设的意见》具体落到实处,真正做到"踏石留印抓铁留痕",中共中央办公厅相继颁布了《关于加强人民政协协商民主建设的实施意见》(2015 年 6 月 25 日)、《关于加强城乡社区协商的意见》(2015 年 7 月 22 日)、《关于加强政党协商的实施意见》(2015 年 12 月 10 日)。政协协商、城乡社区协商、政党协商成为推动新时代社会主义协商民主理论从理论转化为实践的"三驾马车"。总之,中共中央所颁布的四个关于社会主义协商民主建设意见,都是新时代社会主义协商民主理论的具体体现和生动运用。

---

① 《关于加强社会主义协商民主建设的意见》,人民出版社 2015 年版,第 1 页。

中共十九大，中国共产党又把新时代社会主义协商民主理论提升到了新高度。鉴于中共十九大报告中强调协商民主在整个习近平新时代中国特色社会主义思想中的重要地位，在中共十九大修改的《中国共产党章程》中，加入了"发展更加广泛、更加充分、更加健全的人民民主，推进协商民主广泛、多层、制度化发展"①。把"社会主义协商民主"纳入《中国共产党章程》，这就以党章的高度规定了以新时代社会主义协商民主理论指导社会主义协商民主实践工作，从而确保中国共产党在践行新时代社会主义协商民主理论中起模范带头作用。《中国的民主》白皮书也特别指出："协商民主是中国民主独特的、独有的、独到的民主形式。"②中共十九届六中全会通过的《历史决议》更是将社会主义协商民主作为中国共产党百年民主探索实践的成就之一纳入其中，充分肯定了社会主义协商民主的地位和作用。

显然，新时代社会主义协商民主理论不仅是纯粹民主理论，而且是指导活生生民主实践的行动指南。中国共产党高度重视完成民主理论成果向民主实践成就的转化。正如马克思所言："理论只要说服人，就能掌握群众；而理论只要彻底，就能说服人。"③新时代社会主义协商民主理论正是这种彻底的理论，所以在指导社会主义协商民主实践中，才能迅速掌握群众，发挥出理论指导实践的最大功效。这就为发展中国家走向民主化提供了重要启示，要让民主理论真正做到理论上的彻底，然后让这一彻底的民主理论尽快转化成民主实践，掌握践行民主理论的人，从而推进民主实践的新发展。

（三）新时代社会主义协商民主理论强调民主发展要依托自身国情

新时代社会主义协商民主理论不同于西方协商民主理论，这是因为新时代社会主义协商民主理论的比较优势不是仅停留在理论演绎之中，而是运行

---

① 《中国共产党章程》，人民出版社 2017 年版，第 12 页。
② 中华人民共和国国务院新闻办公室：《中国的民主》，人民出版社 2021 年版，第 26 页。
③ 《马克思恩格斯文集》第 1 卷，人民出版社 2009 年版，第 11 页。

于每时每地的社会主义协商民主实践之中。从实践逻辑而言，在新时代社会主义协商民主理论指导社会主义协商民主建设中，抓住了人民政协这一重点、突出了协商民主与选举民主协同发展这一特色、突出了完整的社会主义协商民主体系这一优势，为人类民主发展提供了新思路。

第一，新时代社会主义协商民主理论抓住人民政协这个重点，依托于人民政协这一专门协商机构推进协商民主发展。这就为发展中国家走向民主化提供了重要启示：在民主化过程中要抓住重点，首先打造一个民主的样板间来提供示范作用。

社会主义协商民主建设进入新时代之后，在新时代社会主义协商民主理论指导下，抓住了人民政协这一发展重点，持续把依托于人民政协的协商民主不断做大做强，为整个社会主义协商民主发展提供了示范和引领作用。人民政协协商民主成为了社会主义协商民主大繁荣大发展的一个样板间，集中展现了社会主义协商民主建设的成就。

人民政协是社会主义协商民主运行中独一无二的专门协商机构，为确保社会主义协商民主制度化、规范化、程序化发展提供了有力的组织保障。同时，人民政协也是社会主义协商民主的重要渠道，人民政协协商民主是社会主义协商民主中历史最悠久、作用最突出、影响最广泛的民主形式之一。在人民政协成立70周年大会上，习近平总书记强调："人民政协作为统一战线的组织、多党合作和政治协商的机构、人民民主的重要实现形式，是社会主义协商民主的重要渠道和专门协商机构，是国家治理体系的重要组成部分，是具有中国特色的制度安排。"[1]这就充分肯定了人民政协是社会主义协商民主的重要渠道和专门协商机构，并且还着重突出了人民政协是独具中国特色的制度安排。人民政协是中国共产党、各民主党派同中国人民一道，植根中国国情、顺应时代要求、反映人民意愿的伟大创造。我们既可以把人民政协看作是中国共产党领导统一战线的实践成果，也可以看作是中国共产党领导

---

① 习近平：《在中央政协工作会议暨庆祝中国人民政治协商会议成立70周年大会上的讲话》，人民出版社2019年版，第4页。

多党合作的组织机构，更可以看作是中国共产党发扬人民民主的民主形式。人民政协是独具中国特色又符合中国国情的世界上独一无二的政治组织。正是有了这样独具中国特色的人民政协，在新时代社会主义协商民主理论指导下，中国共产党抓住人民政协这一专门协商机构，才围绕人民政协协商民主创造出了同样独具中国特色的社会主义协商民主。

作为社会主义协商民主建设重点和典范的人民政协协商民主，取得了许多值得历史和时代检验的成绩。在人民政协内部，根据人民政协协商民主长期而丰富的实践，在社会主义协商民主建设进入新时代以来，尤其是根据新时代社会主义协商民主理论的指导，确立了专题协商、对口协商、界别协商、提案办理协商这四大政协协商形式。中共十八届三中全会通过的《中共中央关于全面深化改革若干重大问题的决定》中明确指出："拓展协商民主形式，更加活跃有序地组织专题协商、对口协商、界别协商、提案办理协商，增加协商密度，提高协商成效。"[1] 人民政协通过这四大协商形式，引领了社会主义协商民主发展的潮流，以充实而丰富的协商实践证明了人民政协是社会主义协商民主当之无愧的重要渠道。人民政协作为专门协商机构，通过搭建协商平台，能够为党政机关科学民主决策提供重要手段和方法。

社会主义协商民主建设进入新时代后，人民政协协商民主发展的最大亮点就是推出并打造了全国政协双周协商座谈会。全国政协双周协商座谈会既是人民政协作为专门协商机构的重要存在，也是推进社会主义协商民主制度化、规范化、程序化发展的重要体现。"双周"是一个固定的时间限定，让全国政协在组织协商民主过程中变得常态化。当前，全国政协双周协商座谈会已经成为了人民政协推进协商民主发展的一张重要名片。

在新时代社会主义协商民主理论指导下，社会主义协商民主建设过程中特别抓住了人民政协这一重点，凭借中国共产党大力支持和人民政协自身努力，人民政协协商民主成为了社会主义协商民主大繁荣大发展过程中当之无愧的王牌军。在人民政协协商民主取得举世瞩目成就的同时，中国共产党以

---

① 《中共中央关于全面深化改革若干重大问题的决定》，人民出版社2013年版，第31页。

人民政协协商民主为示范，引领其他协商民主形式跟进式发展。这就为发展中国家走向民主化提供了重要启示，就是在民主化过程中要分清轻重缓急、抓住重点，首先打造一个民主的样板间来提供示范作用，在榜样的引领下带动整个民主事业大发展。

第二，新时代社会主义协商民主理论突出了协商民主与选举民主相结合这一特色，实现协商民主与选举民主协同发展。这就为发展中国家走向民主化提供了重要启示：在民主化过程中要突出本国特色，适合的就是最好的。

中共十九届六中全会明确指出："建设社会主义民主政治，发展社会主义政治文明，必须使中国特色社会主义政治制度深深扎根于中国社会土壤，照抄照搬他国政治制度行不通，甚至会把国家前途命运葬送掉。"[1]新时代社会主义协商民主理论全面而准确地反映了中国国情，突出了中国民主的自身特色，找到了选举民主与协商民主的契合之处，让二者相互补充、相辅相成、相得益彰，在此基础上实现选举民主与协商民主协同发展。正是有了选举民主与协商民主协同发展，才使得新时代社会主义协商民主理论充分展现出了同世界上任何民主形式不同的中国特色。

新时代社会主义协商民主理论突出了选举民主与协商民主相得益彰的内在特色，进一步丰富了世界民主形式和内容，不仅为发展中国家走向民主化提供了中国经验和中国智慧，也为人类民主发展提供了新方向。就选举民主与协商民主的辩证关系问题，习近平总书记指出："在中国，这两种民主形式不是相互替代、相互否定的，而是相互补充、相得益彰的，共同构成了中国社会主义民主政治的制度特点和优势。"[2]选举民主与协商民主的相得益彰充分突出了中国民主的特色。从时间上而言，新时代社会主义协商民主理论超越了形式民主范畴，通过选举民主与协商民主协同发展而拓展了间歇民主范围，为世界贡献了持续民主。从空间上而言，新时代社会主义协商民主理论拓展了精英民主范围。无论是从横向还是纵向，协商民主在中国处处存

---

[1] 《中共中央关于党的百年奋斗重大成就和历史经验的决议》，人民出版社2021年版，第39页。

[2] 《习近平谈治国理政》第2卷，外文出版社2017年版，第293页。

在、无所不包，为世界贡献了大众民主。新时代社会主义协商民主理论在世界民主理论中的独特性，为发展中国家走向民主化提供了一种新思路。

在中国民主政治生活中，选举民主与协商民主相得益彰不仅是理论上演绎，而且有着长期而丰富的实践。其中，人大选举民主与政协协商民主之间协同发展，就是两种民主形式相得益彰的实践体现。人大选举民主与政协协商民主协同发展在中国有着长期的实践。新中国的建立，就是二者相得益彰的产物。本来按照中国共产党人的设想，全国解放后，由代表国家全体民众的全国人大来宣告新中国成立。但是随着解放局势的改变和时代要求，由人民政协全体会议代行全国人大职权，通过协商民主形式完成了协商建国的壮举。新中国成立初期，人民政协既具有自身协商民主的职权，又代行全国人大选举民主的职权。1954 年全国人大召开后，人民政协把代行选举民主职权归还给了全国人大，仍然保留协商民主的职权。此后，没有因为人民政协全体会议完成了代行全国人大职权而忽视人民政协的存在和发展，而是让人民政协同全国人大一道共同构成了独具中国特色的民主政治制度。

在人大选举民主和政协协商民主长期协同发展过程中，逐步形成了"全国两会制"。近年来，每年 3 月份（2020 年由于疫情推迟到五月份）召开的"全国两会"，已经成为了中国向世界展示中国民主发展成就的盛宴。"全国两会"是选举民主与协商民主协同发展的集中体现和公开亮相。一般情况，全国政协先行召开，稍后由全国人大通过票决来决定关系到广大人民群众根本利益的重大问题或涉及每一个公民利益的民生问题，可以先行在全国政协进行全面而充分地协商，以期各个层面在全国人大投票表决前，能够通过全国政协所搭建的协商民主平台，达成最大共识。"人民在通过选举、投票行使权利的同时，在重大决策前和决策过程中进行充分协商，尽可能就共同性问题取得一致意见"，[①] 这是中国民主的最大特色和独特优势。这样一来，最终在全国政协充分协商基础上所实现的全国人大票决结果，既能够考虑到广大人民群众的根本利益，又能照顾到各个阶层和群体的特殊利益。正是得益

---

① 中华人民共和国国务院新闻办公室：《中国的民主》，人民出版社 2021 年版，第 26 页。

于选举民主与协商民主相得益彰，在二者长期协同发展过程中形成"两会制"。每年一度的从各级地方两会到全国两会，成为中国向人民大众和世界各国展示中国式民主成就的重要平台。中国特色"两会制"民主成为选举民主与协商民主协同发展的实践典范，为人类民主文明发展贡献了中国智慧。

选举民主与协商民主的协同发展是新时代社会主义协商民主理论一个重要特色。正所谓鞋子合不合脚，自己穿了才知道，"一个国家是不是民主，应该由这个国家的人民来评判，而不是由外部少数人指手画脚来评判"[1]。一个国家的民主制度优劣，本国人民最有发言权。削足适履式照搬照抄西方民主，不会得到人民的认可，适合本国国情的民主才是最好的民主。在中国，选举民主与协商民主协同发展植根于中国国情，源自长期民主实践，正是适合中国才得到了人民的认可，彰显出无与伦比的内在优势。这就为发展中国家走向民主化提供了重要启示，也就是在民主化过程中要突出本国特色，凡是脱离国情的削足适履都会最终自酿苦果，适合的就是最好的。

第三，新时代社会主义协商民主理论注重建立上上下下、方方面面的协商民主运行体系，让协商民主时时处处存在。这就为发展中国家走向民主化提供了重要启示：在民主化过程中要遍地开花，让广大民众共享民主发展成果。

习近平总书记多次指出："民主不是装饰品，不是用来做摆设的，而是要用来解决人民要解决的问题的。"[2]新时代社会主义协商民主理论在指导社会主义协商民主建设中，既抓住了人民政协这一重点，又突出了选举民主与协商民主协同发展这一特色，更注重建立上上下下、方方面面的协商民主运行体系，让协商民主无时不有、无处不在，从而使协商精神深入民心，有事协商、遇事协商、做事协商成为全社会最大共识，真正实现了人民当家作主。

中国特色社会主义进入新时代以来，社会主义协商民主建设取得了彪炳

---

[1]　习近平：《论坚持人民当家作主》，中央文献出版社 2021 年版，第 336 页。

[2]　习近平：《论坚持人民当家作主》，中央文献出版社 2021 年版，第 335 页。

史册的重要实践成就，社会主义协商民主的"四梁八柱"已经建立。习近平总书记一直高度重视整体上构建合理而完整的社会主义协商民主实践体系，他强调指出，"社会主义协商民主，应该是实实在在的、而不是做样子的，应该是全方位的、而不是局限在某个方面的，应该是全国上上下下都要做的、而不是局限在某一级的。因此，必须构建程序合理、环节完整的社会主义协商民主体系"①。这就说明了，在新时代社会主义协商民主理论指导下的社会主义协商民主建设，让社会主义协商民主不能只是纸上谈兵而停留在理论演绎的阶段，更不能让社会主义协商民主停留在仅是做宣传、喊口号的阶段，而是要把社会主义协商民主实实在在落实到各个层面，把社会主义协商民主建设真正地做实做大做强。

从横向而言，中国共产党从政党协商、人大协商、政府协商、政协协商四个方向推进社会主义协商民主建设，使协商民主横贯"四大班子"。政党协商是社会主义协商民主渠道中历史最为久远的民主形式。早在延安时期，中国共产党就把政党协商运用于"三三制"政权中。可以说，政党协商是中国共产党最早的协商民主实践形式。在革命时期形成的中国共产党同各民主党派之间的协商，一直延续到建设、改革时期。社会主义协商民主进入新时代后，政党协商依然在社会主义协商民主体系中占据着重要位置。人大协商形成于选举民主与协商民主协同发展的过程中，借助于协商民主可以更好地弥补单纯的票决民主代表简单多数的不足，让人大民主更加科学、有效、合理。政府协商虽然是后起之秀，但是政府决策更多更广泛地涉及每个人的切身利益。近年来，有关民生问题的决策出台过程中，各级政府都会组织各类听证会，广泛听取各个层面的意见和呼声，让政府在取得各个方面最大共识的基础上再出台各项民生政策。政协协商是社会主义协商民主建设的顶梁柱，起到了重要的示范与引领作用。

从纵向而言，国家层面协商、社会层面协商、基层层面协商、公民层面

---

① 习近平：《在庆祝中国人民政治协商会议成立 65 周年大会上的讲话》，人民出版社 2014年版，第 19 页。

协商已经纵观上下，真正做到了社会主义协商民主层层覆盖，借助于协商民主的渠道使得国家与公民之间能够实现上情下达、下情上达。新时代社会主义协商民主建设过程中，协商民主已经远远超出了以往的国家层面，实现了向下广泛延伸。社会协商是社会主义协商民主的一个重要延伸。在新时代，社会组织日趋发挥着重要作用，小政府、大社会是时代发展所趋。积极探索和全面开展社会协商对话制度，有利于在社会层面就能够化解利益矛盾和冲突，实现社会和谐稳定。基层协商成为新时代社会主义协商民主理论一个重要的着力点。习近平总书记指出："涉及人民群众利益的大量决策和工作，主要发生在基层。"[1]因此，社会主义协商民主建设要重点放在基层，在基层群众中广泛开展协商。进入新时代后，社会主义协商民主不仅仅依托于各级组织，借助现代互联网平台，协商民主日趋融入公民日常网络政治参与中。在互联网所搭建的虚拟的协商平台上，各协商主体能够就各自关心的问题展开无拘无束的感性讨论和广泛深入的理性协商，以期达成最为真实的共识。

新时代社会主义协商民主理论在指导社会主义协商民主建设中，注重建立实实在在的无处不有、无时不在的协商民主运行体系，让协商民主时时处处存在。这就为发展中国家走向民主化提供了重要启示，这就是在民主化过程中要让民主实践遍地开花，让广大民众共享民主发展成果。民主不是束之高阁的摆设，而是民众司空见惯的生活习惯。

二、中国社会主义协商民主为西方协商民主发展提供新思路

中国社会主义协商民主在理论发展过程中，有益地借鉴了西方协商民主理论的同时，中国社会主义协商民主很快完成了弯道超车，无论在实践上还是理论上都展现出了无与伦比的优越性。它得益于新时代中国社会主义协商

---

[1] 习近平：《在庆祝中国人民政治协商会议成立 65 周年大会上的讲话》，人民出版社 2014年版，第 20 页。

民主大繁荣大发展，并为西方协商民主发展提供了新的方向。中国社会主义协商民主为西方协商民主经验化转向贡献了中国智慧。

（一）新时代中国社会主义协商民主发展的价值性体现

随着中国实现从站起来、富起来到强起来的伟大转变，作为世界上独特独有独到的社会主义协商民主也要为人类民主发展充分地贡献更多的中国智慧，在理论上实现翻转，完成协商民主理论创造性转化的华丽转身。正如习近平总书记在中共十九大报告中向全世界庄严的宣告："中国特色社会主义政治制度是中国共产党和中国人民的伟大创造。我们完全有信心、有能力把我国社会主义民主政治的优势和特点充分发挥出来，为人类政治文明进步作出充满中国智慧的贡献！"[1]那么，作为中国特色社会主义政治制度重要构成的社会主义协商民主制度，理所当然要为人类民主文明进步贡献中国智慧。

西方民主理论经过长期的发展演变，有其固有的优势和特有的价值。这其中最为核心的就是通过票决而实现的选举民主。然而，随着时代的进步和经济社会的不断发展，选举民主逐步显现出内在的固有弊端。为了弥补西方选举民主的缺陷和不足，一些学者在理论上提出了协商民主作为选举民主的一种有益补充。西方协商民主植根于资本主义国家的政治实践之中，建立在长期而成形的选举民主之上，在设计上试图弥补和填充选举民主的固有缺陷，从而实现对西方民主的升级换代。21 世纪初期，国内的一些学者通过翻译将西方协商民主理论引进到中国，并将西方协商民主中国化。在西方协商民主理论中国化的过程中，西方协商民主理论中的有益成分也被不断融合和吸纳到中国社会主义协商民主理论中。中国社会主义协商民主长期而丰富的实践，正是得益于西方协商民主理论中国化转变的"倒逼效应"，才迎来

---

[1]　习近平：《决胜全面建成小康社会　夺取新时代中国特色社会主义伟大胜利——在中国共产党第十九次全国代表大会上的报告》，人民出版社 2017 年版，第 40 页。

了大繁荣和大发展的局面。以往，中国社会主义协商民主重实践而轻理论，与之相反，西方协商民主重理论而轻实践。西方协商民主理论的中国化促使中国社会主义协商民主完成了理论化转向，进而实现了理论与实践的全面发展，从而实现了对西方协商民主的双重超越。

通过对西方协商民主理论的借鉴和吸收，形成了具有中国特色的社会主义协商民主理论，中国社会主义协商民主实现了对西方协商民主的弯道超车，为西方协商民主跳出理论演绎的范围提供了借鉴。此外，还在新时代协商民主实践的加持下，实现了从社会主义协商民主到全过程的人民民主的理论拓展，开创了人类民主文明新形态。

（二）协商民主发展的中国智慧与西方协商民主发展的经验化转向

中国社会主义协商民主在理论发展过程中，得益于同西方协商民主理论的契合所带来的催化作用，借鉴了西方协商民主理论的合理内核。同时，中国社会主义协商民主在长期的实践过程中所积累的丰富经验，对于西方协商民主发展同样提供了新的方向。

西方协商民主发展经历的四个发展阶段，前三个发展阶段都是在政治哲学领域，更多地侧重于理论推演和构建。第一阶段为西方协商民主理论的提出萌芽。随着时代发展，西方选举民主逐步暴露出种种弊端。为了摆脱选举民主日趋陷于精英民主而不能自拔，西方民主需要弥补选举民主的这种不足，让普通公民直接参与公共决策之中。时代呼唤新的理论。"只是在 80 年代协商民主（Deliberative Democracy）的概念才开始具备明确的形态。'协商民主'一词好像是约瑟夫·毕塞特（Joseph Bessette）最先提出的，他反对宪政的精英主义解释。"[①]在协商民主最初提出的十几年内，并没有引起学

---

① ［美］博曼等:《协商民主:论理性与政治》，陈家刚等译，中央编译出版社 2006 年版，导言第 4 页。

术界的关注，鲜有学者深入研究相关问题。第二阶段为西方协商民主理论的初步形成。西方协商民主之所以得以发展，离不开两位理论大师哈贝马斯和罗尔斯对协商民主的关注并在学理上给予的论证与支持，这为西方协商民主发展奠定了坚实的理论根据。在西方协商民主形成过程中，哈贝马斯在《在事实与规范之间：关于法律和民主法治国的商谈理论》中对协商民主进行了深入的学理分析，因此哈贝马斯在以后的协商民主理论发展中发挥了至关重要的引领作用。正是得益于哈贝马斯 20 世纪初来华讲学，中国学者才知道了协商民主理论，并且开始作为一种民主思潮翻译介绍到中国。此外，罗尔斯在《政治自由主义》中强调了协商民主对于公平正义的重要性，并且对协商民主给予了重要理论支持。从之后的协商民主研究文献中我们可以惊奇地发现，大多数学者在理论论证过程中必然引证哈贝马斯和罗尔斯的著作。第三阶段为西方协商民主理论的发展成熟。有着哈贝马斯和罗尔斯这样的学术大师的支持，协商民主理论逐步引起政治哲学界普遍关注，更多学者开始研究协商民主问题。正是在博曼、德雷泽克、菲什金、埃尔斯特等学者的努力下，西方协商民主逐步发展成为了一个成熟的民主理论。

这一阶段的协商民主更多的是作为一种民主的美好理想或者是实现民主的可能方法，重理论推演而轻实践经验总结。譬如，詹姆斯·博曼认为："民主协商理想对公民公开表达自己理性以及思考他人公共理性的能力和意愿提出了很高的要求。因此，它又意味着一种苛刻的平等理想。"[1]而相比较建立在长期而丰富的协商民主实践基础上的中国社会主义协商民主理论而言，西方协商民主理论只是一种纯粹哲学式的协商概念，缺乏实践的支撑和验证，也缺乏经验基础。鉴于此，西方协商民主理论开始朝着经验化转向，开启了新的第四发展阶段。

西方学者将协商民主作为选举民主的补充而提出，但是却始终停留在政治学哲学领域，处于理论演绎的范围。而中国的协商民主不仅仅是理论，更

---

[1]　［美］博曼等：《协商民主：论理性与政治》，陈家刚等译，中央编译出版社 2006 年版，第 238 页。

具有丰富的实践，并取得了巨大的成就。尤其是协商民主与选举民主的协同发展，更是孕育出了独具中国特色的全过程人民民主这一全新的民主形式，从而实现了对西式民主的超越。这就促使西方学者不再仅仅拘泥于协商民主的理论推演，而实现协商民主朝着经验化转向，开始关注西方协商民主实践，并且开始对西方协商民主实践进行叙述性介绍和经验总结。

（三）中国社会主义协商民主成功完成创造性转化

中国离不开世界，世界也离不开中国，尤其是在中国特色社会主义进入新时代之后，中国理应为世界奉献更多的中国智慧与中国力量。通过对西方协商民主理论的借鉴吸收，中国社会主义协商民主实现了理论与实践的大繁荣大发展。在此基础上，社会主义协商民主完成到全过程人民民主的理论拓展，作为世界上独特独有特到的民主形式，为人类民主文明发展进步作出了应有的贡献。

当然，西方协商民主发展过程中之所以出现经验化转向，既是西方民主发展的内在要求，同时也是顺应时代发展和世界民主潮流的产物。中国社会主义协商民主丰富多彩的理论与实践进一步拓展和充实了世界民主形式，也为世界民主文明发展进步提供了新的发展方向。习近平总书记在世界政党峰会上强调："民主同样是各国人民的权利，而不是少数国家的专利。实现民主有多种方式，不可能千篇一律。"[1] 近年来，面对西方对中国民主的质疑和批评，中国积极推动中国民主文明走出去，不断向世界展示中国民主建设成就。作为中国共产党领导广大人民群众在革命、建设、改革中创造的社会主义协商民主，既独具中国特色又彰显内在优势，是世界上独特独有独到的民主形式，日趋成为中国向世界展现中国特色社会主义民主的新名片。中国学者李君如所著的《协商民主在中国》一书已经翻译成了英文、俄文、韩文、

---

[1] 习近平：《加强政党合作　共谋人民幸福———在中国共产党与世界政党领导人峰会上的主旨讲话》，人民出版社 2021 年版，第 6 页。

西文等，将中国社会主义协商民主推向了世界。此外，还有一些学者通过总结中国社会主义协商民主的经验，将中国社会主义协商民主的理论和实践研究成果发表于西方主流学术期刊。在借鉴西方协商民主理论合理内核的基础上，将中国社会主义协商民主成功经验提炼出来奉献给世界，成功地完成了协商民主理论的"进口转外销"，为西方协商民主发展提供了新的发展思路和方向。

通过对西方协商民主的借鉴，中国社会主义协商民主实现了大繁荣和大发展。与此同时，在新时代社会主义协商民主丰富实践的基础上，还实现了社会主义协商民主到全过程人民民主的理论拓展。全过程人民民主是中国共产党领导中国人民百年民主探索实践的伟大创造，社会主义协商民主被涵盖其中，是推进全过程人民民主建设的重要构成。2021年中国发布《中国的民主》白皮书向国际社会详细阐释了中国的全过程人民民主，中国社会主义协商民主作为全过程人民民主的重要内容也被介绍给世界。全过程人民民主作为全新的民主形式，有效弥补了西式民主的弊端，不仅为发展中国家提供了更多选择，还为人类民主文明进步贡献了中国智慧和方案。

三、中国协商民主对构建人类命运共同体所贡献的智慧

中国共产党作为世界上负责任的最大政党，大就要有一个大的样子，不仅为中国人民谋幸福、为中华民族谋复兴，还要为世界和平发展、为人类进步贡献中国智慧、中国方案、中国力量。针对此，习近平总书记在中国共产党成立100周年大会上明确指出："中国共产党关注人类前途命运，同世界上一切进步力量携手前进，中国始终是世界和平的建设者、全球发展的贡献者、国际秩序的维护者！"[①] 中共十八大以来，以习近平同志为核心的党中央

[①]　习近平：《在庆祝中国共产党成立100周年大会上的讲话》，人民出版社2021年版，第16页。

深入挖掘中华文化中积极的处世之道和治理理念同当今时代的共鸣点，将习近平新时代中国特色社会主义思想与全球治理体系改革相结合，提出一系列具有鲜明中国特色的全球治理观，为全球治理体系改革和建设贡献了中国智慧、提供了中国方案。

（一）构建人类命运共同体所蕴含的中国协商智慧

随着中国经济社会不断发展，中国已经成为世界第二大经济体，对世界经济发展的贡献力排名世界第一位。当前，我们正处于实现中华民族伟大复兴中国梦的关键时刻。在此背景下，中国的发展模式，尤其是民主模式日趋引起世界范围内的关注。中国不仅要向世界奉献物美价廉的物质产品，中国也希望为世界奉献中国智慧、中国方案。中国作为世界上负责任的大国，理所当然为世界和平发展贡献更多的力量。

中共十八大以来，以习近平同志为核心的党中央通过对国内外局势的深刻把握，作出当今世界正处于百年未有之大变局的科学判断。为了有效应对大变局，习近平总书记提出当今世界需要"构建人类命运共同体"，这是因为"人类是一个整体，地球是一个家园。面对共同挑战，任何人任何国家都无法独善其身，人类只有和衷共济、和合共生这一条出路"[①]。因此，构建人类命运共同体是实现世界和平发展的内在要求。习近平总书记关于人类命运共同体理论逐步得到了世界范围内广泛认可和赞许。随着对国际局势的认识不断加深，习近平总书记对构建人类命运共同体理论阐释也日益深化。2017年1月18日，习近平总书记在联合国日内瓦总部发表了题为《共同构建人类命运共同体》的主旨演讲，向世界范围全面而系统地阐释了构建人类命运共同体思想，其中明确指出："坚持对话协商，建设一个持久和平的世界。"[②]显然，"坚持对话协商"对于脚踏实地落实"构建人类命运共同体"理念发

---

① 习近平：《加强政党合作　共谋人民幸福———在中国共产党与世界政党领导人峰会上的主旨讲话》，人民出版社 2021 年版，第 3 页。

② 《习近平谈治国理政》第 2 卷，外文出版社 2017 年版，第 541 页。

挥着至关重要的作用。"对话协商"在中国有着长期而丰富的经验，承载着独具特色的中国智慧。在中共十九大上，习近平总书记强调："各国人民同心协力，构建人类命运共同体，要相互尊重、平等协商，走对话而不对抗、结伴而不结盟的国与国交往新路。要坚持以对话解决争端、以协商化解分歧"。① 这就把中国长期而丰富的社会主义协商民主理论和实践外溢到了世界舞台，通过社会主义协商民主所蕴含的博大精深的"对话协商"精髓，为构建人类命运共同体贡献中国智慧。

（二）中国对话协商智慧对构建人类命运共同体的重要贡献

"对话协商"植根于中国社会主义协商民主丰厚的理论和实践中，中国社会主义协商民主也源源不断地涵养着"对话协商"这一构建人类命运共同体的重要沟通手段。在中国社会主义协商民主发展进程中，积累了丰富的"对话协商"经验，这为"对话协商"走出国门，在构建人类命运共同体中发挥作用奠定了坚实的基础。

无论是世界范围内的国与国之间，还是一个国家内的各个阶层或群体之间，各种矛盾和利益冲突都是普遍存在的。矛盾无时不有，矛盾无处不在。中国在长期应对和协调各个阶层或群体之间社会利益和矛盾冲突过程中，逐步探索和形成发展了"社会协商对话"的方法，能够很好地处理和协调利益群体之间的矛盾，也能疏通和化解上下之间因为社会利益和矛盾而造成的不和谐。其实，早在 1987 年 10 月 25 日召开的中共十三大，就以报告的形式全面论述了"建立社会协商对话制度"，其中强调："必须使社会协商对话形成制度，及时地、畅通地、准确地做到下情上达，上情下达，彼此沟通，互相理解。""对全国性的、地方性的、基层单位内部的重大问题的协商对话，应分别在国家、地方和基层三个不同的层次上展开。"② 这就要求我们通

---

① 习近平：《决胜全面建成小康社会　夺取新时代中国特色社会主义伟大胜利——在中国共产党第十九次全国代表大会上的报告》，人民出版社 2017 年版，第 58—59 页。

② 《十三大以来重要文献选编》（上），中央文献出版社 1991 年版，第 43—44 页。

过"协商对话"来化解上上下下、方方面面的社会矛盾与利益冲突，并且以党的代表大会报告的形式要求在国家、地方、基层各个层面落实"社会协商对话制度"，让协商对话成为中国各个层面应对和化解社会矛盾和利益冲突的必要手段和重要环节。社会协商对话制度在发展过程中已经拓展成为了社会主义协商民主制度。当然，"协商对话"始终是社会主义协商民主中的重要构成。"协商民主是中国民主独特的、独有的、独到的民主形式"[1]，也是国家治理体系的重要构成部分，在推进国家治理体系和治理能力现代化中发挥着重要作用。社会主义协商民主进一步拓展协商对话的范围，充分保证广大普通群众的有序政治参与，使党和国家在涉及国计民生的重大决策以及关系到群众切身利益的决策中，能够确保广大人民群众根本利益的同时，又充分考虑部分阶层和群体的特殊利益要求，从而达到全社会的最大共识。这样一来，通过社会主义协商民主能够有效地协调甚至避免各个利益主体之间的冲突，实现社会和谐。

当今世界的主题仍是和平与发展，但是世界范围内矛盾与争端不断，甚至局部冲突与战争不时上演。以美国为首的西方世界，化解世界矛盾与争端的方案，始终残留着冷战时期的思维，高举霸权主义、强权政治的大旗，以军事解决为手段。结果损人不利己，成为没有赢家的零和博弈。对此，中国提出了"人类命运共同体"理念。国内丰富的"对话协商"实践为人类命运共同体的构建提供了有益借鉴，"协商民主"也成为构建人类命运共同体的重要方式。

（三）中国社会主义协商民主为构建人类命运共同体提供重要沟通手段

随着不断推进协商民主广泛多层制度化发展，社会主义协商民主实现了大繁荣大发展。社会主义协商民主在中国取得的巨大成功，除了丰富世界民

---

[1] 中华人民共和国国务院新闻办公室：《中国的民主》，人民出版社 2021 年版，第 26 页。

主形式外，也为中国构建人类命运共同体提供重要沟通手段。

从社会对话协商制度到社会主义协商民主制度发展过程，中国长期运用"协商对话"的方法和手段处理和协调不同利益主体之间矛盾与冲突。中国在"协商对话"实践层面积累了长期而丰富的经验，这些经验能够在构建人类命运共同体过程中为处理国与国之间利益矛盾与冲突提供有益借鉴。中国社会主义协商民主理论是中国为世界贡献的化解世界矛盾与争端的重要方法和手段。习近平在联合国大会上向全世界指出："协商是民主的重要形式，也应该成为现代国际治理的重要方法，要倡导以对话解争端、以协商化分歧。"① 中国社会主义协商民主是中国献给世界的一份厚礼，承载着中华民族五千多年文化精髓，蕴含着中国共产党成立百余年革命、建设、改革的成功经验，凝聚着中国特色社会主义进入新时代以来以习近平同志为核心的党中央治国理政智慧。

中国社会主义协商民主理论不仅为化解世界矛盾与争端贡献了中国智慧，而且还为构建人类命运共同体提供了沟通手段和联通渠道。地球是人类的共同家园，世界各个国家、各个民族共处于同一个世界，一荣俱荣、一损俱损，因而要在世界范围内倡导"人类命运共同体"意识。通过构建人类命运共同体，在面对复杂多变的世界经济形势和日益严峻的全球问题时，各个国家在考虑本国发展和利益的同时，也要顾及整个世界发展和兼顾世界其他国家的利益诉求和合理关切，从而最大程度的寻求整个人类的共同利益和要求，共商共建共享整个世界。社会主义协商民主在中国构建人类命运共同体过程中扮演着重要的角色，也就是摒弃霸权和强权而借助于协商对话来化解世界范围内的争端与分歧。关于协商民主在构建人类命运共同体中的重要作用，习近平总书记在中共十九大报告中强调，"各国人民同心协力，构建人类命运共同体，要相互尊重、平等协商，要坚持以对话解决争端、以协商化解分歧"② 。各国只有在相互尊重、地位平等的基础上进行对话与协商，才能

---

① 《习近平谈治国理政》第 2 卷，外文出版社 2017 年版，第 523 页。

② 习近平：《决胜全面建成小康社会　夺取新时代中国特色社会主义伟大胜利——在中国共产党第十九次全国代表大会上的报告》，人民出版社 2017 年版，第 58—59 页。

更好地避免冲突与战争，从而实现世界的和平与发展。中国社会主义协商民主产生和发展于中国，是对人类民主政治文明的丰富和发展，还为构建人类命运共同体贡献了中国智慧和中国方案。

"大国要有大国的样子，要以人类前途命运为要，对世界和平与发展担负更大责任，而不是依仗实力搞唯我独尊、欺凌霸道"①。中国作为世界上最大的发展中国家，中国共产党作为世界上最大的政党，大就要有大的样子，要发挥大的责任与担当，为构建人类命运共同体不断贡献中国智慧。全过程人民民主是中国共产党的百年民主探索实践的伟大创造，开创人类文明新形态。社会主义协商民主作为全过程人民民主中独特独有独到的民主形式，势必会与全过程人民民主一道为人类民主文明进步贡献更多的中国智慧。

---

① 中华人民共和国国务院新闻办公室：《中国的民主》，人民出版社 2021 年版，第 52—53 页。

主要参考文献

[1]《马克思恩格斯文集》第1—10卷，人民出版社2009年版。

[2]《马克思恩格斯选集》第1—4卷，人民出版社2012年版。

[3]《列宁专题文集》第1—5卷，人民出版社2009年版。

[4]《列宁选集》第1—4卷，人民出版社2012年版。

[5]《陈独秀文集》第1—4卷，人民出版社2013年版。

[6]《李大钊全集》第1—5卷，人民出版社2013年版。

[7]《毛泽东选集》第1—4卷，人民出版社1991年版。

[8]《毛泽东文集》第1—8卷，人民出版社1993—1999年版。

[9]《毛泽东年谱（1893—1949）》上、中、下卷，中央文献出版社2013年版。

[10]《毛泽东年谱（1949—1976）》上、中、下卷，中央文献出版社2013年版。

[11]《周恩来选集》上、下卷，人民出版社1980、1984年版。

[12]《周恩来论统一战线》，人民出版社1984年版。

[13]《邓小平文选》第1—3卷，人民出版社1993、1994年版。

[14]《邓小平文集（1949—1974）》上、中、下卷，人民出版社2014年版。

[15]《邓小平年谱（1904—1974）》上、中、下卷，中央文献出版社2009年版。

[16]《邓小平年谱（1975—1997）》上、下卷，中央文献出版社2004年版。

[17]《江泽民文选》第1—3卷，人民出版社2006年版。

[18]《胡锦涛文选》第1—3卷，人民出版社2016年版。

[19]《习近平谈治国理政》第1—4卷，外文出版社2018、2017、2020、2022年版。

[20]《十八大以来重要文献选编》上、中、下卷，中央文献出版社2014、2016、2018年版。

[21]《十九大以来重要文献选编》上、中卷，中央文献出版社2019、2021年版。

[22]《人民政协重要文献选编》上、中、下卷，中国文史出版社、中央文献出版社2009年版。

[23]《新时期统一战线文件选编》，中共中央党校出版社1985年版。

[24]《中共中央关于坚持和完善中国特色社会主义制度推进国家治理体系和治理能力现代化若干重大问题的决定》，人民出版社2019年版。

[25]《中共中央关于制定国民经济和社会发展第十四个五年规划和二〇三五年远景目标的建议》，人民出版社2020年版。

[26]《中共中央关于党的百年奋斗重大成就和历史经验的决议》，人民出版社2021年版。

[27]习近平：《在庆祝中国共产党成立100周年大会上的讲话》，人民出版社2021年版。

[28]习近平：《论坚持人民当家作主》，中央文献出版社2021年版。

[29]习近平：《决胜全面建成小康社会　夺取新时代中国特色社会主义伟大胜利——在中国共产党第十九次全国代表大会上的报告》，人民出版社2017年版。

[30]习近平：《在庆祝中国人民政治协商会议成立65周年大会上的讲话》，人民出版社2014年版。

[31]习近平：《在中央政协工作会议暨庆祝中国人民政治协商会议成立70周年大会上的讲话》，人民出版社2019年版。

[32]习近平：《习近平总书记关于加强和改进人民政协工作的重要思想专题摘编》，中国统计出版社2018年版。

[33]《习近平关于社会主义政治建设论述摘编》，中央文献出版社2017

年版。

[34]《关于加强社会主义协商民主建设的意见》，人民出版社 2015 年版。

[35]《关于加强人民政协协商民主建设的实施意见》，人民出版社 2015 年版。

[36]《关于加强政党协商的实施意见》，人民出版社 2015 年版。

[37]《中国人民政治协商会议章程》，人民出版社 2018 年版。

[38]《中国新型政党制度》，人民出版社 2021 年版。

[39]《中国的民主》，人民出版社 2021 年版。

[40]《中国共产党统一战线工作条例》，人民出版社 2021 年版。

[41] 陈家刚：《社会主义协商民主：制度与实践》，社会科学文献出版社 2019 年版。

[42] 孙德海：《中国特色社会主义协商民主发展研究》，人民出版社 2019 年版。

[43] 徐湘明：《协商民主视角下的人民政协制度研究》，上海三联书店 2019 年版。

[44] 董树彬、刘秀玲：《社会主义协商民主制度历史进程与基本经验》，人民出版社 2018 年版。

[45] 殷啸虎：《统一战线与协商民主》，上海科学院出版社 2018 年版。

[46] 林尚立、肖存良：《统一战线理论与实践前沿》，复旦大学出版社 2018 年版。

[47] 江国华：《侧影与向度：中国协商民主研究》，武汉大学出版社 2018 年版。

[48] 刘佳义：《协商民主理论讲演录》，人民出版社 2017 年版。

[49] 陈明明：《我们如何具体操作协商民主：复式协商民主决策程序手册》，复旦大学出版社 2017 年版。

[50] 周雪光：《中国国家治理的制度逻辑》，生活·读书·新知三联书店 2017 年版。

[51] 董石桃：《公民参与和民主发展：当代西方参与式民主研究》，人民出

版社 2017 年版。

[52] 李建：《社会主义协商民主推进国家治理现代化研究》，中国社会科学出版社 2017 年版。

[53] 林尚立、赵宇峰：《中国协商民主的逻辑》，上海人民出版社 2016 年版。

[54] 李君如：《协商民主：解读中国民主制度》，外文出版社 2015 年版。

[55] 王洪树：《社会协商对话》，中央文献出版社 2015 年版。

[56] 俞可平：《中国民主治理之路》，中央编译出版社 2015 年版。

[57] 林尚立：《新中国政党制度研究》，上海人民出版社 2015 年版。

[58] 李金河：《多党合作与社会主义协商民主》，九州出版社 2015 年版。

[59] 马奔：《协商民主：民主理论的变迁与时实践》，山东大学出版社 2014 年版。

[60] 陈家刚：《协商民主与国家治理》，中央编译出版社 2014 年版。

[61] 林尚立：《协商民主：中国的创造与实践》，重庆出版社 2014 年版。

[62] 王绍光：《国家治理》，中国人民大学出版社 2014 年版。

[63] 周淑真：《多党合作与中国党执政能力建设研究》，经济科学出版社 2014 年版。

[64] 俞可平：《论国家治理现代化》，社会科学文献出版社 2014 年版。

[65] 何包钢、霍伟岸、谈火生：《协商民主的技术》，社会科学文献出版社 2014 年版。

[66] 李君如：《协商民主在中国》，人民出版社 2014 年版。

[67] 何显明：《治理民主：中国民主成长的可能方式》，中国社会科学出版社 2014 年版。

[68] 胡鞍钢：《中国国家治理现代化》，中国人民大学出版社 2014 年版。

[69] 马黎晖：《中国协商民主理论与实践》，社会科学文献出版社 2013 年版。

[70] 黄国华：《中国社会主义协商民主思想史稿》，西南交通大学出版社 2013 年版。

[71] 周淑真：《政党和政党制度比较研究》，人民出版社 2001 年版。

[72] 刘红凛：《政党关系和谐与政党制度建设》，人民出版社 2013 年版。

[73] 房宁：《民主的中国经验》，中国社会科学出版社 2013 年版。

[74] 刘俊杰：《中国党际协商民主研究》，江苏大学出版社 2013 年版。

[75] 李强彬：《协商民主与公共政策前决策过程优化》，四川大学出版社 2013 年版。

[76] 冯仕政：《当代中国的社会治理与政治秩序》，中国人民大学出版社 2013 年版。

[77] 陆学艺：《中国社会结构与社会建设》，中国社会科学出版社 2013 年版。

[78] 俞可平：《敬畏民意：中国的民主治理与政治改革》，中央编译出版社 2012 年版。

[79] 陈朋：《国家与社会合力互动下的乡村协商民主实践》，上海人民出版社 2012 年版。

[80] 陈家刚：《协商民主与政治发展》，社会科学文献出版社 2011 年版。

[81] 杨光斌：《中国政治发展的战略选择》，中国人民大学出版社 2011 年版。

[82] 李仁彬：《中国协商民主理论与实践探析》，四川大学出版社 2011 年版。

[83] 林尚立、肖存良：《统一战线与中国发展》，复旦大学出版社 2011 年版。

[84] 王洪树：《协商合作视野下的民主政治研究》，中国社会科学出版社 2011 年版。

[85] 林尚立：《中国共产党与人民政协》，东方出版社 2011 年版。

[86] 钱穆：《中国历代政治得失》，九州出版社 2011 年版。

[87] 陶富源：《中国特色民主协商论》，安徽师范大学出版社 2011 年版。

[88] 刘红凛：《政党政治与政党规范》，上海人民出版社 2010 年版。

[89] 黄福寿：《中国协商政治发展与演变逻辑》，上海人民出版社 2009

年版。

[90] 魏晓文：《当代中国参政党建设研究》，中共中央党校出版社 2009 年版。

[91] 李后强、邓子强：《协商民主与椭圆视角》，四川人民出版社 2009 年版。

[92] 孙存良：《当代中国民主协商研究》，中国社会出版社 2009 年版。

[93] 韩冬梅：《西方协商民主理论》，中国社会科学出版社 2008 年版。

[94] 卞晋平：《人民政协理论与实践问题探讨》，中国文史出版社 2008 年版。

[95] 张平夫：《人民政协概论：人民政协理论与实践》，中央文献出版社 2008 年版。

[96] 林尚立：《统一战线与国家建设》，上海人民出版社 2008 年版。

[97] 谈火生：《审议民主》，江苏人民出版社 2007 年版。

[98] 罗豪才：《软法与协商民主》，北京大学出版社 2007 年版。

[99] 李铁映：《论民主》，中国人民大学出版社 2007 年版。

[100] 房宁：《民主政治十论》，中国社会科学出版社 2007 年版。

[101] 俞可平：《民主的陀螺》，北京大学出版社 2006 年版。

[102] 王沪宁：《政治的逻辑：马克思主义政治学原理》，上海人民出版社 2004 年版。

[103] 王长江：《世界政党比较研究概论》，中共中央党校出版社 2003 年版。

[104] 王长江：《现代政党执政规律研究》，上海人民出版社 2002 年版。

[105] 邓正来：《布莱克维尔政治学百科全书》，中国政法大学出版社 2002 年版。

[106] 王浦劬：《政治学基础》，北京大学出版社 2001 年版。

[107] 张忆军：《风雨同舟七十年——中国共产党与民主党派关系史》，学林出版社 2001 年版。

[108] 王邦佐：《中国政党制度的社会生态分析》，上海人民出版社 2000 年版。

[109] 刘红凛：《协同与共赢：论当代中国的多党合作与执政能力建设》，江西人民出版社 1999 年版。

[110] 萧超然：《中国多党合作与政治协商制度专题资料汇编》，华文出版社 1998 年版。

[111] 王沪宁：《政治的人生》，上海人民出版社 1995 年版。

[112] 杨奎松：《马克思主义中国化的历史进程》，河南人民出版社 1994 年版。

[113] 王沪宁：《当代西方政治学分析》，四川人民出版社 1988 年版。

[114] 杨建新等：《五星红旗从这里升起》，文史资料出版社 1984 年版。

[115] ［美］卡罗尔·佩特曼：《参与和民主理论》，陈尧译，上海世纪出版社 2012 年版。

[116] ［美］熊彼特：《资本主义、社会主义与民主》，吴良健译，商务印书馆 2007 年版。

[117] ［法］托克维尔：《论美国的民主》，董国良译，商务印书馆 2006 年版。

[118] ［美］詹姆斯·博曼等：《协商民主：论理性与政治》，陈家刚等译，中央编译出版社 2006 年版。

[119] ［美］詹姆斯·博曼：《公共协商：多元主义、复杂性与民主》，黄湘怀译，中央编译出版社 2006 年版。

[120] ［南非］毛里西澳·帕瑟林·登特里维斯：《作为公共协商的民主：新的视角》，王英津译，中央编译出版社 2006 年版。

[121] ［澳］约翰·德雷泽克：《协商民主及其超越：自由与批判的视角》，丁开杰等译，中央编译出版社 2006 年版。

[122] ［美］约·埃尔斯特：《协商民主：挑战与反思》，周艳辉译，中央编译出版社 2006 年版。

[123] ［美］塞拉·本哈比：《民主与差异：挑战政治的边界》，黄湘怀等译，中央编译出版社 2006 年版。

[124] ［美］詹姆斯·菲什金、［英］彼得·拉斯莱特：《协商民主争论》，张晓敏译，中央编译出版社 2006 年版。

[125] [美] 伊森·里布:《美国民主的未来:一个设立公共部门的方案》,朱昔群等译,中央编译出版社 2006 年版。

[126][意] 萨托利:《政党与政党体制》,王进明译,商务印书馆 2006 年版。

[127] [法] 孟德斯鸠:《论法的精神》,张雁深译,商务印书馆 2005 年版。

[128] [美] 科恩:《论民主》,聂崇信、朱秀贤译,商务印书馆 2005 年版。

[129] [英] 赫尔德:《民主的模式》,燕继荣等译,中央编译出版社 2004 年版。

[130][美] 罗伯特·达尔:《论民主》,李光柏等译,商务印书馆 1999 年版。

[131] [美] 萨托利:《民主新论》,冯克利、阎克文译,商务印书馆 1999 年版。

[132] [美] 亨廷顿《第三波——20 世纪后期民主化浪潮》,刘军宁译,上海三联书店 1998 年版。

[133] [美] 亨廷顿:《变化社会中的政治秩序》,王冠华、刘为等译,上海人民出版社 2008 年版。

后　记

　　新时代需要新思想来领航中国这艘巨轮。正如习近平总书记所指出："这是一个需要理论而且一定能够产生理论的时代，这是一个需要思想而且一定能够产生思想的时代。我们不能辜负了这个时代。"从站起来、富起来到强起来的中国，迫切地需要新思想指导新时代社会主义现代化建设。时代是思想之母，实践是理论之源。正是在这一背景下，习近平新时代中国特色社会主义思想顺应时代要求和实践呼唤，应运而生。习近平新时代中国特色社会主义思想是马克思主义中国化的最新理论成果，同马克思列宁主义、毛泽东思想、邓小平理论、"三个代表"重要思想以及科学发展观一道成为了新时代中国共产党的行动指南。全面学习贯彻落实中共十九大和十九届二中、三中、四中、五中、六中全会精神，紧紧抓住习近平新时代中国特色社会主义思想这一重大理论创新。习近平新时代中国特色社会主义思想兼容并包、博大精深。新时代社会主义协商民主理论就是习近平新时代中国特色社会主义思想的重要理论内容。新时代社会主义协商民主理论形成和发展于中国特色社会主义进入新时代的社会主义协商民主大繁荣大发展过程中，是中国共产党接力探索的结果，是社会主义协商民主理论发展的重要里程碑，也是中国民主政治建设发展的重要体现，成为了新时代社会主义协商民主建设当之无愧的指导思想。

　　自己长期从事中国政党和协商民主研究。自从 2008 年在吉林大学马克思主义学院就读马克思主义中国化研究专业博士研究生以来，就选定中国政党和协商民主作为自己研究的领域。博士毕业后留校任教，继续从事相关研究，十五年来一直坚守着这一领域持续耕耘。在这十多年间，围绕中国政党和协商民主这一方向，陆续在《马克思主义研究》《政治学研究》《马克思主义与现实》《当代世界与社会主义》《科学社会主义》等学术期刊发表论文60余篇，其中多篇被《中国社会科学文摘》《高等学校文科学术文摘》《人大报刊复印资料》全文转载，并出版《社会主义协商民主制度历史进程与基本经验研究》《当代中国和谐政党关系研究》《协商中国》《政治协商制度论》四部学术专著。围绕中国政党与协商民主问题，主持国家社会科学基金项目2项（含后期资助项目）、主持教育部人文社会科学研究项目2项、主持吉林省社会科学基金项目1项。这就为更全面、更深入、更系统地研究新时代社会主义协商民主理论提供很好的研究积累。

新时代要有新气象，更要有新作为。对于马克思主义理论工作者而言，需要顺应时代所需，结合自己研究所长和理论积累，用中国特色、中国风格、中国气派的语言讲好中国故事，写出无愧于新时代的新作品。这部《协商民主发展的中国智慧》就是结合自身长期从事中国政党与协商民主的学术积累，更好地诠释中国从站起来、富起来到强起来的历史性转变，顺应新时代社会主义协商民主建设大繁荣大发展的要求，所做出的理论尝试。中国共产党是世界上最大的政党，大就要有个大的样子。中国共产党不仅带领中国人民实现了国富民强，还要为人类发展进步贡献更多的中国力量与中国智慧。中国协商民主作为中国社会主义民主政治中独特独有独到的民主形式，为人类民主文明发展进步提供了新思路。尤其是协商民主与选举民主的协同发展，孕育出了独具中国特色的全过程人民民主。全过程人民民主让民主无时不有、无处不在，实现了对西式民主的全面超越，开创了人类文明新形态，丰富了世界民主形式，为发展中国家走向现代民主文明开创了新路径，也为化解世界矛盾与争端贡献了中国智慧。

本著作选题的确定是本人长期研究中国社会主义协商民主，并一直学习习近平新时代中国特色社会主义思想的产物。根据习近平总书记关于社会主义协商民主的一系列重要论述，尤其是中共十九大精神，敲定了《协商民主发展的中国智慧》的书名，并确定了书稿的大体内容和基本框架。待到中共十九届六中全会召开后，又对相关内容进行了修订，最终确定了书稿。可以说，书稿的写作过程，就是自己不断学习中共十九大和十九届二中、三中、四中、五中、六中全会精神，不断领会习近平新时代中国特色社会主义思想的产物。

在本书的写作过程中，衷心感谢吉林大学马克思主义学院院长吴宏政教授，正是得益于吴老师多次鼓励、时时鞭策和不断督促，自己才能在规定时间内力争保质保量地完成书稿。非常感谢自己所带博士生董鹏林、李莹洁、付金辉、丁卓越、廖璐婷、祖嘉成、何建春、罗原生在书稿校对和注释核实中辛苦的付出。当然，因为自己才疏学浅、学识有限、时间仓促，著作中的错误和纰漏在所难免，求教于学术界同仁批评指正！

董树彬

2022 年 4 月

责任编辑：崔继新

封面设计：王欢欢

版式设计：杜维伟

图书在版编目（CIP）数据

协商民主发展的中国智慧/董树彬 著 . —北京：人民出版社，2022.9

ISBN 978 - 7 - 01 - 025111 - 0

I.①协… II.①董… III.①民主协商 - 发展 - 研究 - 中国 IV.① D621

中国版本图书馆 CIP 数据核字（2022）第 183108 号

协商民主发展的中国智慧

XIESHANG MINZHU FAZHAN DE ZHONGGUO ZHIHUI

董树彬 著

人民出版社 出版发行

（100706 北京市东城区隆福寺街 99 号）

北京九州迅驰传媒文化有限公司印刷 新华书店经销

2022 年 9 月第 1 版 2022 年 9 月北京第 1 次印刷

开本：710 毫米 ×1000 毫米 1/16 印张：17.75

字数：253 千字

ISBN 978 - 7 - 01 - 025111 - 0 定价：88.00 元

邮购地址 100706 北京市东城区隆福寺街 99 号

人民东方图书销售中心 电话（010）65250042 65289539